CIDEG研究论丛

黄河流域保护与高质量发展立法策略研究

薛澜　王夏晖　张建宇◎主编

上海人民出版社

编委会名单

主编

薛　澜　清华大学公共管理学院教授,清华大学文科资深教授,苏世民书院
　　　　院长,清华大学产业发展与环境治理研究中心学术委员会联席主席

王夏晖　生态环境部环境规划院副总工程师、研究员

张建宇　美国环保协会副总裁、北京代表处首席代表

顾问委员会

王金南　生态环境部环境规划院院长,中国工程院院士

张柏山　生态环境部黄河流域生态环境监督管理局原局长

胡　静　中国政法大学民商经济法学院环境资源法研究所教授

王社坤　西北大学法学院教授

王亚华　清华大学公共管理学院副院长、教授

张志强　北京林业大学水土保持学院院长、教授

左其亭　郑州大学水科学研究中心主任、教授

编委会成员

陈　玲　清华大学公共管理学院长聘副教授、博导,清华大学产业发展与环
　　　　境治理研究中心主任

迟妍妍　生态环境部环境规划院副研究员

董　煜　清华大学中国发展规划研究院执行副院长、高级研究员

杜　群　北京航空航天大学法学院教授、博导

刘凤霞　九三学社中央参政议政部

路　瑞　生态环境部环境规划院高级工程师

许开鹏　生态环境部环境规划院生态环境区划中心主任、研究员

杨　越　清华大学公共管理学院博士后,清华大学产业发展与环境治理研究中心助理研究员

张　曼　清华大学水利系助理研究员

张　箫　生态环境部环境规划院高级工程师

周建军　清华大学水利系教授、博导

朱俊明　清华大学公共管理学院副教授、博导

田丹宇　国家应对气候变化战略研究和国际合作中心办公室副主任、副研究员

课题协调人

黄海莉　清华大学产业发展与环境治理研究中心项目主管

许开鹏　生态环境部环境规划院生态环境区划中心主任、研究员

秦　虎　美国环保协会北京代表处高级研究总监

总　序

作为产业发展与环境治理研究论丛的主编,我首先要说明编撰这套丛书的来龙去脉。这套丛书是清华大学产业发展与环境治理研究中心(Center for Industrial Development and Environmental Governance, CIDEG)的标志性出版物。这个中心成立于 2005 年 9 月,得到了日本丰田汽车公司的资金支持。

2005 年在清华大学公共管理学院设立这样一个公共政策研究中心主要是基于以下思考:由于全球化和技术进步,世界变得越来越复杂,很多问题,比如能源、环境、健康等,不光局限在相应的科学领域,还需要其他学科的研究者,比如经济学、政治学、法学以及工程技术等领域的学者,一起参与进来开展跨学科的研究。参加者不应仅仅来自学术圈和学校,也应有政府和企业家。我们需要不同学科学者相互对话的平台,需要研究者与政策制定部门专家对话的平台。而 CIDEG 正好可以发挥这种平台作用。CIDEG 的目标是致力于在中国转型过程中以"制度变革与协调发展""资源与能源约束下的可持续发展"和"产业组织、监管及政策"为重点开展研究活动,为的是提高中国公共政策与治理研究水平,促进学术界、产业界、非政府组织及政府部门之间的沟通、学习和协调。

中国的改革开放已经有 40 多年的历程,所取得的成就令世人瞩目,也为全世界的经济增长贡献了力量。但是,前些年中国经济发展也面临着诸多挑战:如资源约束和环境制约,腐败对经济发展造成的危害,改革滞后的金融服务体系,自主创新能力与科技全球化的矛盾,以及为构建一个和谐社会所必须面对的来自教育、环境、社会保障和医疗卫生等方面的冲突。这些挑战和冲突正是 CIDEG 开展的重点研究方向。近年来,不同国家出现的逆全球化思潮,中美关系恶化带来的一系列后果,以及 2020 年突如其来的新冠肺炎疫情都让人感受到了前瞻性政策研究的重要意义。

过去这些年,CIDEG 专门设立了重大研究项目,邀请相关领域的知名专家和学者担任项目负责人,并提供相对充裕的资金和条件,鼓励研究者对这些问题进行深入细致、独立客观的原创性研究。CIDEG 期望这些研究是本着自由和严谨的学术精神,对当前重大的政策问题和理论问题给出有价值和独特视角的回答。

CIDEG 理事会和学术委员会设立联席会议,对重大研究项目的选题和立项进行严格筛选,并认真评议研究成果的理论价值和实践意义。本丛书编委会亦由 CIDEG 理事和学术委员组成。我们会陆续选择适当的重大项目成果编入论丛。为此,我们感谢提供选题的 CIDEG 理事和学术委员,以及入选书籍的作者、评委和编辑们。

目前,产业发展与环境治理研究论丛已经出版的专著包括《中国车用能源战略研究》《城镇化过程中的环境政策实践:日本的经验教训》《中国土地制度改革:难点、突破与政策组合》《中国县级财政研究:1994—2006》《寻租与中国产业发展》《中国环境监管体制研究》《中国生产者服务业发展与制造业升级》《中国企业海外投资的风险管理和政策研究》《环境圆桌对话:探索和实践》《体育产业的经济学分析》等。这些专著国际化的视野、独特的视角、深入扎实的研究、跨学科的研究方法、规范的实证分析等等,得到了广大专业读者的好评,对传播产业发展、环境治理和制度变迁等方面的重要研究成果起到了很好的作用。我们相信随着产业发展与环境治理研究论丛中更多著作的出版,CIDEG 能够为广大专业读者提供更多、更好的启发,也能够为中国公共政策的科学化和民主化做出贡献。

产业发展与环境治理研究中心学术委员会联席主席

清华大学文科资深教授,苏世民书院院长

清华大学公共管理学院学术委员会主任

2021 年 1 月

编者序

　　"黄河宁、天下平。"黄河流域是国家保障生态安全、粮食安全、能源安全、防洪安全的重要屏障,是建设美丽中国和实现共同富裕的关键攻坚区域,黄河流域的生态保护和高质量发展关系着中华民族的伟大复兴与永续发展。国家高度重视黄河流域的治理、保护和发展问题,从"有利于生产"到"人与自然的和谐"再到"高质量发展",不同历史阶段对于黄河的定位体现了黄河治理思路、方式与目标的调整和转变。2019 年 9 月 18 日,习近平总书记主持召开黄河流域生态保护和高质量发展座谈会,将黄河流域生态保护和高质量发展提升至重大国家战略,如何从国家层面做好顶层设计和战略谋划,加快建立流域经济社会发展与生态环境保护统筹协调机制,成为党中央、国务院的重大关切。

　　黄河流域长期以来存在一系列突出问题,包括水资源匮乏、水沙关系失衡、生态本底脆弱、系统环境超载等。这些问题凸显了流域发展模式转型的迫切需求:要从生态环境严格保护、经济社会布局优化调整、流域内各行政区统筹协调等多个层面,对生产生活方式进行调整和规范。然而,现有的黄河保护相关的法律体系还较为零散,无法充分满足流域大保护和大治理相协同的战略需求。为此,2020 年 8 月 31 日,中共中央政治局召开会议审议《黄河流域生态保护和高质量发展规划纲要》,明确提出要系统梳理与黄河流域生态保护与高质量发展相关的法律法规,深入开展黄河立法基础性研究工作,适时启动相关立法工作,并于同年 11 月由水利部、发展改革委组织启动了黄河立法的起草工作。

在此之前,2020 年 7 月,清华大学产业发展与环境治理研究中心(CIDEG)与生态环境部环境规划研究院联合牵头,组织专家学者开展黄河流域生态保护与高质量发展的立法策略研究。课题组在充分把握黄河流域发展总体方向的基础上,重点回答以下关键问题:(1)制约黄河流域生态保护和高质量发展的根本矛盾是什么,哪些问题和挑战亟须通过立法来解决? 这部分问题的结论对应着此次立法的立法需求。(2)已有《水法》《水土保持法》《防洪法》《水污染防治法》《黄河水量调度条例》《黄河河口管理办法》等法律法规是如何规制上述问题的,是否存在内容缺失、割裂以及不适用等现象,哪些内容需要在此次立法中进行明确、统筹和协调? 这部分问题的结论对应着此次立法的立法内容。(3)相较于《长江保护法》,此次立法的思路、目标与需求有哪些特殊性? 这部分问题的回答对应着此次立法的立法定位。(4)为适应流域大保护和大治理相协同的战略需求,需要配套哪些系统性、整体性的制度? 这部分问题的回答对应着此次立法的立法关键。目前,课题组已经形成了包括战略报告、专题研究、立法草案和说明等在内的一系列成果,为推动黄河重大国家战略的实施和立法进程,拟将研究成果纳入"CIDEG 研究论丛"结集出版。

本书的编撰队伍包括来自清华大学公共管理学院、生态环境部环境规划院、美国环保协会、清华大学水利系的多个团队和专家学者,从环境、生态、水利、经济、管理、法学等不同专业视角开展合作研究。全书分为"立法策略"和"焦点议题"上下两篇,上篇在识别黄河流域基本特征与突出问题、分析现有法律体系差距的基础上,提出了总体的立法思路、立法基础和立法框架(薛澜、陈玲、董煜、杨越、陈芸);下篇围绕多个关键议题展开,包括:黄河流域的绿色发展(朱俊明、王清纯、范承铭、杜真);黄河流域的长治久安(张曼、刘凤霞、周建军);黄河流域的水资源(刘凤霞、张曼、周建军);黄河流域的水生态(牟雪洁、张箫、柴慧霞、黄金、王夏晖);黄河流域的水环境(路瑞、王波、刘瑞平、车璐璐);黄河流域的文化保护(杨越、李瑶、毛恩惠、董靖);黄河流域的空间管控(刘斯洋、许开鹏、王晶晶);黄河流域的管理与协调机制(杜群、任文莛);黄河流域的生态环境监管(迟妍妍、付乐、张丽苹、张信);黄河流域的气候变化应对(田丹宇、高霁、祝子睿、杨君、秦虎)等。针对每个议题,作者阐述了立法意义、立法基础、立法思路、拟解决的突出问题以及立法内容,最终形成完整的立法体系和立法建议。

此外,课题组成员分别赴往陕西、山西、河南、山东等地进行调研,深入了解黄河流域生态问题和产业发展现况,包括饮用水源地、水库和污水处理厂、监测站等的水量水质问题,煤化工厂、热电公司环保设备和大气污染防治问题,其他生态环境整治工作等,并拜访各省生态环境厅、水利厅、自然资源厅、住房城乡建设厅、林业局等以及省内地方相关部门的官员,组织专家对水资源短缺、污染治理、生态补偿机制等问题进行深入讨论,相关调查研究结果也一并编入本书。

本书的面世得益于一系列机构和专家的远见卓识和辛苦努力。美国环保协会(EDF)早在2020年初《黄河保护法》尚未列入立法议程时,即提出该课题的研究建议,并提供了前期研究资助。在本书的撰写过程中,编委会成员为课题研究和书稿撰写付出了辛勤努力,大家在防控新冠肺炎疫情的情况下仍然坚持密切合作、频繁研讨、实地调研,才得以顺利完成写作,作为主编,我们对各位致以热烈祝贺和诚挚谢意!我们还得到了众多机构和学者的鼎力支持,感谢生态环境部黄河流域生态环境监督管理局张柏山,清华大学公共管理学院王亚华,中国政法大学民商经济法学院环境资源法研究所胡静,西北大学法学院王社坤对此书稿的修改提出了宝贵意见。此外,我们还要感谢清华大学产业发展与环境治理研究中心黄海莉、潘莎莉两位女士提供的行政支持,感谢该中心陈玲、杨越、陈芸、朱彦、王钟毓对全书的审校和校对。最后,感谢上海人民出版社对本书出版给予的大力支持,他们的高效工作使本书得以及时面世。我们对以上机构和人员致以诚挚的感谢和敬意。

跨行政区域的流域保护和治理问题一直是世界各国所面临的难题,积极推进《长江保护法》《黄河保护法》等重点流域特别法的立法过程,既可以从结构上弥补我国流域综合管理法的暂时缺位,从功能上破解现有"涉水四法"的立法盲区和立法冲突,还能为今后形成更广泛层面适用的流域一般法提供实践经验和立法基础。最后,希望本书提供的立法框架以及针对焦点议题的立法建议能够为此次黄河立法工作提供扎实的策略依据和智力支持。

薛澜　王夏晖　张建宇

2021年6月于北京

目　录

摘 要

黄河是中华民族的母亲河,孕育了厚重坚韧、璀璨多姿的华夏文明。流域内丰富的自然资源和要素禀赋,是沿黄地区维系经济社会发展和生态平衡的重要基础和战略保障。黄河流域作为确保我国生态安全、粮食安全、能源安全和防洪安全的"生命线",是打赢污染防治攻坚战、建设美丽中国的关键地区,是推动经济绿色转型、实现区域协调发展的重要阵地,更是延续历史文脉、弘扬时代价值的展示窗口。然而,伴随着城镇化、工业化进程,黄河流域经历了严重的环境污染和生态破坏,保护和治理的任务十分艰巨,流域生态系统脆弱、经济发展滞后、人地关系趋向紧张,保护与发展的不协调问题十分突出,严重制约了黄河流域的高质量发展。

习近平总书记在黄河流域生态保护和高质量发展座谈会上明确指出,要坚持绿水青山就是金山银山的理念,坚持生态优先、绿色发展,以水而定、量水而行,因地制宜、分类施策,上下游、干支流、左右岸统筹谋划,共同抓好大保护,协同推进大治理,着力加强生态保护治理、保障黄河长治久安、促进全流域高质量发展、改善人民群众生活、保护传承弘扬黄河文化,让黄河成为造福人民的幸福河。黄河流域生态保护和高质量发展,同京津冀协同发展、长江经济带发展、粤港澳大湾区建设、长三角一体化发展一样,成为重大国家战略(以下简称"黄河战略")。

　　传统粗放的经济发展方式已经让黄河难以为继、不堪重负。特别是在水资源严重紧缺情况下,经济发展与生态保护"争水"现象十分突出,生态用水被大量挤占,资源环境已严重超载,如不能根本转变经济发展方式和强化生态保护治理,黄河流域将面临整体性、系统性生态退化的风险。如何从国家层面做好顶层设计和战略谋划,加快建立流域经济社会发展与生态环境保护统筹协调机制,成为党中央、国务院的重大关切。黄河流域生态环境问题的本质在于长期的经济社会发展需求与粗放发展方式下人地关系的不和谐,解决上述困境需要同时在生态环境严格保护、经济社会布局优化调整、流域内各行政区统筹协调等多个层面采取措施,在充分利用规划、政策、标准、管理办法等常规行政管理手段基础上,必须运用法治思维,通过立法,将黄河流域生态保护与高质量发展目标法治化,对流域内人类的生产生活活动进行调整、引导和规范。

　　为此,本书从立法保障黄河重大国家战略全面实施的角度出发,系统研究黄河立法战略相关问题,探讨了立法的需求、原则、框架和关键内容。构建了以实现黄河流域生态环境和经济社会效益相统一的高质量发展为目标,以高度价值认同的黄河文化共识为牵引,以流域高水平保护和治理为手段,以流域空间管控和一体化协调机制为抓手的理论框架,识别出区别于长江等其他大江大河流域保护立法的特色问题作为立法基点,并针对我国流域管理法缺失、"涉水四法"[1]功能分割、部门职能交叉等不足,研究提出黄河保护立法的对策建议。

一、 黄河流域生态保护和高质量发展战略立法的现实需求

　　2020年8月31日,中共中央政治局召开会议审议《黄河流域生态保护和高质量发展规划纲要》,明确提出要系统梳理与黄河流域生态保护和高质量发展相关的法律法规,深入开展黄河立法基础性研究工作,适时启动相关立法工作。[2]推进"黄河战略"相关立法工作是贯彻中央依法治国方略和践行生态文明思想的必然要求,是确保解决流域大保护和大治理的重大关切,是实现黄河流域高质量发展目标的有力保障。

---

〔1〕 "涉水四法":《水法》《水土保持法》《防洪法》《水污染防治法》。
〔2〕 姚文广:《黄河法立法必要性研究》,载《人民黄河》2020年第9期,第1—5页。

1. 从国家战略实施需求来看，解决流域经济社会发展需求与生态资源环境承载能力间的矛盾刻不容缓

黄河流域的资源禀赋、产业基础和社会环境为流域高质量发展提供了丰厚的条件。流域幅员辽阔，光照充足，农业基础扎实，与长江流域等地区相比较，土地资源较为丰富，耕地面积广阔而集中，特色农牧产品优势突出；流域矿产资源富集，风电光核等新能源开发优势明显，能源供应充沛，是我国重要的能源供应基地、能源化工和基本原材料基地，为传统工业发展提供了扎实的产业基础；流域区位优势突出，交通基础扎实，战略新兴产业和国防科技工业的重点布局，大批城市群落形成，集聚优势初显，产业结构也正向中高端调整；流域发展历史悠久，治理经验充足，思想文化繁荣，依托独特鲜明的文化资源优势，形成了一批围绕文旅产业的新增长点。

然而，黄河流域经济发展水平和发展质量始终受到自然生态容量、环境承载力和水资源总量的制约，长期存在并且日益突出的"五水问题"（水资源、水灾害、水环境、水生态、水监管），已经成为制约黄河流域各省市高质量发展的关键性问题。[1]一方面，流域水资源保障形势持续严峻，水沙时空不协调，水患威胁严重，岸线资源过度开发，流域水资源管理和流域治理问题突出；[2]另一方面，流域水、气、土等系统性环境恶化、生物多样性受损、生态环境脆弱等问题愈发凸显，生态风险向社会风险转化倾向愈发严重，流域整体生态环境亟待保护和修复。

因而，迫切需要以问题为导向，兼顾生态环境保护和流域治理关键性问题，通过立法提升完善黄河流域整体的生态环境保护和治理的水平和能力，推动黄河流域经济可持续和高质量发展。[3]

2. 从环境治理制度保障来看，国内现有分散的相关法律法规和行政手段难以有效解决黄河流域保护和治理的系统性问题

目前，黄河流域初步形成了以《中华人民共和国水法》（以下简称《水法》）、《中

---

〔1〕 于法稳、方兰：《黄河流域生态保护和高质量发展的若干问题》，载《中国软科学》2020年第6期，第85—95页。

〔2〕 陆大道、孙东琪：《黄河流域的综合治理与可持续发展》，载《地理学报》2019年第12期，第2431—2436页。

〔3〕 董战峰、邱秋等：《〈黄河保护法〉立法思路与框架研究》，载《生态经济》2020年第7期，第22—28页。

华人民共和国环境保护法》(以下简称《环境保护法》)为主体,《中华人民共和国防洪法》(以下简称《防洪法》)、《中华人民共和国水土保持法》(以下简称《水土保持法》)、《中华人民共和国水污染防治法》(以下简称《水污染防治法》)等行业单行法及《黄河水量调度条例》《黄河河口管理办法》《黄河下游引黄灌溉管理规定》等流域单行法为两翼的法律保障体系。黄河流域现有法律基础已从国家、流域、地方三个层面,对流域内水量分配调度、流域污染防治按区统一规划、流域管理机构职责、防洪抗旱职能、行政执法监督处罚等方面做出了规定与指导。

然而,现有法律保障体系无法充分适应"黄河战略"中流域大保护和大治理相协同的特征和战略需求:一是国家层面立法尚未针对特定流域特点开展专门性立法,对黄河这类大尺度流域保护和治理的调控功能不足;二是流域层面立法仅就关键要素分别规范,立法之间缺少协调性、系统性和统一性,对流域上下游、干支流、行业间等各方整体性保护和治理考虑不足;三是地方层面立法更多考虑的是区划体制及经济社会等因素,缺乏从宏观角度对黄河流域自然属性和生态系统的充分考量。

因此,迫切需要基于黄河流域自然资源禀赋与生态环境问题的特殊性、复杂性,从流域整体性、系统性以及保护与发展的协调性出发,颁布专门的法律,将国家有关法律制度与黄河的特点和实际紧密结合并使之具体化。

二、 黄河流域生态保护和高质量发展战略立法的基本原则

习近平总书记强调"治理黄河,重在保护,要在治理,要坚持绿水青山就是金山银山的理念,坚持生态优先、绿色发展,共同抓好大保护,协同推进大治理"[1]。正确理解保护与发展间的辩证统一关系是开展"黄河战略"系列行动和立法工作的基本前提。牢固树立保护生态环境就是保护生产力、改善生态环境就是发展生产力的理念,坚持经济效益、社会效益、生态效益高度统一,构建生态产业体系,呵护绿水青山,做大金山银山,才能有效推动黄河流域高质量发展。[2]因此,形成系

---

〔1〕习近平:《在黄河流域生态保护和高质量发展座谈会上的讲话》,载《中国水利》2019 年第 20 期,第 1—3 页。

〔2〕周宏春、江晓军:《习近平生态文明思想的主要来源、组成部分与实践指引》,载《中国人口·资源与环境》2019 年第 1 期,第 1—10 页。

统、整体、协同、相适应的大保护和大治理格局,推进流域高质量发展目标的实现,是保障"黄河战略"顺利实施的根本路径和基本原则。

1. 体现"黄河战略"的系统性

黄河流域生态保护和高质量发展是一个复杂的系统工程,流域不简单是一个从源头到河口的水文单元,而是一个在其边界范围内逐渐形成的自然—经济—社会复合生态系统。这种复合系统特征决定了黄河流域生态保护和高质量发展不能就水论水,同时决定了此次"黄河战略"相关立法不是已有行业单行法和流域单行法的简单整合与补充修缮,需要充分体现黄河流域的系统性特征。

2. 体现"黄河战略"的整体性

要发挥我国社会主义制度集中力量干大事的优越性,牢固树立"一盘棋"思想,统筹实施"黄河战略"的有关行动,强化流域综合管理,将治黄思路由"除水害、兴水利"转变为"五水"并重,保护水资源、恢复水生态、改善水环境、治理水灾害、强化水监管。[1]全面把握黄河流域生态环境保护与经济社会发展之间的关系,明确各种功能利用的优先顺序,提出完整的制度性解决方案,实现各要素整体性的合理流动和最优配置。

3. 体现"黄河战略"的协同性

加强协同配合,共同抓好大保护,协同推进大治理。[2]一方面,协调水资源的经济功能和生态功能的关系,实施包括黄河干流和主要支流在内的全流域水资源统一调度,减少用水总量,实施全面节水,优化用水结构,保障生态用水,维持黄河生态健康。另一方面,强化上下游协同、南北岸配合、干支流联动,打破行政区域分隔,破解黄河治理存在的九龙治水、分头管理问题,推动黄河生态保护和治理行稳致远。通过体制机制的协调和制度体系的建设,发挥多元主体的整体治理效能和优势,实现流域治理体系和治理能力现代化。

---

[1] 周宏春、江晓军:《习近平生态文明思想的主要来源、组成部分与实践指引》,载《中国人口·资源与环境》2019 年第 1 期,第 1—10 页。

[2] 习近平:《在黄河流域生态保护和高质量发展座谈会上的讲话》,载《中国水利》2019 年第 20 期,第1—3 页。

4. 体现"黄河战略"的适应性

以水而定、量水而行,因地制宜、分类施策。一方面,坚持水资源生态环境承载能力刚性约束。巩固提升能源化工等优势行业环境保护水平,推动高耗水、高污染、高风险产业结构与布局优化,培育壮大战略新兴产业,逐步实现产业发展与流域资源环境承载能力相适应。另一方面,充分考虑黄河上游、中游、下游及河口生态环境保护治理需求的差异性,分区分类实施黄河流域保护、修复、治理和促进高质量发展等政策,从实际出发,宜水则水、宜山则山,宜粮则粮、宜农则农,宜工则工、宜商则商。[1]

三、 黄河流域生态保护和高质量发展战略立法的理论框架

构建黄河流域生态保护和高质量发展战略的理论框架,旨在为"黄河战略"相关立法工作提供科学合理的立法依据,其关键在于界定"黄河战略"中流域高质量发展的内涵,正确处理好保护和发展之间的协同关系。基于对黄河流域生态保护和高质量发展国家重大战略的理解,本书提出以实现"生态—经济—社会"效益相统一的流域高质量发展为目标,以流域文化共识为牵引,挖掘黄河文化价值,形成流域文化符号和价值认同,以流域高水平保护和治理为手段,将识别出的黄河流域亟须保护和治理的重要内容作为立法关键,以流域空间管控和流域协调机构两大机制为抓手,统筹协调流域保护和治理工作的理论框架,为黄河战略顶层设计和行动方案提供理论支撑。

1. 以黄河流域高质量发展为目标: 突破模式锁定、实现综合效益

高质量发展是要以满足人民日益增长的美好生活需要的高效率、公平和绿色可持续的发展,涵盖了经济、政治、文化、社会、生态各个维度的高质量发展,以及创新、协调、绿色、开放、共享的发展理念。[2]黄河流域丰沃的自然资源禀赋、独特的产业区位优势和厚重的历史文化底蕴为黄河流域高质量发展提供了优越的基

---

[1] 习近平:《在黄河流域生态保护和高质量发展座谈会上的讲话》,载《中国水利》2019 年第 20 期,第 1—3 页。

[2] 赵剑波、史丹等:《高质量发展的内涵研究》,载《经济与管理研究》2019 年第 11 期,第 15—31 页。

础条件。[1]黄河流域目前面临复杂的生态环境问题和发展瓶颈,具体体现在生态环境脆弱、生产发展水平落后、生活质量有待提升,而问题的根源在于黄河流域传统依赖要素和投资驱动的粗放型发展模式导致生态效益、经济效益和社会效益之间的相互割裂。

落实"黄河战略"的首要任务就是打破黄河流域传统发展模式的锁定,探索出富有地域特色流域特征的发展新路子,将实现"生态—经济—社会"效益相统一的黄河流域高质量发展作为"黄河战略"的系统性目标。始终坚持经济效益、社会效益、生态效益高度统一,走生态良好、生产发展、生活富裕的生态文明发展道路;坚持保护生态环境就是保护生产力、改善生态环境就是发展生产力的理念,通过创新改革,让流域内土地、自然风光等要素活起来,利用自然优势发展特色产业,把黄河流域绿水青山蕴含的生态产品价值转化为金山银山;坚持可持续发展理念,树立命运共同体意识,切实转变竭泽而渔、杀鸡取卵式的发展方式,构建生态产业体系,呵护绿水青山,做大金山银山,推动黄河流域高质量发展。

2. 以黄河流域文化认同为牵引:挖掘时代价值、形成发展共识

习近平总书记在黄河流域生态保护和高质量发展座谈会上指出:"深入挖掘黄河文化蕴含的时代价值,讲好'黄河故事',延续历史文脉,坚定文化自信,为实现中华民族伟大复兴的中国梦凝聚精神力量。"黄河文化是由古至今黄河及其流经区域衍生的文化集合,是炎黄五千年文明史的主体文化,作为中华民族的根与魂,黄河文化的保护、传承与弘扬事关中华文脉的绵延赓续,是时代发展的迫切需求,是关乎中华民族永续发展的根本大计和现实需要。其蕴含的天地人和、道法自然、休养生息等生态哲学,为践行生态文明建设提供了历史经验和智慧,对落实"黄河战略"具有重要借鉴意义。

一方面,把宏大复杂的黄河文化转化为老百姓听得懂、讲得清的"黄河故事",关键在于形成特色鲜明、统一凝练的黄河文化符号,使其塑造黄河文化灵魂,囊括黄河文化瑰宝,延续黄河历史文脉。习近平总书记指出,黄河文化是中华文明的

---

〔1〕 姜长云、盛朝迅等:《黄河流域产业转型升级与绿色发展研究》,载《学术界》2019 年第 11 期,第 68—82 页。

重要组成部分,是中华民族的根和魂。"根"和"魂"高度概括了黄河文化在中华文明中的符号意义。其中,流域内不同时期和形态的自然遗产和文化遗产资源,就是中华民族"根"之所在;而黄河文化生生不息、不断融合、与时俱进,逐渐形成新时期黄河文化的价值内核,即是中华民族"魂"之所附。只有将纷繁复杂的文化元素放在一个完整的黄河文化体系当中,统筹、科学、合理地规划保护方式、路径和效果,不断强化这一黄河文化符号,才能将黄河文化保护好、传承好、弘扬好。另一方面,将宏大的黄河文化建构为被人们高度认同的中华民族文化标识,树立"大黄河"的发展理念,并使这种流域发展共识内化于"黄河战略"的顶层设计和行动方案中,才能为保障"黄河战略"顺利实施提供原生动力和思想基础,在流域管理实践中打破行政壁垒,实现统筹规划、协调配合、协同发展,合力推动沿黄地区文化、生态、经济的高质量发展。

3. 以黄河流域高水平保护和治理为手段:聚焦重大议题、识别立法关键

黄河流域自然生态脆弱、环境水资源保障形势严峻、流域经济发展质量较差、人民群众生活水平较低等问题相较于国内其他大河流域更为突出。只有聚焦在制约黄河流域高质量发展的重大议题上,识别出这些议题中哪些关键内容是亟待通过立法等手段进行高水平保护的,才能牵一动百、对症下药,使黄河战略的立法工作更加切实有效。

(1)聚焦流域水资源:总量匮乏,区域分配难调和,水资源刚性约束不足

水资源供需紧张一直以来都是制约黄河流域高质量发展的主要矛盾。黄河属资源型缺水河流,不仅水资源总量明显不足,而且水资源的时空分布极不均衡,区域性缺水和季节性缺水严重。[1]黄河以仅占全国 2% 的河川径流量滋养着全国 15% 的耕地和 12% 的人口,[2]水资源实际开发利用率已达 86%,消耗率超过70%,远超一般流域 40% 的生态警戒线,资源性缺水已经成为常态。[3]同时,流域产业经济粗放,区域用水矛盾尖锐,长期用水结构不合理、浪费、低效和防污能力差等问题交织,使得水资源保障形势极为紧张。

---

〔1〕 李淑贞、张立等:《人民治理黄河 70 年水资源保护进展》,载《人民黄河》2016 年第 12 期,第 35—38 页。

〔2〕 王亚华、毛恩慧等:《论黄河治理战略的历史变迁》,载《环境保护》2020 年第 Z1 期,第 28—32 页。

〔3〕 沈开举:《〈黄河法〉应解决的几个重大问题》,载《中国环境报》2020 年 7 月 10 日,第 6 版。

推进水资源集约节约利用是黄河流域经济社会发展中需要高度重视解决的突出重大问题之一。在一定时期内和发展水平实现前，流域水资源必须服从刚性原则，这是保证流域产业升级换代和经济社会高质量发展的重要水资源政策。故此次立法需要突出强调流域水资源的刚性约束，引导并规范流域上下游统筹用水和农业发展方式，并且建立适当补偿机制，避免今后上下游之间出现更大的水资源矛盾。

（2）聚焦流域水生态：本底脆弱，服务功能退化，生态修复道阻且长

良好的自然生态是黄河流域高质量发展的根本基础。与我国长江、珠江、黑龙江、淮河、辽河、海河等流域相比，黄河流域自然生态系统更为敏感脆弱，加之长期受人类开发建设活动的影响，全流域整体性、系统性的水生态问题已十分突出：干流高度人工化，支流普遍断流，河流纵向连通性遭到破坏，自然生态岸线及重要湿地持续减少；[1]流域上、中、下游水生态问题显著，且区域差异性明显，上游局部地区天然草地退化、水源涵养功能下降，中游地区生态系统脆弱、水土流失依然严重，下游水生态流量偏低、生态保护治理与滩区居民农业等生产生活矛盾日益突出。此外，部分水源涵养区、河湖缓冲带等重要生态空间过度开发，河湖的生物多样性和自净能力严重受损。[2]

黄河流域突出的自然生态问题已严重制约沿黄地区经济社会高质量发展。亟须从流域整体性、系统性角度出发，深入开展流域自然生态保护修复，从国家层面制定黄河流域生态保护修复制度体系，统筹推进实施全流域生态系统的整体保护、系统修复、综合治理，通过此次立法将相关政策措施制度化、法制化，切实增强自然生态保护修复的法律保障，有效解决流域突出的水生态问题。

（3）聚焦流域水环境：承载力不足，系统风险高，环境污染防治任务艰巨

资源环境承载力不足，环境系统性风险持续偏高是黄河流域人地关系紧张的基本特征。黄河流域具备适宜农业文明发展的自然环境和支撑工业化发展所需的关键资源，且优势突出。但黄河流域长期处于高强度的开发中，尤其是农业的开发具有悠久的历史，土地、水、能源、部分金属与非金属资源开发时间长、强度

---

〔1〕 董战峰、郝春旭等：《黄河流域生态补偿机制建设的思路与重点》，载《生态经济》2020 年第 2 期，第 196—201 页。

〔2〕 陈维肖、段学军等：《大河流域岸线生态保护与治理国际经验借鉴——以莱茵河为例》，载《长江流域资源与环境》2019 年第 11 期，第 2786—2792 页。

大,无论是农牧业区域,还是能源矿产资源开发的城市,其资源环境一定程度上都呈现高负载的状态,系统性风险加剧:流域水环境问题突出,部分水体水质较差,重化工业的集聚致使黄河干流和汾河、伊洛河等支流水环境压力加大;[1]农村饮用水水源地缺乏保护,农田退水、农膜、畜禽粪便等农业面源污染导致部分地区水环境质量存在不达标或恶化风险,部分水源功能丧失;[2]有色金属矿区土壤污染问题,堆存的矿渣、冶炼渣、无主尾矿库存在污染周边水体和土壤的环境隐患,解决难度大。[3]此外,治污设施和技术、企业监管及沿河污染预警应急水平等均未完全达到高质量发展的要求。

可见,黄河部分河流污染物排放量已严重超过水环境承载力,农业面源污染形势严峻,部分区域土壤污染对水环境影响较大。亟须通过此次立法就黄河流域突出的水环境问题进行严格约束,聚焦重要支流、重要污染问题的治理,从减少污染物排放角度,设计污染物排放总量控制、农业农村污染防治、排污口管理、水土一体化污染防治等法律条款。

(4)聚焦流域水安全:泥沙锐减,水沙时空异变,水患与防洪安全依旧严峻

黄河流域总体呈现水少沙多、水沙异源、中游产沙地貌等基本属性,水少沙多、水沙关系不协调,是黄河流域复杂难治的症结所在。黄河水土流失严重,河流泥沙量大和输沙用水量少产生的水沙时空关系不协调,是造成黄河泥沙易淤积、易频发洪涝灾害的主要原因。[4]短期内水沙时空变异、泥沙锐减、下游"二级悬河"滩槽演变等新问题不断涌现,对黄河长治久安提出新挑战。此外,以工程为主的建坝拦沙空间愈发趋紧,淤地坝和小支流拦沙土坝缺乏泄洪设施,防洪安全与应急能力不足。[5]

黄河安危与华夏安危息息相关,亟须通过立法,改进水土保持工作方式,加强中游多沙粗沙区水土保持工作,切实优化调度已有工程,创新泥沙处理方式,延长

---

[1] 于法稳、方兰:《黄河流域生态保护和高质量发展的若干问题》,载《中国软科学》2020年第6期,第85—95页。

[2] 路瑞、马乐宽等:《黄河流域水污染防治"十四五"规划总体思考》,载《环境保护科学》2020年第1期,第21—24页。

[3] 王东:《黄河流域水污染防治问题与对策》,载《民主与科学》2018年第6期,第24—25页。

[4] 陈小江:《全面实施黄河流域综合规划谋求黄河长治久安和流域可持续发展》,载《人民黄河》2013年第10期,第1—4页。

[5] 林秉南、张仁等:《对黄河下游治理的管见》,载《中国水利》2000年第9期,第7—9页。

水利水保工程寿命,重视保护加固和长期维护现有淤地坝,为黄河下游"拦粗排细"发挥更大和更长期作用。[1]

(5)聚焦流域遗产保护:主体责任不明、行动分散同质,创造性转化不足

黄河流域独特的地理空间和人文空间塑造了丰富多样的遗产资源:不仅包括旱作农业和彩陶瓷器等物质文化遗产,生活方式(语言、饮食、建筑)、社会制度、风俗习惯、宗教信仰、审美情怀等非物质文化遗产,还包括地形地貌、天然名胜等自然遗产。这些遗产资源作为黄河文化的重要客观载体,其系统性保护是传承和弘扬黄河文化的重要路径和内容之一。黄河流域现有遗产保护体系仍建立在传统文物保护和非物质文化遗产保护体系之上,尽管各地区结合区域特色对工业遗产、自然遗产已有涉及,但尚未形成系统性保护和管理。总体来看,黄河文化的遗产范围和边界尚不清晰,自然遗产和文化遗产的保护和管理相互割裂,遗产保护主体责任不明确,缺少社群及公众的参与,部分遗产"建设性破坏"现象比较严重,复原修缮工作缺少项目建设后评估,遗产在保护技术和展示方式上都比较单一,文化价值挖掘和市场转化不足,文创文旅产业疲软,同质化竞争严重。

黄河流域现有属地垂直管理的遗产保护体系无法完全适应这类以自然流域为基础、以人水关系为核心的跨区域、大尺度线性遗产的保护和管理。因而,在此次立法过程中,有必要针对黄河文化的遗产保护进行专门性法制建设,明确黄河文化的遗产范围边界和主体责任,做到"不冲突、不缺失",形成统一的黄河文化的遗产管理机构和组织网络,建立黄河文化的遗产保护专项资金、公共财政预算制度、事业收入(含门票收入)管理制度、社会资金和国际基金参与保护的优惠政策制度等。

4. 以黄河流域体制机制创新为着力点:统筹空间管控,强调利益协同

新中国成立以来,沿黄地区开展了大规模的黄河保护和治理工作,流域水质状况总体呈现不断改善趋势,相关管理制度建设也取得了长足发展。[2]但其生态

---

〔1〕 周建军:《黄河泥沙问题与长远安全对策》,载《民主与科学》2018 年第 6 期,第 13—16 页。

〔2〕 郑永红:《〈黄河法〉中的规划制度研究》,载《华北水利水电大学学报(社会科学版)》2020 年第 4 期,第 59—63 页。

环境脆弱、水资源保障形势、流域发展质量等问题相较于国内其他大河流域依旧十分突出,其系统危机背后暴露的是长久以来流域国土空间规划不合理和管理体制碎片化问题。

一方面,黄河流域国土空间始终存在资源空间分布与经济发展格局不匹配、城镇化工业化扩张挤占生态空间、局部地区生态环境风险较大等现实问题。[1]黄河流域覆盖9个省区,横跨东、中、西三大区域,蜿蜒5 400多公里,是青藏高原生态屏障、黄土高原—川滇生态屏障和北方防沙带的重要交汇区域,[2]但中上游流域共享一个生态单元,上下游、干支流、左右岸如果不能形成共抓生态大保护、协同环境大治理的局面,就无法真正推动黄河流域高质量发展。

另一方面,黄河流域发展水平参差、区域利益平衡协调机制缺乏,流域管理部门职责分工尚不明确,政出多门、条块分割,多头管理和交叉管理现象较为普遍。黄河流域资源利用、环境保护、湿地管理保护、防洪工程建设、滩区管理等涉及自然资源、生态环境、林草、国土、农业等多个部门,[3]开发利用和管理的目标要求、依据的法规各不相同,导致管辖范围、权限相互交叉、冲突,多头管理和交叉管理现象较为普遍,部门间多头执法、推诿扯皮的问题依然存在,黄委会、黄河局等流域机构统筹上下游、左右岸、干支流的职责有限,统筹协调全局和地方局部利益方面存在着不足。

因此,落实"黄河战略"需要通过体制机制的创新促进行政区域管理、生态环境保护和流域治理相融合。[4]通过完善黄河流域法律法规体系,建立健全流域国土空间一体化保护和协同化治理机制、[5]流域利益协调机制,强化顶层设计,强化涉水监管,破解现有制约流域上下游、左右岸、干支流以及省区之间、部门之间水管理的体制机制障碍,开创黄河流域大保护和大治理的新局面。

---

〔1〕 任保平、张倩:《黄河流域高质量发展的战略设计及其支撑体系构建》,载《改革》2019年第10期,第26—34页。

〔2〕 国合华夏城市规划研究院、黄河流域战略研究院:《黄河流域战略编制与生态发展案例》,中国金融出版社2020年版。

〔3〕 王夏晖:《协同推进黄河生态保护治理与全流域高质量发展》,载《中国生态文明》2019年第6期,第70—72页。

〔4〕 左其亭:《推动黄河流域生态保护和高质量发展和谐并举》,载《河南日报》2019年11月22日,第6版。

〔5〕 许开鹏、迟妍妍等:《环境功能区划进展与展望》,载《环境保护》2017年第1期,第53—57页。

四、黄河流域生态保护和高质量发展战略立法的政策参考

党中央、国务院高度重视黄河流域生态保护和高质量发展问题,将其上升至国家战略,中共中央政治局审议《黄河流域生态保护和高质量发展规划纲要》明确提出要深入开展黄河立法基础性研究工作,相关立法工作已经进入实质性推进阶段。面对跨行政区域的大河流域保护和治理这一世界难题,如何应对流域内生态系统的整体性、治理目标的多样性、主体责任的复杂性、行动措施的协同性,是解决该难题的关键。

我们主张,黄河立法应着眼于流域的系统性保护和治理,紧紧抓住特点、重点和难点,定位在保护法、特别法和框架法,通过协同推进高水平的保护和治理促进黄河流域的高质量发展。尽管,通过综合性流域管理立法建立跨行政区的全流域管理体系也是一种流域治理的思路,但对法律体系、执法力度、地方政府的自主性等均有一定要求,有其适用条件和实施背景。[1]国内有学者提议此次黄河立法应该定位在流域综合法、一般法、实施法,[2]希望通过一部具有一般法特征的流域综合管理法来破解黄河保护和治理中存在的政出多门、职能交叉、利益协调等难题。然而,国内的立法实践表明,这将极有可能造成今后针对各重大战略、各重点流域的区域性、争夺性、重复性立法,尚不适用于我国流域管理和制度保障体系的现状。《中华人民共和国长江保护法》(以下简称《长江保护法》)《黄河保护法》等重点流域特别法的发布及推进,既可以从结构上弥补我国流域综合管理法的暂时缺位,从功能上破解现有"涉水四法"在针对长江、黄河等重点流域特殊问题上可能存在的立法盲区和立法冲突,还能为今后形成更广泛层面适用的流域一般法提供实践经验和立法基础。

因此,本书从国家战略和环境治理体系的现实情况出发,充分把握"黄河战略"立法的现实需求和根本原则,基于对"黄河战略"中保护和发展辩证关系的理解,构建了黄河流域生态保护和高质量发展战略立法的理论框架,并为此次立法

[1] 彭智敏:《世界大河流域生态环境保护立法及启示》,《政策》2016年第5期,第61—62页。
[2] 吴浓娣、刘定湘:《〈黄河法〉的功能定位及立法关键》,载《人民黄河》2020年第8期,第1—4页;姚文广:《黄河法立法必要性研究》,载《人民黄河》2020年第9期,第1—5页。

保障提出政策参考：

首先，"黄河战略"相关立法应该始终围绕"以流域高水平保护和治理推进流域高质量发展为目标"的根本原则，通过凝聚黄河文化符号，树立"大黄河"的流域发展共识，将"尊重规律、人水和谐，自强不息、艰苦奋斗，日益进取、坚忍不拔，海纳百川、开放包容"的时代价值内化于黄河流域生态保护和高质量发展规划和行动方案中，突出生态底线、环境承载、水资源等刚性约束，明确保护和治理的重点对象、主体责任和处罚措施，强化"黄河战略"实施过程中的生态环境保护和流域治理的监管力度和执法能力。

其次，"黄河战略"相关立法应该在充分吸收《长江保护法》相关经验的基础上，精准聚焦在那些真正制约黄河流域高质量发展、亟待通过高水平保护和治理重点调整的关键性内容，重点解决那些已有法律体系中涉及黄河流域特色问题的立法盲区和冲突，弥合现有法律法规体系中的内容割裂，避免重复性立法，避免大而全、全而空，沦为面面俱到的政策宣示性文件，为"黄河战略"顶层设计和行动方案提供立法保障。

再次，"黄河战略"相关立法要以完善空间管控和利益协调"双重机制"为突破口：突出黄河流域的特点，明确上中下游生态空间布局、生态功能定位和生态保护目标，以流域空间管控机制为抓手，统领水资源利用、水污染防治、岸线使用、河道治理等方面的空间利用任务，促进经济社会发展格局、城镇空间布局、产业结构调整与资源环境承载能力相适应，确保形成整体顶层合力；建立统一的利益协调机构，以利益协调机制为抓手，将区域利益、部门合作融入黄河保护综合决策，设立协调机制以理顺中央与地方、部门与部门、流域与区域、区域与区域之间的关系，解决部门间权力交叉重叠的问题和区域利益平衡协调机制缺乏的问题。

最后，"黄河战略"相关立法要体现系统性、整体性、协同性和适配性的立法原则，重点处理"五大关系"：包括处理好生态保护、流域治理和高质量发展之间的关系，处理好流域全局与行政辖区的关系，处理好上下游、左右岸、干支流之间的保护协调问题，处理好水量、水质和水生态的综合保护关系，处理好区域、行业、部门职责和工作相互交叠的关系。

黄河战略的立法策略

第一章

黄河战略的立法思路*

一、 黄河战略的立法背景

　　大河流域丰富的自然、经济、人文资源,是沿岸国家和地区经济社会可持续发展和维系生态平衡的重要基础和战略保障。黄河作为孕育华夏文明、滋养中华民族的母亲河,是确保我国生态安全的重要屏障,是打赢污染防治攻坚战、实现美丽中国的主阵地,是保障粮农供应、能源储备和防洪安全的生命线,是协调区域发展、打赢脱贫攻坚的关键地区,是延续历史文脉、展示时代价值的核心窗口。

　　随着人口激增,城镇化工业化飞速发展,世界发达国家的大多数河流都经历了严重的生态破坏和环境污染,沿岸国家和地区不得不采取一系列保护行动和治理措施,使得曾经严重污染的河流再次恢复生机与魅力。同样地,黄河流域生态环境脆弱、水资源保障形势严峻、流域经济发展质量较差、人民群众生活水平较低等问题相较于国内其他大河流域也更为突出。为此,党中央、国务院高度重视黄河流域保护和发展的问题,将黄河流域生态保护和高质量发展,同京津冀协同发展、长江

* 本章作者:薛　澜:清华大学公共管理学院教授,清华大学文科资深教授,苏世民书院院长,清华大学产业发展与环境治理研究中心学术委员会联席主席。

陈　玲:清华大学公共管理学院长聘副教授、博导,清华大学产业发展与环境治理研究中心主任。

董　煜:清华大学中国发展规划研究院执行副院长、高级研究员。

杨　越:清华大学公共管理学院博士后,清华大学产业发展与环境治理研究中心助理研究员。

陈　芸:清华大学产业发展与环境治理研究中心研究助理。

经济带发展、粤港澳大湾区建设、长三角一体化发展一样,上升至重大国家战略。

系统、整体、协同的保护和治理黄河事关中华民族伟大复兴和永续发展的千秋大计,是建设美丽中国的重要内容,是生态文明建设的又一重大举措,同时也是发展中国家在流域层面落实多个联合国可持续发展目标的行动实践。新中国成立以来,沿黄地区开展了大规模的黄河保护和治理工作,黄河流域水质状况总体呈现不断改善趋势,黄河流域相关管理制度建设也取得了长足发展。但目前黄河流域保护和治理的任务依旧十分艰巨:一方面,黄河流域水、土、气等系统性环境恶化、生物多样性受损、流域生态环境脆弱,生态风险愈发倾向于转化为社会风险,流域生态环境亟待改善和保护。另一方面,黄河流域水资源保障形势持续严峻,水沙时空不协调,水患威胁严重,岸线资源过度开发,流域水资源管理和流域治理问题突出。"体弱多病"的黄河流域生态系统脆弱、经济发展滞后、人地关系趋向紧张,极易形成贫困与生态环境破坏的恶性循环,严重制约了流域各省市生态经济社会的高质量发展,解决黄河流域经济社会发展需求与生态资源环境承载能力间的矛盾刻不容缓。

2020 年 8 月 31 日,中共中央政治局召开会议审议《黄河流域生态保护和高质量发展规划纲要》,明确提出要系统梳理与黄河流域生态保护和高质量发展相关的法律法规,深入开展黄河立法基础性研究工作,适时启动《黄河保护法》立法工作。为了实现黄河流域的大保护大治理,需要在生态环境严格保护、经济社会布局优化调整、流域内各行政区统筹协调等多个层面采取措施,很难通过规划、政策、标准、管理办法等常规行政管理手段达到治本之效。因此,有必要运用法治思维,通过立法,进一步明确黄河流域保护和治理的范围边界、主体责任、目标对象、措施行动和处罚机制,为重大国家战略的实施提供法治保障。

二、 黄河战略的立法意义

推进黄河流域生态保护和高质量发展有关立法工作是贯彻中央依法治国方略的必然要求,是生态文明建设的必然要求,也是着力解决流域保护重大问题、实现黄河流域高质量发展目标的必然要求。

一是有助于实现黄河流域生态保护和高质量发展国家战略目标法治化。将党的十九大以来党中央、国务院确立的资源利用、环境保护和综合协调理念提升到法律层面,完善最严格的生态文明制度体系建设,按照生态优先、绿色发展的战略定位,以黄河流域为基本立足点和切入点,以流域立法引导规范黄河流域发展,探索在黄河流域实现国家战略目标的法治路径,使黄河流域国家发展落地。

二是有助于协调黄河流域日趋复杂的功能冲突与多元利益诉求矛盾。强化流域综合管理,统筹黄河的生态保护和高质量发展有关活动,协调水资源的经济功能和生态功能的关系,确定黄河生态保护和高质量发展原则,明确各种功能利用的优先顺序,提出系统的制度性解决方案。

三是有助于摒除流域多头管理的弊端。按照"中央统筹、省级负责、市县落实"的原则,通过在国家层面建立议事协调机构,统筹、协调、指导黄河保护管理工作,明确其日常办事机构的事权。按照分级、分部门管理的原则,分别明确国务院有关部门、流域内地方人民政府及其有关部门的黄河保护职责,并与河湖长制有效衔接,推动黄河修复治理和保护发展形成合力。

为此,本书从黄河流域生态保护和高质量发展的国家战略出发,针对黄河战略有关立法工作开展策略研究,目的在于明确本次立法的意义、原则、基础、需求、定位、框架和关键立法内容,为黄河流域生态保护与高质量发展国家战略有关立法工作提供立法依据和行动指南。

三、 黄河战略的立法原则

2019 年 9 月 18 日,习近平总书记在黄河流域生态保护和高质量发展座谈会上强调"治理黄河,重在保护,要在治理。要坚持山水林田湖草综合治理、系统治理、源头治理,统筹推进各项工作,加强协同配合,推动黄河流域高质量发展。坚持绿水青山就是金山银山的理念,坚持生态优先、绿色发展,以水而定、量水而行,因地制宜、分类施策,上下游、干支流、左右岸统筹谋划,共同抓好大保护,协同推进大治理,着力加强生态保护治理、保障黄河长治久安、促进全流域高质量发展、改善人民群众生活、保护传承弘扬黄河文化,让黄河成为造福人民的幸福河。"

2020 年 8 月 31 日,中共中央总书记习近平主持召开中共中央政治局会议,审议《黄河流域生态保护和高质量发展规划纲要》和《关于十九届中央第五轮巡视情况的综合报告》。会议再次强调,要因地制宜、分类施策、尊重规律,改善黄河流域生态环境。要大力推进黄河水资源集约节约利用,把水资源作为最大的刚性约束,以节约用水扩大发展空间。要着眼长远减少黄河水旱灾害,加强科学研究,完善防灾减灾体系,提高应对各类灾害能力。要采取有效举措推动黄河流域高质量发展,加快新旧动能转换,建设特色优势现代产业体系,优化城市发展格局,推进乡村振兴。要大力保护和弘扬黄河文化,延续历史文脉,挖掘时代价值,坚定文化自信。要以抓铁有痕、踏石留印的作风推动各项工作落实,加强统筹协调,落实沿黄各省区和有关部门主体责任,加快制定实施具体规划、实施方案和政策体系,努力在"十四五"期间取得明显进展。

可见,黄河战略的实施始终要以流域生态保护和高质量发展为根本目标,坚持绿水青山就是金山银山的理念,坚持生态优先、绿色发展。只有牢固树立保护生态环境就是保护生产力、改善生态环境就是发展生产力的理念,通过创新改革,让土地、自然风光等要素活起来,利用自然优势发展特色产业,才能把绿水青山蕴含的生态产品价值转化为金山银山。坚持经济效益、社会效益、生态效益高度统一,构建生态产业体系,呵护绿水青山,做大金山银山,才能推动黄河流域可持续发展。为此,本次黄河战略相关立法工作也需要坚持以下几个原则:

1. 体现"黄河战略"的系统性

坚持山水林田湖草综合治理、系统治理、源头治理。黄河流域生态保护和高质量发展是一个复杂的系统工程,流域不简单是一个从源头到河口的水文单元,而是一个在其边界范围内逐渐形成的自然—经济—社会复合生态系统。这种复合系统特征决定了黄河流域生态保护和高质量发展不能就水论水,同时决定了此次"黄河战略"相关立法不是已有行业单行法和流域单行法的简单整合与补充修缮,需要充分体现黄河流域的系统性特征。

2. 体现"黄河战略"的整体性

统筹推进各项工作,要发挥我国社会主义制度集中力量干大事的优越性,牢固树立"一盘棋"思想,重点处理"五大关系",包括处理好生态保护、流域治理和高质量发展之间的关系,处理好流域全局与行政辖区的关系,处理好上下游、左右岸、干支流之间的保护协调问题,处理好水量、水质和水生态的综合保护关系,处理好区域、行业、部门职责和工作相互交叠的关系,以实现各要素整体上的合理流动和最优配置。

3. 体现"黄河战略"的协同性

加强协同配合，共同抓好大保护，协同推进大治理。将治黄思路由"除水害、兴水利"转变为"五水"并重，保护水资源、恢复水生态、改善水环境、治理水灾害、强化水监管，实施包括黄河干流和主要支流在内的全流域水资源统一调度，减少用水总量，实施全面节水，优化用水结构，保障生态用水，维持黄河生态健康。强化上下游协同、南北岸配合、干支流联动，打破行政区域分隔，破解黄河治理存在的九龙治水、分头管理问题，推动黄河生态保护和治理行稳致远。通过体制机制的协调和制度体系的建设，发挥多元主体的协同治理效能和优势，实现流域治理体系和治理能力现代化。

4. 体现"黄河战略"的适应性

以水而定、量水而行，因地制宜、分类施策。强化水资源环境承载能力刚性约束，巩固提升能源化工等优势行业环境保护水平，推动高耗水、高污染、高风险产业结构与布局优化，培育壮大战略新兴产业，逐步实现产业发展与流域资源环境承载能力相适应。同时，充分考虑黄河上游、中游、下游及河口生态环境保护治理需求的差异性，分区分类实施黄河流域保护、修复、治理和促进高质量发展等政策，从实际出发，宜水则水、宜山则山，宜粮则粮、宜农则农，宜工则工、宜商则商。

四、 黄河战略的立法定位

跨行政区域的流域保护和治理问题一直是世界各国所面临的难题，其根本原因在于分散的行政管理手段难以应对流域内生态系统的整体性、治理目标的多样性、主体责任的复杂性、行动措施的协同性等特殊性问题。而对跨行政区的自然流域通过立法的方式进行顶层设计，建立跨行政区全流域管理的法律体系，实现整体性保护和治理的做法已经逐渐成为趋势和主流。黄河流域跨 9 个行政区域，符合跨行政区域的流域保护和治理的特征，同样适用于跨行政区全流域管理立法的国际经验。

黄河流域目前存在较突出的生态环境脆弱、水沙关系失调、水资源匮乏等环境、资源和生态问题。表象上看这些问题都发生在自然界，但实质上是人与自然、人与人之间的关系出现了问题，必须在制度上规范人的活动与行为。解决这些问题,离不开法律、政策和制度的刚性约束。通过系统性的流域立法建立跨行政区的全流域管理体系被多国经验证明是较为有效的,流域综合管理法也逐渐成为大河流域治理的趋势和主流。为此,不少专家学者赞成只有采用流域综合法、一般法、实施法定位的《黄河保护法》,才能承载协同经济发展和生态保护共赢的宏大目标。

目前黄河流域已经形成了以《水法》《环境保护法》为主体,《防洪法》《水土保持法》《水污染防治法》等行业单行法及《黄河水量调度条例》《黄河河口管理办法》《黄河下游引黄灌溉管理规定》等流域单行法为两翼的法律保障体系。此次"黄河战略"的立法工作应围绕"高质量发展"这个中心,着眼于流域的系统性保护和治理,紧紧抓住特点、重点和难点,通过协同推进高水平的保护和治理促进黄河流域的高质量发展。重点调整黄河流域保护和发展中具体而特定的问题,而非针对特定流域的普遍问题的立法,是对普遍性的涉水法律的制度、体制、执法在针对黄河流域保护和发展问题上的具体化,应当重点解决的是已有法律体系的立法盲区、立法冲突等问题,避免重复性立法。因此,本研究认为,《黄河保护法》的定位应该是流域保护法而非流域综合法、特别法而非一般法、框架法而非实施法。

1. 以流域高水平保护推进流域高质量发展——保护法

如《长江保护法》一样,黄河和长江流域立法都必须围绕"高质量发展"这个中心,以流域高水平保护和治理推进流域高质量发展。黄河流域的高质量发展,需要转变过去以要素聚集、产业聚集、城市群聚集的规模化经济发展的方式,而改为以水定人,以水定城,以水定产,体现生态底线原则、生态恢复力原则和生态优先原则。因此,此次立法应定位于保护法,聚焦制约黄河流域高质量发展、亟待通过立法进行保护和治理的重大议题,关键在于兼顾黄河生态价值、经济价值、资源价值、文化价值等价值体现和实现,以流域高水平保护推进流域高质量发展。

2. 以重点流域特别法弥补流域管理法缺位——特别法

我国的涉水立法体系如果按照功能和结构可以拟制为三个立法层次,即上、中、下三个层次法,分别是:上位法是单行法律("涉水四法"及其相关法);中位法是流域一般法,即普遍性地适用各大流域的流域行政管理的法,是组织法和程序法;下位法是流域特别法。我国"涉水四法"在"流域分部门管理"的思想指导或影响下制定,带有较明显的部门立法色彩,着力解决单项涉水事务的管理,主观上缺失生态综合管理的理念和目标。

此次"黄河战略"的立法定位应该是特定的流域特别法,是调整具体特定的问题,而非针对特定流域的普遍问题的区域性法律,它的功能定位主要是上位法的实施法,是对普遍性的涉水法律的制度、体制、执法在针对黄河流域保护和发展问题上的具体化。虽然与"涉水四法"法律位阶是并行的,但是在调整功能和结构上应服从"涉水四法"的规定,避免重复立法。其自身的立法应当重点解决的是"涉水四法"的立法盲区、立法冲突等问题,比如流域生态系统用水的相关法律制度、流域管理机构的职权范围、沿黄农业面源污染等。

在流域管理一般法缺位的法律体系中,流域特别法还肩负特定流域管理组织和程序法的功能,因此应当理顺流域管理中的体制和机制,尤其处理好国务院和省级地方人民政府职责与义务间的关系;应当确认属地人民政府保护目标责任制,创新体制和机制,探索适用的行政合同(政府与企业和个人)、区域环境保护协议(区域人民政府之间),并对行政合同和区域环境保护协议给予司法可诉的制度保障。

3. 兼顾实施法特征,破解"涉水四法"功能割裂——框架法

《长江保护法》《黄河保护法》作为流域特别法,还具有问题特定引导的框架法特征。它引导有针对性的、问题导向性的法律制度和规范,更多注重"涉水四法"及其相关法的法律规范和法律制度之间的协调和紧密协作的框架性建设,这些内容具有流域性、综合性和协调性的特征,作用于其他单行法律力所不及的领域。此外,《黄河保护法》是对普遍性的涉水法律中关于黄河生态保护与高质量发展的制度、体制、执法等问题的具体化,是针对特定问题、突出问题的实施性法律。

五、 与《长江保护法》立法思路的区别

1. 战略定位的不同

习近平总书记先后在 2016 年召开的"推动长江经济带发展座谈会"和 2019 年召开的"黄河流域生态保护和高质量发展座谈会"上发表重要讲话,高度概括了有关长江和黄河两大流域的战略定位和发展目标。对于长江经济带,习近平总书记提出"要坚持共抓大保护、不搞大开发的理念","使长江经济带成为我国生态优

先绿色发展主战场、畅通国内国际双循环主动脉、引领经济高质量发展主力军";对于黄河流域,习近平总书记则强调"治理黄河,重在保护,要在治理","要坚持山水林田湖草综合治理、系统治理、源头治理,统筹推进各项工作,加强协同配合,推动黄河流域高质量发展。要坚持绿水青山就是金山银山的理念,坚持生态优先、绿色发展,以水而定、量水而行,因地制宜、分类施策,上下游、干支流、左右岸统筹谋划,共同抓好大保护,协同推进大治理,着力加强生态保护治理、保障黄河长治久安、促进全流域高质量发展、改善人民群众生活、保护传承弘扬黄河文化,让黄河成为造福人民的幸福河"。由于长江经济带经济社会高速发展,生态环境承载力制约经济发展空间的矛盾已经显现,因此需要将生态环境的保护和修复摆在压倒性位置,限制流域开发强度,形成以生态优先倒逼绿色发展的模式;而对于黄河流域,由于自然资源禀赋和区域经济发展水平两方面均与长江有所不同,亟待解决的矛盾也有所不同,因而必须针对其特殊性更加注重生态保护与高质量发展的协同。

(1) 自然资源禀赋的不同

长江全长 6 300 多公里,自西而东流经 11 个省(自治区、直辖市),养育着 4.59亿人口,其中流域面积 180 万平方公里,约占我国国土面积的 18.8%,占有全国三分之一的水资源、五分之三的水能资源;拥有独特的自然生态系统、丰富的野生动植物资源,森林覆盖率达 41.3%,河湖、水库、湿地面积约占全国的 20%,物种资源丰富,珍稀濒危植物占全国总数的 39.7%,淡水鱼类占全国总数的 33%,是我国珍稀濒危野生动植物集中分布区域。另外,水电资源和矿产资源丰富。水力资源理论蕴藏量达 30.05 万兆瓦,年电量 2.67 万亿千瓦时,约占全国的 40%;技术可开发装机容量 28.1 万兆瓦,年发电量 1.30 万亿千瓦时,分别占全国的 47% 和 48%;矿产资源储量占全国比重 50% 以上的约有 30 种,其中钒、钛、汞、铷、铯、磷、芒硝、硅石等矿产储量占全国的 80% 以上,铜、钨、锑、铋、锰、铊等矿产储量占全国的 50%以上,铁、铝、硫、金、银等矿产储量占全国的 30% 以上。[1]

黄河是中国第二大河,绵延 5 464 公里,横贯中国的东中西部 9 个省区;流域总面积为 79.5 万平方公里,上游丰茂的草原和宁蒙平原是我国畜牧业和粮食生产基地,中游的汾渭盆地以及下游的沿黄平原是我国粮食、棉花、油料的重要产区。其中汾渭盆地、宁蒙河套平原、下游沿黄平原和湟水、洮河等支流河谷地区,兼具

---

〔1〕 长江水利网:《长江资讯—流域片概况》,http://www.cjw.gov.cn/zjzx/lypgk/。

土地肥沃、光热资源丰富、昼夜温差大、日照时间长的多样特点,利于多种名、优、特粮油和经济作物生长,是黄河流域重要的农耕区。同时,黄河流域矿产资源丰富,是我国重要的能源供应基地、能源化工和基本原材料基地。全流域煤炭储量1 881亿吨,占全国的75%;天然气储量20 203.4亿立方米,占全国的37.2%;石油储量119 542.5亿吨,占全国的34%。[1]除上述常规能源外,黄河中上游地区还有充足的太阳能、风能等永续利用的新能源。当前我国能源供应紧张,特别是东部沿海地区电力严重不足。加速开发黄河中上游风光水气等新能源资源,对我国经济发展具有重要战略意义。

长江与黄河两大流域除了在上述自然资源各具特色以外,最大的禀赋不同体现在水资源方面:长江流域水资源相对丰富,是我国水资源配置的战略水源地,多年平均水资源量9 959亿立方米,约占全国的36%,居全国各大江河之首,单位国土面积水资源量为59.5万立方米/平方公里,约为全国平均值的2倍。每年长江供水量超过2 000亿立方米,支撑流域经济社会供水安全。[2]而黄河流域水资源总量不到长江的7%,人均占有量仅为全国平均水平的27%,黄河以仅占全国2%的河川径流量滋养着全国15%的耕地和12%的人口,水资源实际开发利用率已达86%,消耗率超过70%,远超一般流域40%生态警戒线,资源性缺水已经成为常态。与此同时,黄河流域土地资源较为丰富,耕地约1.79亿亩,林地1.53亿亩,牧草地4.19亿亩,宜于开垦的荒地约3 000万亩。[3]黄河下游的三角洲地区未利用土地资源充足,为黄河流域农业发展提供了优越的条件,是我国重要的农牧业生产基地,许多农牧产品在全国占有重要地位,部分特色农牧产品优势突出。如宁蒙河套灌区、汾渭平原等区域均为国家重要的粮食主产区,2017年,黄河流域9省区粮食产品占全国产量比重达到29.1%,其中小麦产量占比高达54.9%。其他农牧产品中,苹果、黄红麻、花生、各类羊毛等产量占比都超过全国产量的一半。山西杂粮在全国乃至世界都有极高美誉度,有"小杂粮王国"之称。甘肃、山西也是党参、黄芪等多种中药材的主要产出地。陕西的中华猕猴桃、沙棘、绞股蓝、富硒茶等资源极富开发价值,天麻、杜仲、苦杏仁、甘草等药用植物在全国具有重要

---

〔1〕 姜长云、盛朝迅等:《黄河流域产业转型升级与绿色发展研究》,载《学术界》2019年第11期,第68—82页。

〔2〕 长江水利网:《长江资讯—流域片概况》,http://www.cjw.gov.cn/zjzx/lypgk/。

〔3〕 OSGeo中国中心:《黄河流域的自然资源》,https://www.osgeo.cn/post/5e6af。

地位。黄河流域水资源的匮乏,严重制约了上述特色农牧业的用水空间和可持续发展,且流域内对于水资源的时空分配也常常难以调和。

(2) 区域经济发展基础的不同

长江经济带是我国经济发展的脊梁,2019 年国民经济和社会发展统计公报显示,长江经济带地区生产总值 457 805.2 亿元,增长 6.9%,占全国的比重为46.5%。[1] 在城市发展方面,长江经济带分布有长三角城市群、长江中游城市群、成渝城市群等对全国经济增长具有核心支撑作用的城市群。其中,长江三角洲地区的上海、江苏、浙江等地无论是利用外资、对外投资还是进出口,在全国都起到很好的引领作用,是我国对外开放的高地。[2] 在产业机构方面,长江经济带产业发展相对高端化,以培育电子信息产业、高端装备产业、汽车产业、家电产业和纺织服装产业等制造业产业集群为主;长江上游,四川、重庆、云南与贵州在轨道交通、电子信息等新兴产业发展上取得路径突破;长江中游,湖南、湖北、安徽、江西以国家级承接产业转移示范区、自贸区、开发区等产业平台为引领,将产业转移协作视为经济发展与自主创新能力提升的重要引擎;[3] 长江下游,主要分布着制造业产业关键技术的研发载体,其中上海张江高科技园区、安徽合肥综合性国家科学中心发挥了一定的前沿引领作用。在水运能力方面,长江水系航运资源丰富,3 600 多条通航河流的总计通航里程超过 7.1 万千米,占全国内河通航总里程的56%;通航能力大,2017 年完成客运量 1.84 亿人次,占全国水路客运量的 65.0%,完成货运量 47.14 亿吨,占全国水路货运量的 70.6%[4],是我国重要的黄金水道。此外,长江作为连接丝绸之路经济带和 21 世纪海上丝绸之路的重要纽带,统筹沿海、沿江、沿边和内陆开放,可实现同"一带一路"建设有机融合,培育国际经济合作竞争新优势。

相比之下,黄河流域的经济发展水平充分体现了我国区域发展不平衡的特

〔1〕 经济日报:《2019 年长江经济带地区生产总值 457 805 亿元 增长 6.9%》,http://www.qstheory.cn/2019-08/31/c_1124944826.htm。

〔2〕 中国社会科学网:《加快长江经济带制造业全面协调可持续发展——访武汉大学中国发展战略与规划研究院副院长吴传清》,http://www.cssn.cn/zx/xshshj/xsnew/202103/t20210311_5317316.shtml。

〔3〕 周麟:《以协同联动的整体优势推进长江经济带产业转移协作》,http://www.cssn.cn/glx/202101/t20210128_5263471.shtml。

〔4〕 长江水利网:《长江资讯—流域片概况》,http://www.cjw.gov.cn/zjzx/lypgk/。

征。中国经济发展的区域以胡焕庸线为界,胡焕庸线东南半壁的人口和城市集聚程度、经济发展水平高于西北半壁。而与长江流域多分布在东南半壁不同,黄河流域分布在西北半壁的占比远远大于在东南半壁的占比。黄河流域内省份 2019 年底地区生产总值 24.74 万亿元,约占全国 25%,[1] 以 2018 年为例,在当年全国省份 GDP 低于 1 万亿元的 5 个省份中,就有甘肃、青海、宁夏 3 个位于黄河流域。在城市发展方面,黄河流域城镇化率约为 56%(2018 年)。黄河流域人口产业主要集聚于下游地区及中上游的谷地平原地区,初步形成了以济南、青岛为中心的山东半岛城市群,以郑州、洛阳、开封为中心的中原城市群,以西安、宝鸡、天水为关键节点的关中—天水重点开发区,以太原为中心的太原城市群,以呼和浩特、包头、鄂尔多斯、榆林为节点的呼包鄂榆重点开发区,以及兰州—西宁、河西走廊重点开发区等城市群或国家级重点开发区域。在产业结构方面,黄河流域丰富的矿产资源,使得黄河流域成为新中国成立后的工业布局重镇,能源和重要矿产资源采掘加工占据重要位置,黄河流域主要省份煤炭开采和洗选业销售产值占本省区规模以上工业销售产值的比重普遍高于全国平均水平。煤炭、电力和钢材、石化材料、机械工业等原材料工业集中发展。尽管这些产业成为了黄河流域特别是中上游地区的经济支柱,但黄河流域产业结构调整的压力也明显更重。相比于长江流域的巨大通航量,黄河流域的航运线路长度、年货运量仅分别为长江流域的五分之一、十分之一,航运能力远远小于长江流域,黄河对流域内上中下游地区经济社会融合以及整体性的联系交流方面的作用也没有长江那么显著。[2] 然而,关中平原城市群的区位交通优势显著。贯通西部地区的南北通道和新亚欧大陆桥在此交汇,以西安为中心的“米”字形高速铁路网、高速公路网加快完善,国际枢纽机场和互联网骨干直联点加快建设,全国综合交通物流枢纽地位更加凸显。

从全国区域发展看,在东西经济差距缩小的同时,南北分化开始突显,而沿黄 9 省区大多处于北方,均面临经济转型压力。可见,与长江经济带发展相比,推动黄河流域高质量发展在打赢脱贫攻坚、缩小区域经济差距上能够发挥更大作用,但任务也更加艰巨。

---

[1] 新华网:《黄河何以富九省》,https://huanghejg.mee.gov.cn/xxgk/hhwh/202011/t20201112_807688.html。

[2] 栗战书:《在长江保护法实施座谈会上的讲话》,载《中国人大》2021 年第 3 期,第 8—10 页。

2. 立法思路的不同

《长江保护法》首先是一部生态环境的保护法,在资源保护、污染防治、生态修复等各方面建立了一系列硬约束机制。实施中要始终把保护和修复生态环境摆在压倒性位置,依法严格规范各类开发、建设活动,防范和纠正各种影响、破坏生态环境的行为,促进人与自然和谐共生。《长江保护法》也是一部绿色发展的促进法,在推动重点产业升级改造和重污染企业清洁化改造、促进城乡融合发展、改善城乡人居环境质量、加强节水型城市和海绵城市建设、提升长江黄金水道功能等方面规定了许多支持性、保障性同时又有必要约束性的措施。相较于长江经济带,黄河流域高质量发展路径有其特殊性,亟待解决的矛盾不同,也带来了立法思路上的不同:

在生态保护问题上,黄河流域的突出问题主要表现在水资源短缺,保障不足;水生态脆弱,水涵养功能下降,水土流失、生态系统退化;水污染严重,水环境潜在风险高;防洪安全问题依旧严峻;黄河文化保护范围模糊、主体责任不明等。在发展问题上,当前黄河流域所部署的多为传统产业,是重要的能源如煤炭、石油、天然气的开采基地,也是有色金属等化工、原材料的工业基地,这意味着黄河流域既是生态保护区,亦是生态脆弱区,更需要面对和解决生态产业化和产业生态化的双重问题。因此,黄河流域的立法侧重点应该有所不同,相较于长江流域生态优先倒逼绿色发展的模式,黄河流域的立法思路应当更加注重生态保护与高质量发展的协同。

在高质量发展方面,相较于《长江保护法》对绿色发展中不同元素(产业、企业、城乡、交通等)所作出的法律规定,黄河流域的立法思路应该立足流域特殊性问题,兼顾区域差异,以整体性思维推进高质量发展的设计图景;在水资源方面,《长江保护法》主要涵盖了生态用水保障、水污染防治等方面,但黄河流域与长江流域在水总量、水安全和水污染等方面都因为自然条件和人为活动的不同而存在显著差异,黄河流域的立法应该提高有关如何进行水量调配的规划分量,以解决水资源短缺和发展需求的尖锐矛盾。另外,从《长江保护法》的总体框架看,没有明确列出有关保护长江长远安全和长江文化的专章,而针对黄河安全在整个流域高质量发展中的保障性地位,以及黄河文化对中华民族精神与文化延续能够源远流长的重要意义,黄河流域的立法应该将"长治久安"与"文化保护"单独成章,以凸显黄河流域生态保护和高质量发展的核心目标。

第二章

黄河战略的立法基础[*]

一、 流域基本特征与突出问题

黄河流域生态保护和高质量发展是一个复杂的系统工程,考虑黄河流域自然资源禀赋、生态环境问题以及区域协调发展的特殊性、复杂性,迫切需要从流域整体性、系统性以及发展与保护的协调性出发,颁布专门的法律,将国家有关法律制度与黄河的特点和实际紧密结合并使之具体化。这就要求我们必须识别出其与长江或其他流域的区别,提炼归纳出黄河流域生态保护和高质量发展战略实施的痛点和难点,并进行深入研究和科学论证,为黄河战略相关立法工作提供亟待解决的问题清单。

1. 黄河流域水资源利用问题

基本特征: 流域水资源匮乏, 时空分配难调和, 刚性约束不足

黄河属资源型缺水河流,不仅水资源总量明显不足,而且水资源的时空分布极不均衡,区域性缺水和季节性缺水严重。自 20 世纪六七十年代开始,随着流域

*　本章作者:杨　越:清华大学公共管理学院博士后,清华大学产业发展与环境治理研究中心助理研究员。
　　　　　　陈　玲:清华大学公共管理学院长聘副教授、博导,清华大学产业发展与环境治理研究中心主任。
　　　　　　陈　芸:清华大学产业发展与环境治理研究中心研究助理。
　　　　　　薛　澜:清华大学公共管理学院教授,清华大学文科资深教授,苏世民书院院长,清华大学产业发展与环境治理研究中心学术委员会联席主席。

经济社会持续快速发展,水资源供需紧张逐步成为制约黄河流域可持续发展的主要矛盾。黄河以仅占全国 2%的河川径流量滋养着全国 15%的耕地和 12%的人口,水资源实际开发利用率已达 86%,消耗率超过 70%,远超一般流域 40%生态警戒线,资源性缺水已经成为常态。同时,流域产业经济粗放,区域用水矛盾尖锐,长期用水结构不合理、浪费、低效和防污能力差等交织形成了黄河流域围绕水问题极为复杂的资源、环境与生态状况,水安全形势极为紧张。

(1)水资源总量不足

河川径流量持续减少;粗放用水方式短期内难以根本改变;南水北调西线工程尚未动工。受自然条件束缚,缺水地区周边水库水量亦小,供水范围有限。同时,由于对生态流量的计算标准不统一,水调取的生态补偿方式无法达成共识,难以进行区域协调。另外,还存在水资源利用粗放、农业用水效率不高等问题。随着流域内山东半岛、太原城市群、呼包鄂榆地区、中原经济区、关中—天水地区、兰州—西宁地区、宁夏沿黄地区等区域的城镇化和工业化发展加速,用水需要还会增长,水资源短缺的压力还会有所增大。流域性整体水资源缺乏将是常态。

(2)水资源管理低效

水利工程"重建轻管""管理低效"和"重电轻水";上游水利水电工程都是按发电为主规划设计,梯级建设时间跨度大,缺乏统筹优化;在传统水电和"保证出力"的重要性降低情况下,工程能力和水资源浪费严重;黄河上游水电站耗水问题严重。

(3)生态流量保障不足

从水资源开发来看,国际通用的流域水资源的开发原则上不超过 40%,但黄河水资源开发利用率已经超过了 70%。在水资源总量供需矛盾突出的背景下,生态用水的占比就显得更为缺乏,在 2017 年黄河流域的用水结构中,农业用水总量占比达到 64.86%,工业用水总量占比达到 15.06%,生活用水总量占比达到 14.13%,生态用水总量占比仅有 5.93%。可见工农业和生活用水对生态用水造成严重挤压,导致水环境自净能力不足,进而对黄河流域的生态环境保护和可持续发展造成了严重的制约。

(4)水资源刚性约束力差

黄河流域必须深入贯彻落实习近平总书记提出的以水资源刚性约束倒逼流域高质量发展的要求。当前水利部门的解决方案仍是依靠"西线调水",拟通过年增 80 多亿立方米域外水,来满足未来(主要是农业的)用水增加需求。考虑到成本、安全方面的原因和长江非汛期已严重缺水的现状,在长江大保护背景下,从长江调水存在正当性问题。此外,我国农产品价格"天花板低于地板"等结构原因,决定了在现有生产方式下,技术和"水权"等政策节水措施难以发挥作用。

2. 黄河流域水生态修复问题
基本特征:本底脆弱服务功能退化,系统修复道阻且长

良好生态环境是人和社会持续发展的根本基础。与我国长江、珠江、黑龙江、淮河、辽河、海河等流域相比,黄河流域自然生态系统更为敏感脆弱,加之长期受人类开发建设活动的影响,全流域整体性、系统性生态问题已十分突出,干流高度人工化,支流普遍断流,河流纵向连通性遭到破坏,流域上、中、下游生态问题显著,且区域差异性明显。

(1)干流高度人工化,支流普遍断流,河流纵向连通性遭到破坏,生态流量受严重挤占,生物多样性持续降低

河道径流受水量调度高度影响,造成汛期河道水量明显下降,河流洪水过程、水文情势、生态功能受到严重影响,河水难上滩,河流岸线生态系统受损,河流纵向连通性遭到破坏。现有分水方案对水资源年际变化、衰减情况等因素考虑不足,枯水年同比例压缩取水量的分配方式导致河道生态流量受到挤占,不足以维持流域生态系统结构和功能,危害流域生态系统健康,导致鱼类资源呈现严重衰退态势,水生生物多样性持续降低。

(2)上游局部地区天然草地退化、水源涵养功能下降

上游地区尤其是黄河河源区是维系流域生态健康的根本,水源涵养功能极其重要。但受自然因素和人类活动影响,黄河上游尤其是河源区天然草地、湿地生态系统退化问题突出。黄河河源区水量减少明显,草地生态系统退化严重,土地沙化趋势尚未根本遏制。

(3)中游地区生态系统脆弱,水土流失依然严重

中游地区尤其是黄土高原地区水土保持功能极其重要,直接关系到中下游地区的防洪与生态安全。建国以来,通过实施一系列水土保持工程措施,水土流失范围缩小、程度减轻,入黄泥沙量显著下降。但受自然本底脆弱和人类活动干扰影响,目前区域水土流失问题依然突出,尤其是一些荒山荒坡自然立地条件差、造林成本高、造林成林困难,现有水土保持成效仍不稳固。水土流失治理投资标准偏低,黄河及其支流不同流域治理成本不同,不同行业在黄河流域实施的同类治理工程投资标准存在差异,现行国家林业重点工程投资和补贴标准也与实际测算

差距较大,导致生态补偿标准在不同区域、行业间差异较大。

(4)下游地区历史遗留问题多,生态破坏问题时有发生

下游滩区既是行洪、滞洪和沉沙区,也是滩区人民生产生活的重要场所,受制于特殊的自然地理条件和安全建设进度,长期以来滩区经济发展落后、人民生活贫困,局部河道过宽,防洪、生态保护治理与滩区居民生产生活矛盾日益突出,已成为黄河下游治理的瓶颈。滩区生态保护与农业生产矛盾突出,生态流量偏低,河口三角洲自然湿地退化,人工湿地增加,生物多样性受到威胁。

(5)流域水生态系统服务功能减弱

黄河干支流自然生态岸线及重要湿地持续减少,中下游河流湿地面积与 20世纪 80 年代相比减少 46%。部分水源涵养区、河湖缓冲带等重要生态空间过度开发。一些河湖原本水草丰茂,但由于沿河环湖项目开发等人类活动,导致人进湖退、湿地萎缩、自然岸线减少,河湖的生物多样性和自净能力严重受损。黄河东营段以互花米草为代表的外来物种入侵天然湿地。根据渭河水污染防治专项研究,渭河干流(渭南段)水生态健康等级较差,保护鱼类生境堪忧。渭河河段健康等级评定为差以下。以藻类生物完整性(P-IBI)评价,渭河干流临渭—华县河段评价等级为极差;以底栖动物生物完整性指数(B-IBI)评价,渭河临渭—华县河段水生态系统健康程度为极差;以鱼类改良健康指数(MIWB)评价,渭河临渭—华县河段为较差。

3. 黄河流域水环境治理问题

基本特征: 资源环境承载力过载,系统性污染治理任务艰巨

资源环境高负载是黄河流域人地关系的基本特征。黄河流域具备适宜农业文明发展的自然环境和支撑工业化发展所需的关键资源,且优势突出。但黄河流域长期处于高强度的开发中,尤其是农业的开发具有悠久的历史,土地、水、能源、部分金属与非金属资源开发时间长、强度大,使流域资源环境处于高负载的状态。黄河流域以不到全国 2%的水资源量,承载着全国近 12%的人口;上中游区域的能源开发强度大,对当地脆弱的生态环境形成了巨大的压力;沿黄 9 省区中的河南和山东都是我国人口稠密、城镇规模和产业规模比较大的区域。无论是农牧业区域,还是能源矿产资源开发的城市,其资源环境一定程度上都呈现高负载的状态。

(1)流域水环境问题突出,部分水体水质较差

2019 年,黄河流域劣Ⅴ类水体比例为 6.2%,共有 99 个劣Ⅴ类断面,主要分布

在汾河及其支流、三川河、屈产河等。其中汾河流域2006—2019年持续重度污染。汾河干流温南社断面2012—2019年水质持续为劣Ⅴ类;黄河支流涑水河张留庄断面水质2006—2018年水质持续为劣Ⅴ类。山西吕梁屈产河裴沟断面水质较2018年降低1—2个水质类别。由于部分河流生态基流严重不足,流动性差,影响水体的自净能力。污水处理及配套设施不均衡,城乡水污染治理工作进展差距大,农村污水治理投入及基础设施建设滞后,污水收集率较低,例如水文、水质、污染源因监测点布设不足、监测手段落后等导致监测资料缺失,从而影响污水处理能力。另外,黄河流域是我国电力、化工、钢铁、建材、有色冶金等重化工业集聚的区域,致使黄河干流和汾河、伊洛河等支流水环境压力加大,沿黄城市的水环境治理任务突出。

（2）流域水环境潜在风险高

黄河流域是我国重要的能源、煤化工基地之一,煤化工企业主要集聚在山西、陕西和内蒙古等煤炭大省,未来产业高速发展的形势仍将持续,受煤炭供需关系的影响,污染集中、风险集中,黄河干流及支流水质断面与风险企业交织分布,炼焦、化工、制药、有色冶炼、化纤、纺织印染等项目沿河分布特征仍存在。治污设施和技术、企业监管及沿河污染预警应急水平等尚未完全达到高质量绿色发展的要求。流域农村饮用水水源地缺乏保护,农田退水、农膜、畜禽粪便等农业面源污染导致部分地区水环境质量存在不达标或恶化风险,部分水源功能丧失。一方面,农业面源污染防治主要依赖常规的措施和手段,许多技术措施只停留在示范和试点的阶段,覆盖面仍十分有限,缺乏行之有效的监管标准规范与考核手段,无法实现数据的整合和综合分析。另一方面,农业面源污染缺乏专项资金支持,例如农膜回收利用、耕地污染防治工作配套资金不足,难以调动企业与农户的积极性,影响农业面源污染防治工作的开展。另外,有色金属矿区土壤污染问题,堆存的矿渣、冶炼渣、无主尾矿库存在污染周边水体和土壤的环境隐患,部分自然保护区非法采矿采石问题尚未清理到位,尤其在干旱少雨地区,生态修复难度大。

4. 黄河流域水安全防控问题

基本特征：流域的水沙分布不均，水患治理与防洪安全依旧严峻

黄河安危与华夏安危息息相关,水少沙多、水沙关系不协调,是黄河复杂难治的症结所在。黄河流域总体呈现水少沙多、水沙异源、中游产沙地貌等基本属性。

水沙空间分布不均衡对黄河流域可持续发展和生态环境保护形成制约。黄河水土流失严重,河流泥沙量大和输沙用水量少产生的水沙时空关系不协调,是造成黄河泥沙易淤积、易频发洪涝灾害的主要原因。短期内水沙时空变异、泥沙锐减、下游"二级悬河"滩槽演变等新问题不断涌现,对黄河长治久安和生态保护提出新挑战。

(1) 建坝拦沙的空间趋紧,淤地坝时效短,以工程为主的水保策略难以为继

黄河减沙主要依靠水利工程和水保措施,其中最主要的是坝系拦沙,但建坝拦沙的空间有限且愈来愈小。且现有防洪工程连通度不高,尚未形成整体防御能力,不能有效控制河势,主流摆动不定。高岸常年靠水,顶冲淘刷严重。冲滩塌岸加剧,危及高岸沿河村庄安全、人民生命财产安全及周边文物遗址的安全。"以拦为主"的治黄手段已经为我们赢得 70 年的平安。长远看,黄河中游可建坝址和可拦沙水库库容十分有限。按现行拦沙方式,几十年后中游水库库容势将消耗殆尽,黄河下游又将重新步入多沙、多淤和持续抬高局面。在黄河水沙关系、中游重力侵蚀、下游地上悬河等特征未发生根本改变,淤地坝时效又较短(一般为 20 余年)的情况下,以工程为主的水保策略难以为继;黄河工程体系将九成以上泥沙拦截在中游河谷中,相对于巨大的泥沙堆积尺度,以有限对无限的拦沙策略难以维持。

(2) 淤地坝和小支流拦沙土坝缺乏泄洪设施,防洪安全应急能力堪忧

一般淤地坝和小支流拦沙土坝缺乏泄洪设施,短期内拦水、拦沙效率高(粗细泥沙都拦),但安全程度低,积累在沟道的泥沙有可能成为危及下游安全的严重风险点。淤地坝平均寿命只有二三十年,2011 年开展第一次全国水利普查时,黄河流域已有 67 556 座中小型淤地坝淤满。且由于淤地坝多建在多沙区,一旦出现暴雨或洪水,土质的坝体一冲即垮,被称为"零存整取"型工程。

5. 黄河流域文化保护的问题

基本特征: 保护范围模糊、主体责任不明、行动分散同质,创造转化不足

黄河文化的保护、传承和弘扬是落实黄河流域保护和高质量发展国家战略的重要内容。习近平总书记在黄河流域生态保护和高质量发展座谈会上指出:"深入挖掘黄河文化蕴含的时代价值,讲好'黄河故事',延续历史文脉,坚定文化自信,为实现中华民族伟大复兴的中国梦凝聚精神力量。"推进黄河文化的研究、挖掘、保护、传承和融合,讲好黄河故事,推动黄河文化迈入新时代,增强中华民族的文化自信和凝聚力,是时代赋予当代人的光荣使命和历史课题。

（1）黄河流域已有的文化遗产和自然遗产保护体系相互割裂

黄河流域独特的地理空间和人文空间塑造了丰富多样的遗产资源：不仅包括物质文化遗产和非物质文化遗产，还包括地形地貌、天然名胜等自然遗产。这些遗产资源作为黄河文化的重要客观载体，其系统性保护是传承和弘扬黄河文化的重要路径和内容之一。黄河流域现有遗产保护体系仍建立在传统文物保护和非物质文化遗产保护体系之上，尽管各地区结合区域特色对工业遗产、自然遗产已有涉及，但尚未形成系统性保护和管理。总体来看，黄河文化的遗产范围和边界尚不清晰，自然遗产和文化遗产的保护和管理相互割裂，缺乏对流域遗产资源保护的整体规划和统筹发展。

（2）保护主体责任不明确，缺少社群及公众的参与

在我国现有文化遗产保护管理体制下，文化遗产保护行政执法主体主要包括四种类型。第一类是国务院以及省、自治区、直辖市人民政府。第二类是文物行政主管部门，包括负责全国和地方文物保护工作的国务院文物行政主管部门和县级以上地方人民政府文物主管部门。第三类是其他行政部门，如城乡建设规划和公安部门。第四类是依据法律授权或行政机关委托，获得行政执法权，成为行政执法主体的组织，如文物所在单位和文物管理处。黄河流域的文化遗产保护工作主要由相关职能部门、专业科研单位进行，在吸纳民间力量，鼓励公众参与方面做得还远远不够。近年来，公众参与情况虽有所好转，但参与的层次、深度都不够，形式也比较单一，一些决策性、核心层面的工作仍缺乏公众的参与。

（3）黄河流域遗产资源的保护方法和展示方式较为单一

无论是博物馆还是一些考古遗址公园，对黄河文化遗产的展示方式仍然是以遗址遗迹和实物及图片为主，有的甚至为保护而保护，将一些文化本该展示和活化的文物锁起来甚至藏起来。只有充分调动市场力量，大力培育新兴文化业态，实现黄河文化保护的创造性转化，文化经济化、经济文化化以及文化经济一体化，才能使文化资源被激活，否则一直处于沉睡状态，很难发挥出它的价值。

（4）黄河流域文创文旅产业疲软，同质化竞争严重，创造性价值转化不足

黄河作为中华民族的"母亲河"，是展示中华民族优秀传统文化和悠久历史文明的荟萃之地，流域内拥有极为丰富的自然和文化资源是文化旅游发展的重要资源基础。但由于目前黄河文化内涵的分散性，更加深了"政区分割"的限制，导致各地区出现各自为政、分散经营和同质竞争等问题，未能实现统一协调的工作统

筹力和联合开发力,阻碍了资源共享、市场共享和品牌共享等目标的实现,严重制约着黄河流域文化旅游产业的高质量发展。

二、 已有法律法规及差距分析

黄河战略立法的法律基础是基于 20 世纪 80 年代以来对黄河流域保护与发展相关的法律法规进行系统的总结和分析。在国家层面主要是《水法》《水污染防治法》《水土保持法》及《防洪法》等,流域层面主要是《黄河水量调度条例》《黄河流域省际边界水事协调工作规约》等,沿黄 9 省区主要有一些地方层面的法律法规,例如《宁夏回族自治区水污染防治条例》《渭河流域管理条例》等。在对已有法律法规进行梳理、总结后,分析其中存在的问题,将为立法策略论述提供重要支撑。

表 2-1 国家层面相关法律法规内容及差距分析

立法名称	主要内容	差距分析与借鉴
《中华人民共和国水法(2016 修正)》	对水资源规划、水资源开发利用、水资源、水域和水工程的保护、水资源配置和节约使用、水事纠纷处理与执法监督检查和法律责任等作出相关规定	1. 部分监管过程不明确。在制定水资源开发、利用规划和调度水资源时,对维持合理流量和湖泊、水库以及地下水的合理水位监管没有明确。 2. 重开发轻长远安全。对黄河流域复杂的水沙关系以及由此造成的特殊性安全要求针对性不足,更强调对流域的开发,而对重点流域长远安全与可持续发展的考量不足。 3. 在黄河流域立法中,深化水资源的开发利用与保护,制定出更适合黄河流域水资源供需矛盾的专项法律文本。 4. 在黄河流域立法中,对黄河流域不同层级管理部门的监管职权制定更加具体可操作的实施机制。
《中华人民共和国水污染防治法(2017 修正)》	对水污染防治的标准和规划、水污染防治的监督管理、水污染防治措施、饮用水水源和其他特殊水体保护、水污染事故处置和法律责任等作出相关规定	1. 与现行有关规定存在一定冲突。例如与《水法》在水资源保护管理职能界定、流域水污染治理纠纷解决程序与效力等方面上存在一些冲突。 2. 所设置的监督管理体制存在不足。统一监督管理与分级、分部门管理相结合,并以地方行政区域管理为主的监督管理体制容易导致流域管理失控以及地方和部门为了各自利益进行恶性竞争。
《中华人民共和国水土保持法(2010 修订)》	对水土保持的规划、预防、治理、监测和监督、法律责任等作出相关规定	1. 缺乏对水土保持协调机制的相关规定。各地区水土保持机构设置不统一,而且水土保持涉及土地、水利、林业、农业、环保等多个部门,现行法中对水土保持的协调机制未明确。 2. 在本法基础上,可以针对黄河流域水沙调控的实际情况,提出进一步针对性要求。

（续表）

立法名称	主要内容	差距分析与借鉴
《中华人民共和国防洪法（2016修正）》	对防洪规划、治理与防护、防洪区和防洪工程设施的管理、防汛抗洪、保障措施和法律责任等作出相关规定	1.缺乏对流域生态管理的系统性考量，侧重与防洪有关的工作与水事关系，对于黄河流域的特殊性问题无法进行有效规范。 2.在此基础上，黄河法还可在针对黄河流域防洪安全给予特殊性关注。由于《防洪法》的法律条款更具一般性，因此在黄河法中还应该考量对流域开发的可持续性保护与重大工程综合目标效益、下游防洪安全与黄河滩区、"二级悬河"之间生产生活生态与全流域防洪安全的平衡。
《中华人民共和国环境保护法（2014修订）》	对环境的监督管理、保护和改善、防治污染和其他公害、信息公开和公众参与和法律责任等作出相关规定	1.缺乏对监管方式的创新性修订。本法中统管与分管相结合的方式未能很好地总结具有实践监管经验的管理模式，限制了其推广与借鉴。 2.在此基础上，黄河法还应在生态补偿制度上进行多元化补充，例如针对上下游的生态补偿机制做出差异化规定；另外，在对黄河流域水源涵养和生态缓冲带的环境治理立法还应更加细化。
《中华人民共和国河道管理条例（2018修订）》	对河道的整治与建设、河道保护、河道清障、经费和罚则等作出相关规定	1.此条例的目的主要是"加强河道管理，保障防洪安全，发挥江河湖泊的综合效益"，侧重河湖的安全功能，缺乏对生态功能的保障规定。 2.在此基础上，黄河法应该考量结合当前各地河湖长制的实践经验，纳入相关规定。
《文物保护法（2017年修订）》	对不可移动文物、考古发掘、馆藏文物、民间收藏文物、文物出境进境和法律责任等作出相关规定	1.该法所适用的保护对象范围有限。主要局限于对被认定为文物的文化遗产进行保护，黄河法还应在此基础上，纳入对未能到达文物标准散落于各地的历史建筑物、历史聚落、历史构筑物等保护对象。 2.黄河法应该打破以保护为主兼顾合理利用的二元化工作方针，创新多元化保护方式，以防止文物被不当利用。

表 2-2　流域层面相关法律法规内容及差距分析

立法名称	主要内容	差距分析与借鉴
《黄河水量调度条例》	对水量分配、水量调度、应急调度、监督管理和法律责任等作出相关规定	1.在对水资源费用征收、水资源管理及调度上的职权层次和范围未作出明确规定。 2.该法位阶较低，缺乏综合性治理的能力。例如，在涉及因各行政区毗邻边界水环境功能、水质、水耗等标准存在差异而造成的各地在治理措施及监管要求上的矛盾未能提供有效解决方案
《黄河流域省际边界水事协调工作规约》	对建立边界水事协商机制、解决水事纠纷等问题作出相关规定	该工作规约主要目的是协调流域内省际水事关系，积极预防和稳妥处理省际水事纠纷，黄河法可以在此基础上增加监督管理机制和其他工作的协调机制等内容。

（续表）

立法名称	主要内容	差距分析与借鉴
《黄河河口管理办法》	对于河口规划、入海河道管理范围的划定、入海河道的保护、河道整治与建设、工程管理与维护以及罚则等作出相关规定	该法案虽然对黄河河口的规划管理进行了规范,但在黄河立法中也应当考虑当前的新形势和新要求,对黄河河口的管理进行完善。例如在当前大数据等新兴技术背景下,对河口治理措施和管理机制的再考量。

表 2-3　地方层面相关法律法规内容及差距分析

立法名称	主要内容	差距分析与借鉴
《宁夏回族自治区水污染防治条例》	对工业水污染防治、城镇水污染防治、农业和农村水污染防治、饮用水水源和其他特殊水体保护、监督管理和法律责任等作出相关规定	1. 地方性法规主要以分区域的地方治理为主,分散性较强,整体的调控作用较弱,难以形成合力,甚至还会出现相互冲突的现象。 2. 各项法规侧重点不同,内容分散,不成体系。有的侧重防汛、有的侧重水资源、有的侧重河道管理,而黄河流域干支流情况复杂,离不开各行政区域的协调统筹,需要顶层设计,促进上中下游协同治理。 3. 在此基础上,黄河法应该综合考量各地方的特殊性现状,结合现有地方性法规,综合制定法律条例,避免引发各法律规范间出现不相适应甚至冲突,让实施者无所适从。
《陕西省渭河流域管理条例(2018修正)》	对渭河流域的规划管理、水资源管理、水污染防治、防洪管理、河道管理、生态建设和保护、管理监督和法律责任等作出相关规定	
《山东省黄河河道管理条例(2018修正)》	对山东省行政区域内的黄河河道的河道整治与建设、河道保护、河道工程管理、河口管理和法律责任等作出相关规定	
《山东省黄河防汛条例》	对山东省行政区域内的防汛组织、防汛准备、防洪抢险和法律责任等作出相关规定	
《山西省汾河流域水污染防治条例(2018修正)》	适用于汾河流域的干流、支流、泉源、湖泊、水库、渠道等地表水体以及地下水体的污染防治	
《河南省黄河工程管理条例(2018修正)》	对河南省行政区域内黄河工程的堤防管理、河道工程管理、涵闸管理、汛期管理、附属工程及设施管理和法律责任等作出相关规定	

　　黄河流域现有法律基础已从国家、流域、地方三个层面,对流域内水量分配调度、流域污染防治按区统一规划、流域管理机构职责、防洪抗旱职能、行政执法监督处罚等方面作出了规定与指导,但是现有法律保障体系依然无法充分适应"黄河战略"中流域大保护和大治理相协同的特征和战略需求:一是国家层面立法尚未针对特定流域特点开展专门性立法,对黄河这类大尺度流域保护和治理的调控功能不足;二是流域层面立法仅就关键要素分别规范,立法之间缺少协调性、系统性和统一性,对流域上下游、干支流、行业间等各方整体性保护和治理考虑不足;三是地方层面立法更多考虑的是区划体制及经济社会等因素,缺乏从宏观角度对

黄河流域自然属性和生态系统的充分考量。因此,基于黄河流域自然资源禀赋与生态环境问题的特殊性、复杂性,迫切需要从流域整体性、系统性以及保护与发展的协调性出发,颁布专门的法律,将国家有关法律制度与黄河的特点和实际紧密结合并使之具体化。

第三章

黄河战略的立法框架*

构建黄河流域生态保护和高质量发展战略的理论框架,旨在为"黄河战略"相关立法工作提供科学合理的立法依据,其关键在于界定"黄河战略"中流域高质量发展的内涵,正确处理好保护和发展之间的协同关系。

基于对黄河流域生态保护和高质量发展国家重大战略的理解,本书提出以实现"生态—经济—社会"效益相统一的流域高质量发展为目标,以流域文化共识为牵引,挖掘黄河文化价值,形成流域文化符号和价值认同,以流域高水平保护和治理为手段,将识别出的黄河流域亟须保护和治理的重要内容作为立法关键,以流域空间管控和流域协调机构两大机制为抓手,统筹协调流域保护和治理工作的理论框架,为黄河战略顶层设计和行动方案提供理论支撑,如图 3-1 所示。

一、 以黄河流域高质量发展为目标

目标: 突破模式锁定、综合效益相统一

高质量发展是以满足人民日益增长的美好生活需要的高效率、公平和绿色可

* 本章作者:薛　澜:清华大学公共管理学院教授,清华大学文科资深教授,苏世民书院院长,清华大学
产业发展与环境治理研究中心学术委员会联席主席。
　　　　　杨　越:清华大学公共管理学院博士后,清华大学产业发展与环境治理中心助理研究员。
　　　　　陈　玲:清华大学公共管理学院长聘副教授、博导,清华大学产业发展与环境治理研究中心主任。
　　　　　董　煜:清华大学中国发展规划研究院执行副院长、高级研究员。

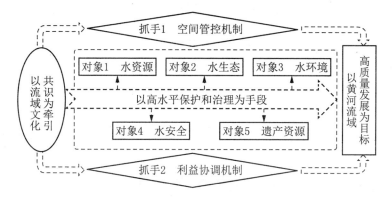

图 3-1 黄河流域生态保护和高质量发展战略的理论框架

持续的发展,涵盖了经济、政治、文化、社会、生态各个维度的高质量发展,以及创新、协调、绿色、开放、共享的发展理念。落实"黄河战略",首要任务是打破黄河流域传统发展模式的锁定,将实现"生态—经济—社会"效益相统一的黄河流域高质量发展作为"黄河战略"的系统目标,清楚哪些要素禀赋和资源优势是黄河流域特有的,探索出富有地域特色流域特征的发展新路子。

黄河流域目前面临复杂的生态环境问题和发展瓶颈,具体体现在生态环境脆弱、生产发展水平落后、生活质量有待提升。而生态、生产和生活问题的根源在于黄河流域产业发展和城市发展模式的锁定,传统要素依赖型和投资驱动的粗放型发展模式导致生态效益、经济效益和社会效益之间的相互割裂。具体而言,黄河流域城市发展水平低,具有规模集聚及辐射效应的中心城市数量少,公共财政能力弱、公共支出有限,市场发育不完善、营商环境较差,城市吸引力有限、发展后劲不足,产业发展水平较低,主要生产要素利用水平低。在此模式中,产业的低水平发展和城市的低水平发展互为因果、相互影响,无法形成发展的新动能,使得黄河流域发展无法跳出粗放型的发展模式,加之现有的政策支撑在绿色和发展方面不够协调统一,政策局限在特定议题和传统行政边界。治水的历史惯性不断累积,视角集中在生态、环境方面,且政策的发展指向不足。政策在归口部门内沿着既往路径迭代,缺乏系统集成的顶层设计——黄河流域正逐步陷入"产业、城市与政策三重锁定"的发展陷阱。

黄河流域丰沃的自然资源禀赋、独特的产业区位优势和厚重的历史文化底蕴为黄河流域高质量发展提供了优越的基础条件:农业基础扎实,耕地面积广阔而集中,特色农牧产品优势突出;矿产资源富集,能源供应充沛,丰富的风光气以及广阔的土地资源为该区域的新能源开发利用提供有力支撑;交通基础扎实,城市集群初显,区位优势突出;工业体系较为完整、国防科技重点布局、服务业集聚发展。探索富有地域特色流域特征的黄河流域高质量发展新路子就要牢牢把握住保护生态环境就是保护生产力、改善生态环境就是发展生产力的理念,通过创新改革,让流域内土地、自然风光等要素活起来,利用自然优势发展特色产业,把黄河流域绿水青山蕴含的生态产品价值转化为金山银山。始终坚持经济效益、社会效益、生态效益高度统一,走生态良好、生产发展、生活富裕的生态文明发展道路;坚持可持续发展理念,树立命运共同体意识,切实转变竭泽而渔、杀鸡取卵式的发展方式,构建生态产业体系,呵护绿水青山,做大金山银山,推动黄河流域高质量发展。

二、 以黄河流域文化认同和共识为牵引

目标: 挖掘时代价值、形成文化符号

以黄河文化的认同和流域共识为牵引,推进黄河流域生态保护和高质量发展是时代发展的迫切需求,是关乎中华民族永续发展的根本大计和现实需要。黄河文明源远流长从未中断,孕育了丰富灿烂的物质文化、精神文化和制度文化,是中华文明的重要组成部分。黄河文化是由古至今黄河及其流经区域衍生的文化集合,是炎黄五千年文明史的主体文化,作为中华民族的根与魂,黄河文化的保护、传承与弘扬事关中华文脉的绵延赓续。黄河文化中蕴含的天地人和、道法自然、休养生息等生态哲学,为践行生态文明建设提供了历史经验和智慧,对落实"黄河战略"具有重要借鉴意义。

习近平总书记在黄河流域生态保护和高质量发展座谈会上指出:"深入挖掘黄河文化蕴含的时代价值,讲好'黄河故事',延续历史文脉,坚定文化自信,为实现中华民族伟大复兴的中国梦凝聚精神力量。"

一方面,挖掘黄河文化的时代价值,使其成为塑造黄河文化灵魂,囊括黄河文化瑰宝,延续黄河历史文脉,构筑具有文化认同感和流域共识的黄河文化的精神内核:"尊重规律、人水和谐的绿色基因","自强不息、艰苦奋斗的红色基因","日益进取、坚忍不拔的开拓精神"以及"海纳百川、开放包容的融合精神"。只有将上述精神内核融入"黄河战略"的顶层设计和行动方案中去,才能使得黄河文化真正

做到生生不息、不断融合、与时俱进,为保障"黄河战略"顺利实施提供内生原动力。

另一方面,把宏大复杂的黄河文化转化为老百姓听得懂、讲得清的"黄河故事",关键在于形成特色鲜明、统一凝练、高度认同的黄河文化符号。只有将纷繁复杂的文化元素放在一个完整的黄河文化体系当中,统筹、科学、合理地规划保护方式、路径和效果,不断强化黄河文化符号,才能将作为中华民族根和魂的黄河文化保护好、传承好、弘扬好。只有将宏大的黄河文化建构为特色鲜明,被人们高度认同的中华民族文化标识,树立"大黄河"的发展观念,才能使其在宣传保护和发展中打破行政壁垒,统筹规划、协调配合、协同开发,合力推动沿黄地区文化、生态、经济的高质量发展。

三、 以黄河流域高水平保护和治理为手段

目标:聚焦特色问题、识别立法关键

黄河流域自然生态脆弱、环境水资源保障形势严峻、流域经济发展质量较差、人民群众生活水平较低等问题相较于国内其他大河流域更为突出。只有聚焦在制约黄河流域高质量发展的重大议题上,识别出这些议题中哪些是亟待通过立法等手段进行高水平保护的关键性内容,才能牵一动百、对症下药,使黄河战略的立法工作更加切实有效。

1. 黄河流域水资源问题的立法关键

推进水资源集约节约利用是黄河流域经济社会发展中需要高度重视解决的突出重大问题之一。在一定时期内和发展水平实现前,流域水资源必须服从刚性原则,这是保证流域产业升级换代和经济社会高质量发展的重要水资源政策。故此次立法需要突出强调流域水资源的刚性约束,引导并规范流域上下游统筹用水和农业发展方式,并且建立适当补偿机制,避免今后上下游之间更大的水资源矛盾。

2. 黄河流域水生态问题的立法关键

流域的突出生态问题已严重制约区域经济社会高质量发展,亟须从流域整体性、系统性角度出发,深入开展流域自然生态保护修复领域的立法研究,从国家层

面制定黄河流域生态保护修复的具体法律条款,统筹推进实施全流域生态系统的整体保护、系统修复、综合治理,尤其是通过立法手段将黄河流域生态保护修复的相关政策措施制度化、法制化,切实增强生态保护修复的法律保障,有效解决流域突出生态问题。

3. 黄河流域水环境问题的立法关键

基于黄河部分河流污染物排放量超过水环境承载力、农业面源污染形势严峻、部分区域土壤污染对水环境影响较大等实际情况,有必要突出污染严重河流和主要污染源,从减少污染物排放角度设计污染物排放总量控制、农业农村污染防治、排污口管理、水土一体化污染防治等法律条款,聚焦重要支流、重要污染问题的治理。目前,生态环境部已经在湟水河及黄河干流甘肃段试点开展黄河流域入河排污口排查整治,通过"查、测、溯、治",将进一步明确排污口的监管职责。汾河、石川河等河流水质还较差,个别河流存在反弹的风险,农膜污染严重、农村人居环境整治落后。为此,建议在立法中明确开展黄河流域排污口整治,做到"一口一策一档";明确汾河、石川河等黄河重要或污染严重支流及水环境质量不达标区域削减污染物排放总量;加强农用地膜回收利用,坚持村民主体地位,创新农村人居环境综合整治投融资方式。

4. 黄河流域水安全问题的立法关键

面对治黄巨大成效,在当前黄河相对稳定和安全的窗口期,亟须通过立法督促,抓住历史机遇,切实平衡好黄河当前和长远安全问题。改进水土保持工作方式,加强中游多沙粗沙区水土保持工作,切实优化调度已有工程,创新泥沙处理方式,重视保护加固和长期维护现有淤地坝,为黄河下游拦粗沙发挥更大和更长期作用,延长水利水保工程寿命,以防洪减淤为主,最大限度"拦粗排细"。

5. 黄河流域遗产资源问题的立法关键

黄河流域已有的文化遗产和自然遗产保护体系相互割裂,缺乏对流域遗产资源保护的整体规划和统筹发展。因而在此次立法过程中,有必要针对黄河流域遗产资源进行大尺度线性遗产的专门性法制建设,明确黄河流域遗产资源的范围边界和主体责任,做到"不冲突、不缺失",形成统一的黄河流域遗产资源管理机构和组织网络,建立黄河流域遗产保护专项资金的公共财政预算制度、事业收入(含门票收入)管理制度、社会资金和国际基金参与保护的优惠政策制度等。

四、 以黄河流域体制机制创新为着力点

目标:统筹空间管控,强调利益协同

新中国成立以来,沿黄地区也开展了大规模的黄河保护和治理工作,流域水质状况总体呈现不断改善趋势,相关管理制度建设也取得了长足发展。但其生态环境脆弱、水资源保障形势、流域发展质量等问题相较于国内其他大河流域依旧十分突出,其系统危机背后暴露的是长久以来流域国土空间规划不合理和管理体制碎片化问题。

一方面,黄河流域覆盖9个省区,横跨东、中、西三大区域,蜿蜒5 400多公里,是青藏高原生态屏障、黄土高原—川滇生态屏障和北方防沙带的重要交汇区域,但黄河流域国土空间始终存在资源空间分布与经济发展格局不匹配、城镇化工业化扩张挤占生态空间、局部地区生态环境风险较大等现实问题,尤其是中上游流域共享一个生态单元,只有上下游、干支流、左右岸形成共抓生态大保护、协同环境大治理的局面,才能真正推动黄河流域高质量发展。

另一方面,黄河流域发展水平参差、区域利益平衡协调机制缺乏,流域管理部门职责分工尚不明确,政出多门、条块分割,多头管理和交叉管理现象较为普遍,黄河流域资源利用、环境保护、湿地管理保护、防洪工程建设、滩区管理等涉及黄委会、环保、林草、国土、农业等多个部门,开发利用和管理的目标要求、依据的法规各不相同,导致管辖范围、权限相互交叉、冲突,多头管理和交叉管理现象较为普遍,部门间多头执法、推诿扯皮的问题依然存在,流域机构统筹上下游、左右岸、干支流的职责有限,统筹协调全局和地方局部利益方面存在着不足。

落实"黄河战略"需要通过体制机制的创新促进行政区域管理、生态环境保护和流域治理相融合。通过完善黄河流域法律法规体系,建立健全流域国土空间一体化保护和协同化治理机制、流域利益协调机制,强化顶层设计,强化涉水监管,破解现有制约流域上下游、左右岸、干支流以及省区之间、部门之间水管理的体制机制障碍,开创黄河流域保护治理的新局面。有必要完善空间管控和利益协调"双重机制":突出黄河流域的特点,明确上中下游生态空间布局、生态功能定位和

生态保护目标,以流域空间管控机制为抓手,统领水资源利用、水污染防治、岸线使用、河道治理等方面的空间利用任务,促进经济社会发展格局、城镇空间布局、产业结构调整与资源环境承载能力相适应,确保形成整体顶层合力;建立统一的利益协调机构,以利益协调机制为抓手,将区域利益、部门合作融入黄河保护综合决策,解决部门间权力交叉重叠的问题和区域利益平衡协调机制缺乏的问题。

黄河战略立法的焦点议题

———————————————

第四章

———————————————

黄河流域绿色发展专题[*]

一、 本专题的研究意义

在新时代我国社会主要矛盾转化和"五位一体"总体布局的背景下,黄河流域绿色发展是对人民最现实利益问题的回应,也是生态文明建设的重要举措。这一时代背景要求通过黄河流域绿色发展,完善生态环境协同治理机制,建立绿色产业和能源结构,统筹生态环保与社会经济发展目标,顺应人民对美好生活的需要。

坚持以人民为中心的发展思想是党的十九大报告确立的新时代坚持和发展中国特色社会主义的基本方略。推动黄河流域绿色发展是社会主要矛盾转化的新形势下对人民群众最关心、最直接、最现实利益问题的重要回应。随着全面建成小康社会目标的实现,人民对经济发展的需求更加丰富,对生活水平提升的需求更加迫切;同时,人民对环境问题的危害更加了解,对良好生态环境的要求也更加强烈。因此,黄河流域应当通过绿色发展,顺应人民群众对美好生活的需要,理顺生态环境保护和经济发展的关系,杜绝环保工作"一刀切",因地制宜地解决不同区域生态环境问题,探索创新驱动型、资源节约型和环境友好型的绿色发展之路。黄河流域绿色发展成效要统筹生态环境治理目标与社会经济发展目标,共同满足人民日益增长的美好生活需要。

———————————————

* 本章作者:朱俊明:清华大学公共管理学院副教授、博导。
　　　　　王清纯:清华大学公共管理学院博士研究生。
　　　　　范承铭:清华大学公共管理学院博士研究生。
　　　　　杜　真:清华大学环境学院博士研究生。

新时代"五位一体"的总体布局确立了生态文明建设的重要战略地位,党的十九大报告进一步全面阐释了加快生态文明体制改革、建设美丽中国战略的重要部署。绿色发展正是推进生态文明建设的重要举措。面对黄河流域复杂的发展问题和脆弱、紧迫的生态环境资源问题,绿色发展要求建立和完善生态环境协同治理机制,突破旧有部门权责和行政区划的局限,统筹设计科学的流域发展布局,构建完备的区域、部门协同机制,为黄河流域的生态环境保护和高质量发展工作提供机制保障。同时,由于黄河流域产业和城市的发展水平不高,绿色发展要求建立绿色的经济结构和能源结构,优化流域产业布局,培育壮大绿色产业,从源头解决流域当前的生态环境瓶颈和发展困境,保证黄河流域生态环境保护和经济发展协同开展。

二、 立法基础与立法思路

1. 已有法律法规中流域经济相关内容

现有法律法规为黄河流域绿色发展的顶层设计提供了一般性原则。本节梳理归纳了已有法律法规中流域经济的相关内容,包括以下四个方面,为黄河流域绿色发展立法提供参考(见表4-1)。

表4-1 现有法律法规中流域经济相关内容分析

立法基础	现有法律法规	对应条文
协调流域内各类规划制定,协同多种治理目标与手段	《中华人民共和国水土保持法(2010年修订)》	第十三条
	《中华人民共和国水法(2016年修正)》	第十五条
	《中华人民共和国防洪法(2016年修正)》	第九条、第十一条
经济发展不能以破坏流域生态环境为代价,要以水定产,量水而行,将水资源作为流域内社会经济发展的约束	《黄河水量调度条例》,国务院,2006年	第三条、第十二条
	《水量分配暂行办法》,水利部,2007年	第八条
	《太湖流域管理条例》,国务院,2011年	第十八条、第二十八条
	《中华人民共和国水法(2016年修正)》	第二十三条、第四十七条
	《取水许可和水资源费征收管理条例(2017年修订)》	第七条
	《中华人民共和国防洪法(2016年修正)》	第四条
	《中华人民共和国水污染防治法(2017年修正)》	第二十九条
	《建设项目环境保护管理条例》,国务院,2017年	第二十七条

（续表）

立法基础	现有法律法规	对应条文
流域经济发展要坚持绿色发展观，促进传统产业转型与绿色产业发展	《中华人民共和国长江保护法》，2020 年	第六十六条、第六十八条
为流域绿色发展提供财政支持	《中华人民共和国长江保护法》，2020 年	第七十三条

协调流域内各类规划制定，协同多种治理目标与手段。现行法律法规强调了规划协调，如水土保持规划要与土地利用总体规划、水资源规划、城乡规划和环境保护规划相协调（《水土保持法》）；流域综合规划要与国民经济和社会发展规划、土地利用总体规划、城市总体规划和环境保护规划相协调，兼顾不同地区、行业的需要（《水法》）；防洪规划要与流域综合规划、国土规划和土地利用总体规划相协调（《防洪法》）。流域立法循此基础，对规划间协调作出明确规定，有助于确保经济、社会、生态等不同治理维度、不同行政区域、不同行业间的协调有序。

经济发展不能以破坏流域生态环境为代价，要以水定产，量水而行，将水资源作为流域内社会经济发展的约束。水生态方面，流域内水量调度要对接国民经济和社会发展计划，优先满足居民生活用水需要，合理安排不同产业用水（《黄河水量调度条例》）；制订水量分配方案时要预留一定的水量份额（《水量分配暂行办法》）；建立取水总量控制制度，超出指标不再新增用水批准（《太湖流域管理条例》）；地方政府制定年度用水计划，流域内工程和项目建设考虑水资源约束，在约束大的地区限制高耗水项目（《水法》）；总耗水量不得超过可利用量（《取水许可和水资源费征收管理条例》）；水资源的开发利用要服从防洪安排（《防洪法》）；开发建设活动要维护流域生态功能、严守生态红线（《水污染防治法》）。环境质量方面，流域内排污单位不得超标排放，生产项目要符合国家产业政策和环境治理要求，企业要按照规定进行清洁生产技术改造（《太湖流域管理条例》）；流域开发等区域性开发建设要进行环境影响评价（《建设项目环境保护管理条例》）。流域立法应延续这些原则，明确生态优先的地位，将生态环境的保护作为流域经济发展的前提，把水资源作为最大的刚性约束，确保流域发展的长期可持续。

流域经济发展要坚持绿色发展观，促进传统产业转型与绿色产业发展。作为黄河流域立法的重要参考，《长江保护法》已明确了推动流域内传统产业转型升级、促进绿色产业发展的要求：地方政府要推动钢铁、化工、建材等产业升级改造，推动企业清洁化改造及通过技术创新减少污染排放（第六十六条）；应促进节水型行业和企业的发展（第六十八条）。黄河流域立法要统筹流域资源禀赋和产业特征，推动传统产业转型，培育壮大绿色产业，实现流域整体发展质量的提高。

为流域绿色发展提供财政支持。《长江保护法》还规定了为港口、航道和船舶升级改造，清洁能源动力船舶和新能源船舶建造，港口绿色设计提供资金支持（第七十三条），为港口岸电设施改造、船舶受电设施改造提供资金补贴和电价优惠（第七十三条）。循此基础，黄河流域立法应为流域绿色发展的财政支持作出明确规定。

2.《长江保护法》相关条款分析

《长江保护法》是黄河立法的重要参照。本节通过分析《长江保护法》第六章"绿色发展"的法律条款，对比党的十八大以来国家层面针对长江流域保护、发展的系列重要政策规划文件，识别长江立法的目标取向和潜在局限，以此为黄河立法提供借鉴。《长江保护法》绿色发展的法律条款如在黄河保护法中沿用，可能存在以下四方面局限。

缺少绿色发展定义：《长江保护法》第六章"绿色发展"对绿色发展所涉及的具体措施作出了细致的规定，但是并没有明确提出长江流域绿色发展的内涵及目标。通过立法明确界定绿色发展的内涵与目标，可以更好地统领相关法律条款，在方向上指引相关规划政策制定、管理与实践。因此，黄河立法需要在绿色发展相关章节明确黄河流域绿色发展的内涵与目标，以指引具体法律条款的展开。

绿色发展的各个治理问题被简单割裂：绿色发展既需要引导企业、园区等实现绿色生产，促进居民绿色消费，推动交通、能源及相关基础设施低碳绿色转型，更需要将这些治理问题进行统筹。如果只关注单一的问题，则会造成各治理问题被简单割裂，难以实现流域整体的绿色发展。《长江保护法》的绿色发展条款，对企业清洁化改造、引导居民绿色消费、建设综合立体交通体系等作出了规定，但没有对整体解决各治理问题给予指引。黄河流域相对于长江流域，上中下游间的巨大差异使得绿色发展的各个治理问题更加需要整体考虑，因此立法不仅需要找准流域绿色发展的关键问题，更要注重针对各个问题治理方案之间的有机互动和内在联结，以实现整体推进。

法条规定过于微观具象：立法内容需要在更偏宏观的层面做好谋划，把握基调、抓住关键，如果规定过细，则会限制未来的政策发展空间。《长江保护法》对一些绿色发展相关问题作出了非常具体的规定，如危险化学品生产企业搬迁改造、厕所改造、废弃土石渣综合利用信息平台建设、养殖水域各功能区科学确定养殖规模和养殖密度、船舶污染物接收转运处置设施建设、港口岸电设施和船舶受电设施建设和改造等。这些规定停留在微观执行层面，法律层面设计略显不足。黄河立法要超越各个层面上的微观规定，为未来的政策发展指明方向、留足空间。

具体条文内容落后于现行政策规划：立法内容应在现行政策规划的基础上健全体制机制，管住根本、管好长远。现行的政策规划已经将长江流域的发展连接到内河经济带、东中西互动合作的协调发展带，乃至更大范围的沿海沿江沿边全面推进的对内对外开放带、亚太地区国际门户等地理构想，以及对新发展理念的区域实践中。然而，《长江保护法》绿色发展章节的条文内容更多地关注了产业结构和布局调整，缺乏立足现行政策规划的战略构思。黄河立法要在现行政策规划的基础上做好制度设计，为发展战略提供指引。

三、 期待通过立法解决的突出问题

黄河是中华民族的母亲河，是中华文明赖以生存发展的宝贵资源。黄河流域是我国重要的生态屏障和经济地带，也是打赢脱贫攻坚战后继续深入推进乡村振兴的重要区域。当下黄河流域存在生态环境脆弱、经济发展水平落后、居民生活质量有待提升等突出问题，亟须通过绿色发展加以解决。这些问题的根源在于流域产业和城市发展水平低，现有的政策支撑被路径依赖所束缚——黄河流域正逐步陷入"发展的低水平锁定"。

1. 流域绿色发展面临的突出问题

新中国成立后，党和国家对黄河治理开发极为重视，将其作为国家的一件大事列入重要议事日程。党的十八大以来，中央着眼于生态文明建设全局，明确了"节水优先、空间均衡、系统治理、两手发力"的治水思路，黄河流域经济社会发展和人民生活得到了显著改善。但在取得成就的同时,黄河流域在全国仍属于发展水平较低的地区。当前,流域通向绿色发展所面临的突出问题表现为生态环境脆弱、经济发展水平落后及人民生活质量有待提升三个方面。

（1）生态环境脆弱

黄河流域生态环境脆弱,重点表现在水生态脆弱、环境污染严重、上中下游问题多样复杂三个方面。在水生态上,黄河流域整体水资源量较小,且与其他流域差距较大。2018 年,黄河流域的年径流量 661 亿立方米,仅为长江流域年径流量的 6.95%（见图 4-1）;水土流失情况严重,流失面积占流域省份面积的 34.83%,较全国其他省份高出 10 个百分点,其中水土流失等级为"高度及以上"的比例为 8.58%,几乎达到全国其他省份的 2 倍（见图 4-2）。

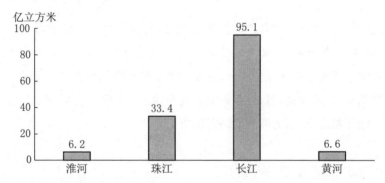

图 4-1　2018 年黄河流域与其他流域径流量

资料来源:中华人民共和国水利部:《中国水利统计年鉴(2019)》,中国水利水电出版社 2019 年版。

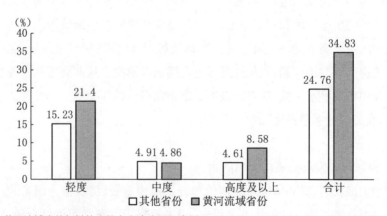

图 4-2　黄河流域省份与其他省份水土流失面积比例

资料来源:中华人民共和国水利部:《中国水土保持公报(2018)》,第 3—24 页。

在环境质量上,黄河流域存在突出的水污染和大气污染问题。近年来流域虽然水污染治理成效显著,2017年劣V类水质断面占比为19%、较2010年降低了15个百分点,但相比其他流域劣V类断面比例仍然较高,如比长江流域高出了15个百分点(见图4-3)。流域省份空气污染严重,年均PM$_{2.5}$浓度为40.7微克/立方米,高于全国其他地区年均35.5微克/立方米(见图4-4)。

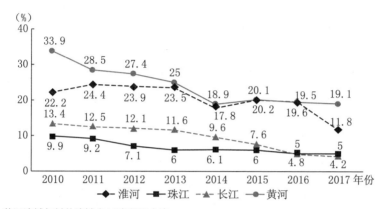

图4-3　黄河流域与其他流域劣V类断面占比

资料来源:中华人民共和国水利部:《中国水利统计年鉴(2019)》,中国水利水电出版社2019年版。

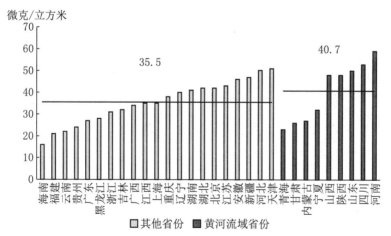

图4-4　黄河流域省份与其他省份年均PM$_{2.5}$浓度

资料来源:各省、自治区、直辖市生态环境厅(局)网站公布的2019年省级生态环境状况公报,其中西藏自治区数据缺失。

除了整体上生态环境脆弱外,黄河流域上中下游各自突出的生态环境问题不尽相同,又相互联系,增加了治理的复杂性。对于上游地区,农业用水和冻融侵蚀造成的水土流失和土地荒漠化表现得最为严重。在中游地区,除水土流失外,还面临着严重的环境污染。而在下游地区,泥沙堆积造成河道堵塞、河床上升,"地上悬河"成为下游生态安全的重大隐患。

(2) 经济发展水平落后

黄河流域经济发展水平落后,重点表现在城市发展水平低、农业优势不突出、过度依赖传统工业和重化工业三个方面。在城市发展上,流域城市总体发展水平不高,且与其他区域城市的差距逐渐扩大。黄河流域城市人均国内生产总值显著低于全国其他城市平均水平,且差距不断扩大,由 2010 年的 5 000 元扩大到 2018 年的 1 万元(见图 4-5)。

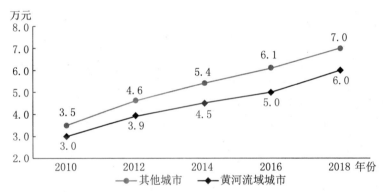

图 4-5 黄河流域城市与其他城市人均 GDP

资料来源:2011—2019 年《中国城市统计年鉴》。

在农业上,黄河流域省份虽然是全国主要粮食生产区,但生产效率较全国其他省份没有比较优势,甚至处于劣势。2018 年,黄河流域省份粮食作物播种面积占农作物总播种面积的比例为 73%,略高于全国其他省份的 69%。然而,粮食单产却比全国其他省份低 14%左右。[1]

在工业上,黄河流域省份主要依赖传统产业和重化工业。煤炭开采和洗选业、电力热力的生产和供应业、化学原料和化学制品制造业产值占工业总产值的比重显著高于全国其他省份。重化工业主导了黄河流域省份的工业生产(见图 4-6),高新技术产业发展严重不足。

---

〔1〕 资料来源:国家统计局:https://data.stats.gov.cn/easyquery.htm?cn = E0103。

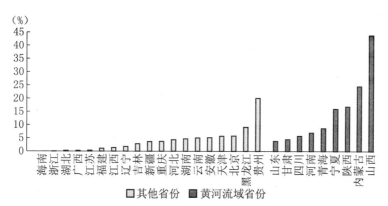

图 4-6（a）　行业产值（煤炭开采和洗选业）占工业产值比重

资料来源：国家统计局工业统计司：《中国工业统计年鉴（2012）》，中国统计出版社 2012 年版。

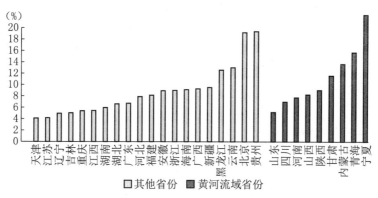

图 4-6（b）　行业产值（电力热力的生产和供应业）占工业产值比重

资料来源：国家统计局工业统计司：《中国工业统计年鉴（2012）》，中国统计出版社 2012 年版。

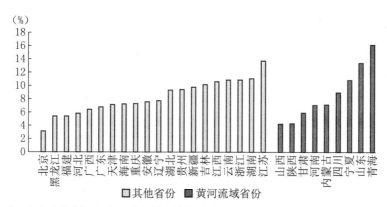

图 4-6（c）　行业产值（化学原料和化学制品制造业）占工业产值比重

资料来源：国家统计局工业统计司：《中国工业统计年鉴（2012）》，中国统计出版社 2012 年版。

（3）居民生活质量有待提升

黄河流域居民生活质量不高，主要表现为收入水平较低、贫富差距较大两个方面。在收入水平上，黄河流域省份人均可支配收入明显低于全国其他省份，且差距逐渐扩大。2018年，流域省份人均可支配收入为2.39万元，相比于全国其他省份均值3.01万元低了25.5%。从2014年到2018年，流域省份与全国其他省份人均可支配收入的差距从0.44万元扩大到0.61万元，增加了38.9%（见图4-7）。

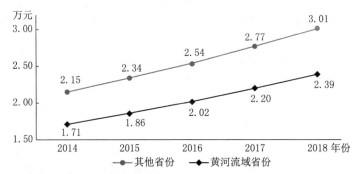

图4-7　黄河流域省份与其他省份人均可支配收入

资料来源：国家统计局；https://data.stats.gov.cn/（2014—2018）。

贫富差距上，流域上中下游存在较大差距，黄河流域省份贫富差距整体上也高于其他省份。2010年，位于中下游的河南省基尼系数为0.39，而位于上游的青海省基尼系数高达0.47。流域省份平均基尼系数为0.43，属于联合国开发计划署所规定的指数等级高、贫富差距较大的级别，而同期全国其他省份的基尼系数均值为0.38，属于指数等级中、贫富差距相对合理的水平（见图4-8）。

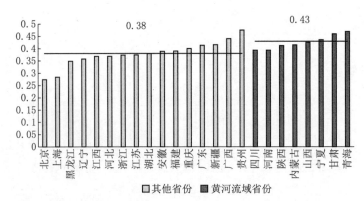

图4-8　黄河流域省份与其他省份基尼系数

资料来源：田卫民：《省域居民收入基尼系数测算及其变动趋势分析》，载《经济科学》2012年第2期，第48—59页。

2. 原因分析

黄河流域面临以生态环境脆弱、经济发展水平落后及人民生活质量有待提升为代表的生态、生产、生活三方面问题,其根源在于产业与城市发展水平低且互为因果、现有政策依赖历史路径难以统筹考虑绿色发展——黄河流域陷入了发展的低水平锁定模式。

（1）产业技术水平低,结构不合理,转型困难

黄河流域产业发展水平落后、结构不合理是其面临三方面问题的主要原因之一,体现在各类产业的资源消耗强度大、生态环境影响严重、技术水平低,高新技术产业发展迟缓。

农业资源环境影响大,技术水平低。 黄河流域是我国主要粮食产区之一,是粮食安全的重要保障。流域农业从业人口超过 40%,但其增加值占 GDP 的比重却不到 6%,影响了流域整体的发展水平(见图 4-9)。农业发展对水资源的依赖

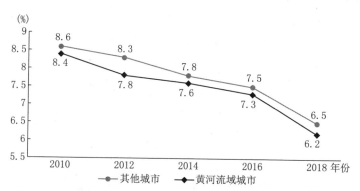

图 4-9（a）　黄河流域内外第一产业增加值占 GDP 的比例比较

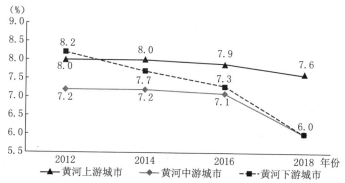

图 4-9（b）　黄河流域上、中、下游第一产业增加值占 GDP 的比例比较

资料来源:2013—2019 年《中国城市统计年鉴》。

较强,农业用水占黄河流域总用水量的 70% 以上。然而,黄河流域存在严重的水资源不足,流域人均水资源量仅为全国人均的四分之一,农业发展对水资源造成了巨大的压力。同时,农药、化肥的广泛使用对流域水质和土壤造成污染,进一步对流域生态环境造成压力。除水资源约束之外,黄河流域农业发展也面临水土流失、土壤盐碱化等问题,有必要依靠技术实现高质量发展。但是,黄河流域目前在提高农业用水效率、改良盐碱地等关键问题上研究投入不足,科技转化成果少。农业从业人员学历不高,创新能力亟待提高,整体技术水平较低,无法支撑农业发展提高效率和附加值。

工业以能源类重工业为主,依赖要素驱动。 黄河流域第二产业增加值占 GDP 的比重显著高于其他地区。流域能源矿产资源丰富,重工业特别是能源行业占据主导地位,工业发展主要由资源要素驱动。煤炭开采和洗选业产值占工业产值的比重远远高于全国其他省份平均水平,电力热力的生产和供应业、化学燃料和化学品制造业占工业产值的比重也居高不下。能源开采和初级加工业主要集中在黄河上中游的山西、内蒙古、陕西、青海等省区,资源消耗大,污染物排放高,对上中游本就脆弱的生态环境造成了巨大压力。工业技术水平不高,依赖能源、矿产等要素,技术进步对工业发展的贡献小,全要素生产率偏低。随着国内需求结构发生变化,黄河流域粗放式发展的工业增长动力明显不足。

高技术及新兴产业发展滞后,动力不足。 黄河流域高技术产业,如计算机通信及电子设备制造业、电气机械和器材制造业、医药制造业等行业产值占第二产业产值的比重低于全国其他省份平均水平(见图 4-10)。流域缺少高新技术企业聚集,新兴产业整体发展质量不高。根据王卉彤等[1]的测算分析,2017 年中国战略新兴产业发展质量低的 67 个城市中,黄河流域城市有 18 个,而在新兴产业发展质量水平达到中高、高的 88 个城市中,黄河流域城市只有 16 个,且集中在山东省,其余省份新兴产业发展质量整体偏低。截至 2020 年 3 月,中国 227 家独角兽企业中,位于黄河流域的仅有 1 家[2]。

---

〔1〕 王卉彤、刘传明等:《中国城市战略性新兴产业发展质量测度及时空特征分析》,载《城市发展研究》2019 年第 12 期,第 130—136 页。

〔2〕 胡润研究院:《2020 胡润全球独角兽榜》,https://www.hurun.net/zh-CN/Rank/HsRankDetails?num = WE53FEER。

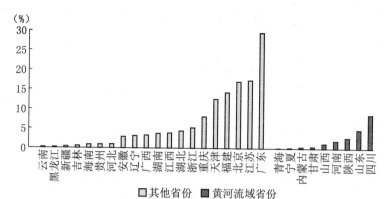

图 4-10（a） 行业产值占工业总产值比重——计算机通信及电子设备制造业

资料来源:《中国工业统计年鉴(2012)》。

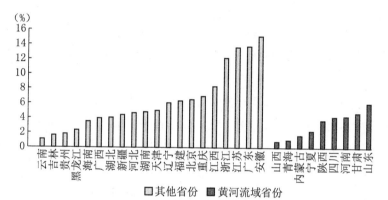

图 4-10（b） 行业产值占工业总产值比重——电气机械和器材制造业

资料来源:《中国工业统计年鉴(2012)》。

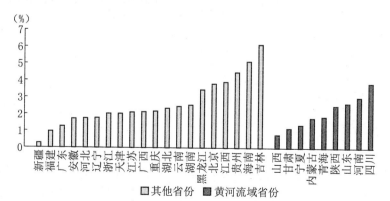

图 4-10（c） 行业产值占工业总产值比重——医药制造业

资料来源:《中国工业统计年鉴(2012)》。

支撑高技术及新兴产业发展的各类要素不足,难以推动黄河流域产业转型。黄河流域研发投入不足,专利申请数量低于全国平均水平,各省份综合创新能力普遍较低。流域虽然拥有众多高校,但由于收入低、就业机会少、生态环境差等原因,面临严重的人才流失,产业转型所需的人力资本不足。同时,黄河流域金融业发展较为滞后,金融服务体系不健全,企业融资形式单一,难以支撑企业创新。

综上所述,黄河流域农业发展与生态环境的矛盾较大,但又没有足够的技术支撑来缓解这一矛盾;工业发展严重依赖资源要素,以高耗能高污染低附加值的能源产业为主,增长后劲不足,环境影响大;新兴产业发展滞后,支撑产业转型的条件和要素不足。上述问题导致黄河流域无法摆脱原有高度依赖能源产业的经济发展模式,难以跨越到创新驱动的发展轨道上。

(2)城市发展水平低

黄河流域城市发展水平低是黄河流域三类问题的第二个主要原因。得益于国家投资,黄河流域基础设施建设情况并不差,人均公路和铁路里程均显著高于全国其他省份(见图4-11)。然而,黄河流域城市发展进程缓慢,人口集聚度低,基础设施的利用效率并不高。虽然黄河流域省份城镇化率不断提升,从2010年的44%提升至2018年的56%(见图4-12),但相较于全国其他省份的平均城镇化水平仍有6个百分点左右的差距。黄河流域少见人口规模超过千万的超大城市,城市建设用地增长慢,城市发育相较长三角、珠三角、京津冀等地区滞后。流域内具有规模集聚及辐射效应的中心城市数量少,截至2020年全国23个"万亿俱乐部"城市中,位于黄河流域的仅有郑州、西安、济南3座城市,且西安、济南是首次位列其中,而兰州、西宁、呼和浩特、银川的GDP均位于全国副省级城市的末尾。

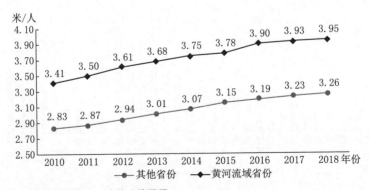

图4-11(a) 黄河流域省份——人均公路里程

资料来源:2011—2019年各省份统计年鉴。

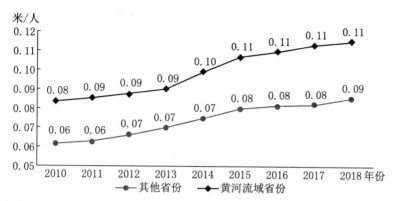

图 4-11（b）　黄河流域省份——人均铁路里程

资料来源：2011—2019 年各省份统计年鉴。

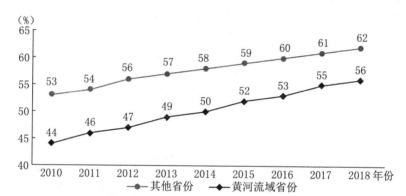

图 4-12　黄河流域省份与其他省份城镇化率

资料来源：国家统计局：https://data.stats.gov.cn/（2010—2018）。

（3）对产业与人才的吸引力弱

　　黄河流域城市的人才和产业吸引能力弱是造成流域发展落后的第三个原因。虽然流域依靠中心城市的教育资源在人才供给能力上具有一定优势，但由于工资水平、公共服务完善程度等方面与其他地区存在较大差异，难以留住人才、吸引外来人才，无法为经济高质量发展提供充足的人才支撑。2018 年流域城市每万人高校在校生数为 272 人，远高于全国其他城市（图见 4-13）。但是黄河流域收入水平相对较低，流域省份 2019 年城镇单位就业人员平均工资均值为 78 782 元，明显低于其他省份同期平均的 91282 元（见图 4-14）。

　　黄河流域对高技术绿色产业的吸引力也较差。由于人口规模小、消费不活跃、人才供给不足、金融服务不完善、政府治理能力有待提高等原因，黄河流域城市的营商环境较差。根据《2019中国城市营商环境指数评价报告》[1],黄河流域城市营商环境指数均值为41.89,比全国其他城市同期均值低了10分。

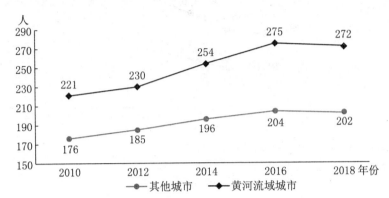

图 4-13　黄河流域城市与其他城市每万人高校在校生数

资料来源:2011—2019年《中国城市统计年鉴》。

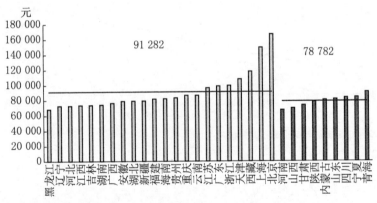

图 4-14　黄河流域省份与其他省份城镇单位就业人员 2019年平均工资

资料来源:国家统计局;https://data.stats.gov.cn/。

(4) 发展的低水平锁定

黄河流域产业发展、城市建设等方面存在诸多问题,产业和城市的发展落后又互为因果,相互锁定。同时,流域政策受历史路径影响,长期以治水为主,缺乏对"绿色"和"发展"的统筹考虑,难以改变产业和城市相互锁定的状态。黄河流域发展处于低水平锁定的模式。

〔1〕 中国战略文化促进会、中国经济传媒协会、万博新经济研究院和第一财经研究院共同发布。

黄河流域产业发展低水平在一定程度上导致了地区城市发展的落后。城市发展需要大量人口的聚集、基础设施和公共服务建设。流域产业以农业、重工业为主,对劳动力的需求相对较低,难以通过集聚大量人口有效推动区域的城镇化进程,城市发育迟缓。经济发展模式粗放,增长动力不足,附加值低,难以支撑地方财政进行高水平的城市建设。

黄河流域城市发展水平的落后又进一步阻碍着区域产业的发展。区域经济发展离不开区域内经济增长核心区的带动。黄河流域缺少具有辐射效应的大城市与城市群。尽管流域内已经初步形成如关中城市群、中原城市群、济南经济圈等具有一定经济实力的区域,但与长江三角洲城市群、长江中游城市群、珠江三角洲城市群等核心经济区域相比,在经济体量、发展水平、产业结构、创新能力等方面差距依然明显。主要城市对区域内周围城市的辐射、统领能力较弱,使黄河流域难以承担参与全国、全球分工的重任。此外,城市发展水平低还导致了产业发展要素的缺失。黄河流域人口集聚度低,市场规模小,导致区域难以吸引资本要素;流域城市建设水平低,公共服务设施不完善,使得城市缺乏人才吸引力,人才、特别是高层次人才流失情况严重,导致产业发展和创新难以为继。黄河流域产业和城市发展之间的相互制约关系使流域产业和城市发展陷入了恶性循环,形成锁定。

产业、城市发展模式的锁定又被黄河流域的政策进一步锁定。首先,黄河流域的政策议题受历史路径影响,长期围绕治水问题,缺乏发展指向。由于历史上黄河的主要问题是治水,水资源利用、防洪等议题是历史上政策的核心。虽然当前黄河流域的问题已经复杂化、多样化,但由于缺乏外在力量驱动,流域的政策设计和制定受历史惯性影响,长期围绕治水展开,缺乏系统集成的顶层设计,关于保护与发展的政策设计不够协调统一,发展指向不足。其次,在长期政策实践中,受部门归口管理的治理结构影响,黄河流域政策制定存在部门、区域分割的问题。在部门上,国家发展和改革委员会、生态环境部、水利部、自然资源部等诸多部门曾分别颁布黄河流域发展相关政策,但均局限于部门权责下的特定议题,缺乏协同高效的政策设计,权力职能分散;在区域上,政策局限于传统的行政边界,缺乏站在黄河流域一体化角度的政策设计。区域、部门的协调不足使得黄河流域产业和城市的问题难以解决。政策对产业、城市发展的制约形成锁定,强化了流域发展的低水平锁定(见图 4-15)。

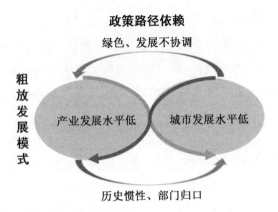

图 4-15 黄河流域发展低水平锁定示意图

3. 黄河流域绿色发展的战略思考

黄河流域绿色发展面临的困境相对复杂,解决思路的形成并不直接,无法直接从流域当前的问题对应到立法内容。在识别和剖析黄河流域绿色发展面临的问题基础上,确定推动绿色发展的战略,能够明确立法的目标和需要包含的要素。

推动黄河流域绿色发展,需要打破流域产业、城市和政策的锁定状态,推动流域生产、生活的升级与绿色转型。从产业和城市的角度,需要推动大城市集约式绿色发展,增强流域人才、资金吸引力,从而推动产业升级和绿色化。从政策角度,需要调整黄河流域的管理体制,保证政策的恰当设计、执行和评估。

(1) 推动大城市集约式绿色发展,带动产业升级和绿色转型

导致黄河流域产业和城市低水平锁定的主要原因是流域对人才、资金的吸引力不足。发展大城市,推进其集约式绿色建设,有利于提升流域吸引力,破解流域产业—城市锁定。

从最终效果角度,建设人口集聚、经济活跃、设施完善、环境优美的大城市,能够以高质量的生活和丰富的就业机会吸引人才,同时能够以大规模的市场和优质的劳动力吸引资本。流域对产业升级和绿色转型所需要素的吸引力得以提升,产业得以良好发展。产业的良好发展又能反过来通过集聚人口和资金促进城市的发育和建设,从而形成良性循环,破解产业和城市的低水平锁定困局。

从效率角度,大城市集约型发展有利于形成规模效应,提高资金、基础设施等资源的利用效率,同时能够集聚优势,提升流域吸引力。黄河流域城市发育滞后,

人口集聚度不高,具有发展潜力的城市数量并不多,各省省会及个别非省会城市集聚了省内人口、产业等主要资源,抓住这些城市的发展,就把握住了流域发展的主要矛盾。

黄河流域内城市的自然资源禀赋、社会经济状况、区位优势等不同,因而不同城市在推进产业升级过程中应当因地制宜。总体来说,一方面要抓紧促进当地传统产业的清洁化和技术升级,另一方面要抓住机遇,引进和扶持新兴高技术绿色产业,并与周围中心城市配合,形成地区优势。

黄河上中游在人口、经济体量、产业体系、城市建设方面最有潜力的是西安。如以西安市为龙头,可以重点发展当地具有一定优势与基础的电子信息、新能源汽车、航空航天、高端装备、新材料、生物医药等行业,引入支撑和辅助这些行业发展的金融、互联网、物流、研发设计、会议服务等行业,提供相应政策优惠,提高对重点行业所需人才和投资的吸引力。西宁、兰州、银川等城市,一方面可以作为西安产业发展的支撑,融入西安市重点产业的上下游,支撑制造、物流、销售等环节;另一方面可以依靠各自在生态资源、畜牧业、种植等方面的优势,做大各自的特色产业,如生态旅游业、乳业等,并推动高污染高耗能产业的清洁化。产业发展需要大量当地的优质劳动力,这些城市应当根据当地产业需求发展职业教育,支撑城市产业发展。太原对传统能源行业依赖较强,难以进行过于激进的产业转型,可以在利用好城市自然资源禀赋的同时,促进清洁能源产业的发展,同时大力发展通信及计算机设备和汽车制造业,以融入西安市重点产业的上下游,形成区域串联的完整产业链。内蒙古呼和浩特、鄂尔多斯和包头经济实力相近,可以形成集群,一方面重点发展电子元件制造业,为西安、郑州为中心的城市集群提供上游产业支持,另一方面利用地区自然资源禀赋,注重环保产业,大力发展服装业、林业与旅游业。

黄河下游人口和经济体量基础较好,可以以郑州和济南为中心,形成大城市群,辐射并带动周边地区发展。在以郑州为中心的城市群建设上,需要利用好郑州的规模与区位优势,大力发展移动通信设备、新能源汽车、高端装备制造等高新技术产业,形成对外开放势能,加大出口力度,特别是机电产品和高新技术产品的出口。在以济南为中心的城市群建设上,需要利用好区域地理区位和人力资源优势,推动传统黑色金属冶炼和压延加工业、汽车制造业升级与绿色转型,保持和扩大文化产业优势,大力发展大数据与新一代信息技术、可穿戴智能设备、生物医药、新能源汽车产业等高新技术产业,释放国内循环的新兴消费潜力,促进经济增长。

（2）保障机制

黄河流域发展战略的实现依赖于恰当的政策设计、执行和评估,因而需要四方面核心保障机制。

协同管理:流域发展问题在空间、时间上所涉甚广,且需要行政机构的横向及纵向协调,需要强有力的协调规划部门来统筹,将外部性内部化,寻求系统的解决方案。因此,要通过立法确定一个流域协调机制,统筹考虑流域经济、环境、社会等方面问题,负责流域的发展规划制定、政策落实、发展情况评估、争议解决和合作促进等。

规划设计:需要由流域协调机制主导,通过科学分析流域绿色发展的阶段性、区域性问题,制定流域绿色发展规划,并通过定期评估规划目标完成情况,对下一轮发展规划进行对应的调整。

资金支持:为保障流域绿色发展的资金问题,加快流域绿色转型,应当设立流域绿色发展基金,以污染产业的环境税、费为主要资金来源,用于支持清洁生产、绿色产业发展、绿色基础设施建设等。应当健全生态补偿制度,提高生态保护积极性,促进流域产业与生态协调发展。

统计评估:各类政策的设计和有效执行依赖于科学的政策效果评估,因而需要建立一套针对流域绿色发展的统计体系,收集和管理流域绿色发展相关的数据和资料,并利用这些材料及时对政策效果、规划完成情况等进行评估,以便指导未来的政策设计和规划制定。

四、立法内容说明及立法建议

1. 立法思路

为促进黄河流域生态环境保护和高质量发展,统筹高效地解决流域的生态环境问题和发展困境,本书建议有针对性地制定黄河流域绿色高质量相关法律条款,从法律制度层面确保合理利用资源,改善生态环境,优化产业结构和发展环境,保障黄河流域经济社会可持续发展。

黄河流域的治理存在着对规制与约束主导的传统路径的依赖,政策的发展导向不足,缺乏对绿色发展全面、深刻的认识。因此,本书建议通过立法明确绿色发展的内涵,阐明黄河流域绿色发展的内容,理顺流域生态环境保护与经济发展之间的关系,为黄河流域绿色高质量发展的宏观战略设计提供方向引导。

黄河流域发展政策涉及多个部门和行政区划,在政策实践中受到了部门权责和传统行政边界的限制,缺乏职能协同、高效、流域一体化视角的政策设计。因此,本书建议国务院建立黄河流域绿色高质量发展协同管理机制,负责统筹协调、指导、监督黄河流域生态保护和绿色发展工作,编制科学的流域规划,协调国务院有关部门、黄河流域各地方政府工作,形成中央协调分工,部门、区域协同合作的管理机制。

黄河流域目前产业和城市发展水平低,对高质量投资和人才的吸引力不足。因此,本书建议在黄河流域绿色高质量发展协同管理机制下,结合国民经济和社会发展规划、生态环境保护和黄河流域实际问题,利用规划手段,通过统一编制黄河流域绿色高质量发展规划,精准判断流域整体发展模式和局部区域特征,明确阶段性和区域性发展目标,统筹指导生态、环境、资源、能源与产业发展。为了及时对规划执行情况分析和总结,指导未来政策设计和规划制定,由黄河流域绿色高质量发展协同管理机制下设机构定期评估规划执行情况。为了统筹协调区域合作,整体推进流域绿色发展,黄河流域各地方政府制定规划需要与流域绿色高质量发展规划相契合。

黄河流域发展模式陈旧,产业结构不合理,且缺乏高新技术产业等增长新动能。因此,本书建议设立流域绿色高质量发展基金,利用市场化手段,支持黄河流域产业绿色转型升级。通过向企业收取污染税费获得资金,并将其投入到生态环境修复和产业绿色转型中,发展绿色技术、绿色产业和绿色基础设施。

黄河流域生态环境脆弱、产业发展与自然资源禀赋存在矛盾,区域差异大。因此,本书建议建立与完善生态补偿制度,结合流域上中下游的具体生态环境问题分区施策,科学确定区域生态补偿标准,充分留足生态空间,积极推进生态资源资本化,强化对生态资源丰富、经济发展薄弱区域的支持,促进生态保护者和受益者良性互动。

黄河流域目前缺乏绿色投资、绿色技术和高水平人才,难以实现城市和产业的绿色转型。因此,本书建议制定黄河流域财税、投资、人才落户等优惠政策,大力引进人才、绿色技术和绿色投资,提高流域内可持续基础设施建设水平,并以此支撑流域优势产业发展和创新,积极融入外部市场。

2. 立法建议

综合黄河流域的生态环境问题、发展现状和对绿色高质量发展模式的探索,本研究提出以下九条立法建议:

(1) 黄河流域绿色发展,是指在生产与生活过程中,服从黄河流域生态环境约束,不断通过产业与技术升级、可持续能源与交通基础设施、绿色消费、可持续城市等手段,实现价值创造、生态保护、开放融合,人与自然和谐共生。

(2) 国务院应当建立黄河流域绿色高质量发展协同管理机制,统筹协调黄河流域发展的重大政策、规划与事项,指导、监督黄河流域绿色发展相关工作。

国务院有关部门和黄河流域地方各级人民政府应共同负责推进黄河流域绿色发展。国务院各部门应根据职责分工,负责黄河流域保护、治理和发展相关工作。黄河流域省级人民政府,应承担落实黄河流域产业调整、区域协调等绿色发展相关责任。

(3) 国务院黄河流域绿色高质量发展协同管理机制应当根据国民经济和社会发展规划、相关中长期生态环境保护规划和黄河流域实际问题等,编制黄河流域绿色发展规划,报国务院批准后公布施行。黄河流域绿色发展规划应当明确黄河流域绿色发展的阶段性与区域性目标与战略,规定绿色高质量发展基金、生态补偿适用范围,明确鼓励类与淘汰类产业、技术与基础设施,统筹流域内各地区生态、环境、资源、能源与产业。

流域内市级以上地方人民政府应当结合国家国民经济和社会发展五年规划纲要与流域绿色发展规划的目标,编制本行政区国民经济和社会发展五年规划,报本级人民政府批准后公布施行。

(4) 设立黄河流域绿色专项发展基金,通过黄河流域绿色高质量发展协同管理机制进行统筹管理。绿色发展基金应以国家环境治理资金为基础来源,以流域限制类、淘汰类企业的污染税费为重要补充。

绿色发展基金应当用以支持产业绿色转型升级,通过财政补贴等形式,支持流域绿色高质量发展科技研究开发、绿色创新技术和产品的示范与推广、重大绿色高质量项目的实施、绿色高质量发展的信息服务、生态资源与产品的价值实现等。

　　绿色高质量发展基金应当用以加强黄河流域绿色产业转型社会保障机制建设，支持转型产业相关员工再就业、再安置工作，引导高污染、高耗水、高耗能、高碳产业及其他淘汰类产业的从业人员掌握新技能，保障黄河流域社会稳定。

　　（5）应建立和完善流域生态补偿机制，科学确定补偿标准。黄河流域生态补偿应当以国家财政转移支付为基础，以绿色发展基金为补充，促进生态保护者和受益者良性互动。

　　（6）应对资源浪费和环境污染严重的落后生产技术、工艺、设备和产品实行限期淘汰制度。国务院发展和改革管理部门应会同国务院生态环境保护等相关主管部门，定期发布流域内鼓励、限制和淘汰的技术、工艺、设备、材料和产品名录。禁止生产、进口、销售列入淘汰名录的设备、材料和产品，禁止使用列入淘汰名录的技术、工艺、设备和材料。

　　对促进黄河流域绿色高质量发展的产业活动，应制定税收优惠政策，运用税收措施鼓励制造与引进先进的节能、节水、节材等技术、设备和产品，限制生产过程中耗能高、污染重的产品生产与销售。

　　（7）应建立健全绿色高质量发展统计制度，加强对生态环境质量、资源消耗与综合利用、绿色高质量产业发展、绿色创新、绿色发展基金使用、人才引进等数据的统计管理，将主要统计指标定期向社会公布。

　　国务院标准化、经济发展和生态环境保护等有关主管部门应共同建立健全绿色高质量发展标准体系，对黄河流域绿色高质量发展规划完成情况、绿色发展状况进行定期评估，并向社会公布。

　　（8）应当制定黄河流域人才优惠政策，吸纳高质量人才落户，促进科技成果转移转化，推动流域可持续基础设施建设与产业转型升级，提升比较优势，促进流域内外经济联动。

　　（9）应当宣传引导符合黄河流域绿色发展的消费行为，推广绿色生活方式。

第五章

黄河流域长治久安专题*

一、 本专题的研究意义

《中共中央关于制定国民经济和社会发展第十四个五年规划和二〇三五年远景目标的建议》强调坚持总体国家安全观,要把安全发展贯穿国家发展各领域和全过程,筑牢国家安全屏障。黄河安全与中华民族安危息息相关,是国家总体安全屏障的重要组成部分。黄河既是中华民族的发源地,也曾因为水患多次危及国家和民族安危。与此同时,黄河流域特殊的地质、地理、气候条件造成黄河水少沙多、水沙关系不协调,水患与沙患叠加,人民生命财产安全与我国北方生态安全、流域经济安全面临重大挑战,保障黄河长治久安历来是国家的重要责任。习近平总书记在黄河流域生态保护和高质量发展座谈会讲话明确要求要保障黄河长治久安。[1]随着黄河流域生态保护和高质量发展重大国家战略的出台,保障黄河长治久安已经成为国家治黄的主要目标之一。当前,亟待进一步将保障黄河长治久安落实到法律制度中,依法规范相关利益主体的责任与义务,推进黄河流域治理能力与治理体系现代化建设,为黄河流域生态、安全和经济社会可持续发展提供坚实保障。

黄河的典型问题是泥沙。长期以来泥沙淤积形成花园口以下 800 千米的黄河下游"地上悬河",近几十年来又在下游黄河大堤内发育出严重的"二级悬河"。虽

---

* 本章作者:张　曼:清华大学水利系助理研究员。
　　　　刘凤霞:九三学社中央参政议政部。
　　　　周建军:清华大学水利系教授、博导。
〔1〕 习近平:《在黄河流域生态保护和高质量发展座谈会上的讲话》,载《求是》2019 年第 20 期,第 4—11 页。

然,在当前中游防洪水库和下游高标准堤防保护下,未来一段时期内黄河都比较安全,但黄河泥沙问题还没有得到可持续的治理和控制。黄河下游地上悬河不断淤积抬高是未来黄河最重大的风险,关系到黄河下游乃至华北平原整体长远安全,是长治久安的核心问题。黄河长治久安的标志,应体现在重大防洪风险得到有效控制,水资源得到高效综合利用,生态系统功能得到保护,经济社会实现高质量发展。

二、 黄河长治久安面临的主要风险挑战

1. 黄河泥沙及下游河道淤积

黄河水少多沙,天然黄河径流为 496 亿立方米,其中 62% 来自河口镇以上少沙区,唐乃亥以上河源区径流量达 202 亿立方米;黄河多年平均泥沙量为 16.1 亿吨,其中 91% 来自中游,水沙空间分布极不平衡(见图 5-1)。

历史上黄河北越京津、南及长江,12 000 年来泥沙在下游冲积平原平均堆积厚度 35.6 米,创造了广袤的华北平原和黄淮海平原,[1]黄河下游河道持续淤积抬高。明清黄河故道 661 年间,将原淮河流域地面抬高 17—18 米,两岸地面淤积厚度近 10 米。[2]1855 年黄河河南铜瓦厢决口回归现代流路 130 年以来,山东段已经淤积抬高了 10—15 米,河南段溯源淤的深度超过 5 米。[3]三门峡工程建设前(1954—1959),黄河下游每年淤积泥沙 5.78 亿吨、抬高 0.14 米,其中山东段 0.46 米;三门峡工程建成后,水库大量拦沙的同时(1961—2000),在三门峡水库入库泥沙只有 11.4 亿吨情况下,下游年均淤积厚度仍然维持在 8.54 厘米。2000 年小浪底工程建成后,加上黄河中游大量淤地坝等水土保持工程作用,泥沙剧烈减少,下游变成"清河"、河床暂时停止了淤积抬升,下游河槽甚至出现一定的冲刷,黄河呈现出前所未有的安全状态。近 30 年来,黄河中游泥沙明显减少(见图 5-1)。但是,黄河"水少沙多"是气候条件和黄土高原自然地貌等因素决定的。天然黄河流域每年入黄泥沙 18.81 亿吨,[4]主要是中游沟壑区重力侵蚀的作用。[5]泥沙在

〔1〕〔3〕〔5〕 钱意颖、叶青超、周文浩(主编):《黄河干流水沙变化与河床演变》,中国建材工业出版社1993 年版。

〔2〕 Zhou J. J., M. Zhang. Coarse sediment and lower Yellow River silitation. *Journal of Hydro-environment Research*, 2012, 6:267—273.

〔4〕 水利部黄河水利委员会:《黄河流域综合规划(2012—2030)》,黄河水利出版社 2013 年版。

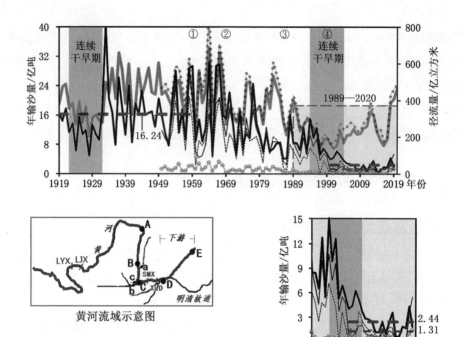

图 5-1　100 年以来黄河中下游泥沙与河川径流的变化情况

注：（1）三门峡入库输沙量是干流龙门（B）、渭河华县（b）、汾河河津（a）、北洛河状头（c）四站总和；（2）三门峡水量，1950 年前是陕县站资料，1950—2019 年是三门峡站资料，2020 年是每日 8 时报汛资料；（3）图中粗虚线是三门峡入库和利津出海（E）资料的平均值；（4）两个连续干旱期是 1922—1932 年和 1994—2004 年黄河两个连续 11 年的持续干旱时期；（5）①、②、③、④代表分别是三门峡（SMX）、刘家峡（LJX）、龙羊峡（LYX）和小浪底（XLD）水库初次蓄水时间。

很短时期内显著减少也与 1994—2004 年罕见连续干旱期有关。一方面，黄河中游沟壑区产沙地貌和气候等基本条件没有发生根本性改变，未来"多沙"可能性依然较高。另一方面，从全球范围看，[1] 20 世纪全球主要流域入海泥沙都在减少，但流域侵蚀和进入河流泥沙却在增加，水库淤积泥沙超过千亿吨。从长远跨度看，黄河多沙少沙总是交替出现。20 世纪 20 年代三门峡断面平均输沙量也只有 10.7 亿吨（1928 年为 4.8 亿吨），1933 年输沙量却达 39.1 亿吨。在全球气候变暖背景下，预测未来东亚热带气旋有加强趋势，[2] 黄河流域暴雨洪水

〔1〕 Syvitski, JPM, CJ Vorosmarty, AJ Kettner, P Green. Impact of Humans on the Flux of Terrestrial Sediment to the Global Coastal Oceans. *Science*，2005，308(5720)：376—380.

〔2〕 *Working Group II to the Fourth Assessment Report of the Intergovernmental Panel on Climate Change*. IPCC. Cambridge, UK; New York, USA. 2007.

增加和再度多沙的可能性仍然存在。黄河泥沙短期内大量减少,与退耕还林、坡地改造和降水减少等条件有一定关系,但主要应该是大量淤地坝[1]和大型水库建设[2],通过工程措施高强度拦沙实现。这些高强度拦沙措施是否可持续是关乎黄河安全的大事。保障黄河下游长远安全,泥沙和"地上悬河"仍是主要问题。[3]

在当前黄河相对安全时期,我们必须高度重视,面向未来。在现代工程治理方式和工程技术能力条件下,建立水土保持长效机制,采取措施尽量延长或实现大型防洪减淤工程长期利用,保护下游滩区,为黄河水沙留足回旋余地和消除"二级悬河",是保障黄河下游长远安全的三个主要方面。

2. 黄河水土保持长效机制亟待完善

黄河泥沙主要来自中游,危害黄河下游河道淤积的泥沙主要是粗沙,黄河粗沙集中来源于黄河北干流(河口镇—龙门)"多沙粗沙区"。[4]图 5-1 显示,相对三门峡入库总沙量,河口镇以上多年平均来沙量只有 1.16 亿吨,是"清水河流",河口镇至三门峡入库区间的年均入河产沙量占 91%,其中河口镇至龙门占 60%;从泥沙组成情况看(见图 5-2),龙门断面粒径大于 0.025、0.05 和 0.10 毫米的粗沙分别占该断面总沙量的 54.4%、27.1% 和 7.1%,龙门是黄河干流粗沙输沙量最大的断面。这些粗沙,进入三门峡水库和黄河下游后高比例淤积(见表 5-1),其中在黄河下游的淤积比例分别高达 47.8%、57.1% 和 91.7%,只有 39.7%、14.6% 和 0.7%的相应粗沙能被输送出海(见图 5-2)。而且粗沙更是大比例淤积在黄河下游主槽中,对防洪和整体泥沙淤积影响很大。相反,占黄河来沙绝对多数的 0.025 毫米以下的细沙,在三门峡水库和黄河下游河槽中淤积的占比很少,几乎都可输送出海。可见,黄河下游淤积控制的重点是控制粗沙,更多排泄对黄河下游危害不大的细泥沙入海既是切实降低中游拦沙工程压力的主要途径,更是维护黄河自然生态属性的必然要求。

---

[1] 李景宗、刘立斌:《近期黄河潼关以上地区淤地坝拦沙量初步分析》,载《人民黄河》2018 年第 1 期,第 1—6 页。

[2] 水利部黄河水利委员会:《黄河流域综合规划(2012—2030)》,黄河水利出版社 2013 年版。

[3] 周建军:《黄河泥沙问题与长远安全对策》,载《民主与科学》2018 年第 6 期,第 13—16 页。

[4] 钱宁:《黄河中游粗沙来源区及其对黄河下游淤积的影响》,国家自然科学二等奖,1982。

表 5-1 不同粒径粗泥沙在三门峡水库和黄河下游淤积物中比例

区 间	项目名称	淤积量/输沙量	不同粒径泥沙占比（%）		备 注
		（亿吨）	＞0.025 毫米	＞0.05 毫米	
三门峡水库	年均入库输沙量	12.8	49.0	21.9	1961—1995 年
	时段淤积量	82.7	69.6	40.9	1961—1996 年
黄河下游	花园口年均输沙量	10.82	42.3	18.1	1961—1995 年
	时段淤积量	75.91	75.2	44.4	全断面 1950—1993 年
			92.6	74.3	主槽 1950—1993 年

资料来源：徐建华：《黄河中游多粗沙区区域界定及产沙输沙规律研究》，黄河水利出版社 2000 年版。
注：三门峡入库输沙量是干流龙门、渭河华县、汾河河津和北洛河状头四个控制站的总和。

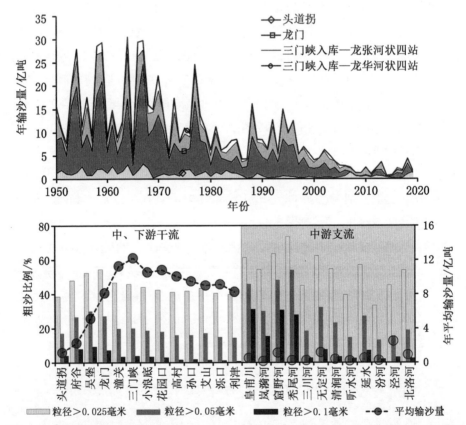

图 5-2 黄河中游 1950—2019 年输沙量变化过程（上）及黄河中下游干流和中游支流断面（1960 年前后—1995 年）实测粗沙来源和比例（下）
资料来源：徐建华、林银平等，2006。

根据 1956—2000 年实测资料,按输沙模数大于 5 000 吨/平方千米·年和粒径大于 0.05 毫米粗沙输沙模数大于 1 300 吨/平方千米·年判定,河口镇—龙门段的"多沙粗沙区"的面积为 7.86 万平方千米,其中粒径大于 0.1 毫米更粗泥沙集中来源区(相应输沙模数大于 1 400 吨/平方千米·年)范围只有 1.88 万平方千米。[1]"多沙粗沙区"范围并不大,主要位于榆林—鄂尔多斯与河口镇—龙门之间北干流两岸有限的区域,该区是黄河水土保持的核心区域。[2]几十年来,中游水土保持主要依靠大量建淤地坝拦沙。2019 年尚存的已建淤地坝 58 776 座,其中大型 5 909 座、中型 12 169 座、小型 40 702 座。[3]"多沙粗沙区"范围内,大型淤地坝 3 420 座、中型 8 213 座,数量占中游大中型淤地坝 88%。

表 5-2　黄河中游多沙粗沙区近年产水产沙进入黄河数量与 1986 年前比较

统计范围	北干流整体 (河口镇—龙门)			北干流五大支流(皇甫川、 窟野河、秃尾河、无定河、延河)	
时段	降水(毫米)	水量(亿立方米)	沙量(亿吨)	水量(亿立方米)	沙量(亿吨)
1956—1985 年	450.6	56.4	7.93	28.1	4.01
2003—2019 年	475.8	20.5	0.75	14.7	0.36
减少比例(%)	−5.6	63.7	90.5	47.8	91.0

注:(1)干流整体水沙数量是根据河口镇(头道拐)与龙门断面实测资料差值计算;(2)皇甫川等五大"多沙粗沙"支流水沙是分别根据其出口断面(皇甫、温家川、高家川、白家川和甘谷驿)水文站实测资料计算结果。

淤地坝发挥了显著的拦沙效果。在上述 1.88 万平方千米粗沙集中来源区,实测的支流出口输沙量资料显示,2003 年后的输沙量比 1985 年前减沙 90.5%(见表 5-2)。显然,这是当前黄河中游泥沙剧烈减少的主要原因。但是,现在淤地坝一般的设计寿命只有 15—25 年,当前泥沙淤积达到或超过设计淤积高程的大中型淤地坝已经占到近 45%,淤积库容已经超过 42%。[4]当前淤地坝利用中存在的主要问题是高强度拦沙,粗细泥沙都拦,并没有主要用于为下游水库和河道发挥

---

[1]　徐建华、林银平等:《黄河中游粗泥沙集中来源区界定研究》,黄河水利出版社 2006 年版;徐建华:《黄河中游多沙粗沙区域界定及产沙输沙规律研究》,黄河水利出版社 2000 年版。

[2]　水利部黄河水利委员会:《黄河流域综合规划(2012—2030)》,黄河水利出版社 2013 年版。

[3]　刘雅丽、贾莲莲等:《新时代黄土高原地区淤地坝规划思路与布局》,载《中国水土保持》2020 年第 10 期,第 23—27 页。

[4]　李景宗、刘立斌:《近期黄河潼关以上地区淤地坝拦沙量初步分析》,载《人民黄河》2018 年第 1 期,第 1—6 页。

高效的减淤作用。这种粗放拦沙方式短期内会很快消耗淤地坝库容,而其减淤的可持续性难以得到保证。同时,已建淤地坝安全风险大,工程简易、泄洪设施不足、管理粗放、安全程度很低,极易在大洪水中溃决,工程质量和管理都亟待提升。流域很多淤地坝若不尽快加以保护、加固和改进泄洪条件,拦截在坝后大量的泥沙或将成为未来黄河下游新的泥沙来源。一个事实是黄河中游沟谷的堆积空间是有限的,当前坝系大量拦截对黄河下游没有危害的细沙,无谓占据大量不可再生的堆积空间。黄河中游拦沙库容十分有限,"以拦为主"的减沙方式"以有限空间对无限来沙",如果不尽快改变利用方式或充分保护现有坝系,黄河多沙局面难以避免,未来黄河防洪水库和下游河道的泥沙淤积形势仍将严峻。保障黄河长治久安最核心的任务之一就是要切实保护黄河中游"多沙粗沙区",长期维护淤地坝,切实提高水土保持工程对黄河中游水库和下游河道减淤的有效性,争取让水土保持工程发挥更长远作用。

3. 黄河中游防洪减淤水库的长期利用不容乐观

几十年来,黄河下游泥沙淤积控制的主要措施是依靠中游大型防洪减淤水库拦沙,拦沙控制体系保证了下游安全。1960 年建成的三门峡工程,目前的小浪底水库,以及渭河支流泾河在建的东庄水库、黄河北干流规划未来拟建的古贤和碛口等水库,主要目标都是防洪减淤。包括三门峡水库在内,在黄河中游所有和可建大型水库总拦沙库容 357 亿立方米。[1]扣除已淤积库容,目前水库可用于拦沙的总库容不足 300 亿立方米,约相当于中游天然入黄年沙量 30 倍。黄河中游河谷狭窄,坝址十分珍贵,拦沙空间是不可再生的防洪减淤资源,[2]这一资源的可持续利用是保障黄河长治久安的关键。

截止到 1999 年,三门峡水库已经淤积 72 亿立方米,其中初期 4 年(1961—1964)淤积 45.7 亿立方米;近 20 年,黄河平均沙量(三门峡)只有 2.7 亿吨/年,而小浪底水库也已经淤积泥沙 33 亿立方米。图 5-3(上)显示,在过去 70 年中,由于水库的不断拦沙作用,黄河下游淤积确实得到很大程度的抑制,特别是在三门峡和小浪底初期拦沙期间,下游河槽还出现很大程度的冲刷。但是,综合水库和下

〔1〕 水利部黄河水利委员会:《黄河流域综合规划(2012—2030)》,黄河水利出版社 2013 年版。

〔2〕 周建军、林秉南:《关于黄河治理的一些看法》,载《科技导报》2003 年第 6 期,第 3—8 页。

游淤积，以及从长远看，黄河下游和中游水库的整体淤积速率并没有明显降低。当然，2000 年以来总体淤积有所放缓，这主要是三门峡入库泥沙大量减少、中游"多沙粗沙区"等大量淤地坝等工程拦沙的结果。

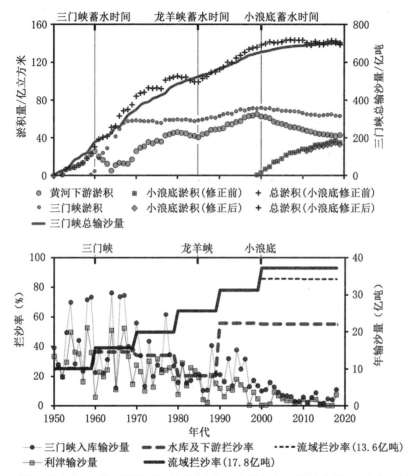

图 5-3　黄河中游水库及下游河道累积淤积情况（上），三门峡入库及利津出海输沙量变化及中下游水库和中下游河道多年平均拦沙率（下）

注：(1)小浪底水库 2011 年测淤断面调整，前后总淤积量相差 1.923 亿立方米；(2)水库及下游拦沙率以三门峡 10 年时段平均输沙量为分母；(3)流域拦沙率分别假设黄河入库沙量为 20 世纪 50 年代和 70 年代三门峡入库输沙量(17.8 和 13.6 亿吨)。

在给定流域来沙条件下，泥沙调控体系可持续性的重要指标是拦沙率。图 5-3(下)显示，过去 70 年，尽管有三门峡和小浪底等水库调节，但黄河中游水库和下游河道综合拦沙率却在显著增加。天然黄河拦沙率是 25%，1990 年后三门峡入库泥沙的 55% 被水库拦截或淤积在下游河道。进一步若包括淤地坝等拦沙工程在内,假设现在流域入黄年沙量仍然是天然输沙量(三门峡 17.8 亿吨)或 20 世纪 70 年代平均输沙量(三门峡 13.6 亿吨),90 年代以来黄河中下游综合拦沙率超过 80%,2000 年以后超过 90%。可见,当前黄河下游"少沙"和河道"不抬高"的安全状况完全以上游大量工程拦沙为代价。在有限的中游拦沙空间条件下,这种平安状态不可能长期维持下去。

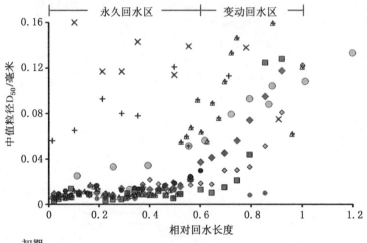

图 5-4   黄河三门峡和小浪底水库实测的初期水库淤积泥沙中值粒径分布情况

注:(1)三门峡和小浪底水库运行初期永久回水区淤积的泥沙极细(D₅₀<0.02 毫米)(这都不是对黄河下游有淤积危害的泥沙);(2)1965 年后,三门峡水库降低水位运行,淤积量显著减少,这时水库淤积泥沙明显变粗,水库拦沙对黄河下游减淤的有效作用更大。

另外,造成水库大量淤积的主要原因是当前水库没有切实按防洪减淤的建设定位运行,水库没有做到"拦粗排细"。与淤地坝粗放拦沙类似,三门峡和小浪底水库在永久回水区淤积泥沙的主体都不是对下游河道淤积有害的粗沙(见图 5-4)。三门峡水库初期永久回水区淤积泥沙的中值粒径不足 0.025 毫米(1964 年后,由于大幅降低水库水位运行,拦沙量显著减少,但水库淤积泥沙的中值粒径主要都大于 0.08 毫米,仍然对下游发挥着减淤作用);小浪底水库深水区淤积泥沙中值粒径小于 0.02 毫米。这些大型水库的拦沙库容并没有对黄河下游减淤发挥有效作用。导致上述问题的根本原因是这些水库运行违背规划设计原则,擅自提高水位运行。小浪底工程 2000 年建成后,为多发电而违背"防洪减淤"规划建设目标确定的从 205 米低汛限水位开始、逐步抬高运行水位的原则,2002 年就将汛限水位迅速提高到了 230—248 米。

当前,中游淤地坝系和小浪底水库还有相当的拦沙库容,为保证黄河中游防洪减淤体系更长久利用,当前最重要的是要努力增加中游淤地坝系和小浪底等水库的排沙量,切实按"拦粗排细"的方式运行,对水库和下游淤积危害较小的细泥沙排出水库和输送入海。在小浪底单一水库的排沙比较小的现实条件下,不可操之过急建设中游的古贤和碛口等防洪减淤水库,因为这些坝址和水库必须用到对黄河下游减淤最需要的时候。由此,为了黄河长治久安,黄河中游的有限拦沙空间保护和合理利用需要通过立法加以保证。

4. 黄河下游滩区安全、保护与发展的矛盾亟待破解

滩区是黄河下游及周边更大范围长远安全的重要缓冲设施。一段时期以来,在流域水沙调控体系的控制下,下游滩区的滞洪减淤作用不如过去明显,加上沿黄地区人口增加,下游滩区人口越来越多,尽管沿黄地区做出很大努力,但目前河南和山东两省在滩区人口仍合计超过 160 万。同时,由于近几十年流域大型水库在拦沙的同时也改变了黄河自然水沙关系,在"地上悬河"之上,防洪大堤内部又出现前所未有的"二级悬河"(见图 5-5),河槽显著高于滩区。人口增加和"二级悬河"对当前和未来黄河下游地上悬河的防洪安全都十分不利,滩区治理保护,滩区与黄河下游整体安全,群众短期生产生活保障及长远发展之间的矛盾十分突出,

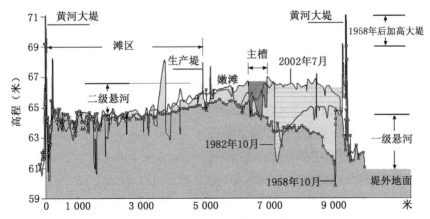

图 5-5　黄河河南段(杨小寨断面)实测滩区断面及"二级悬河"发育过程

滩区保护、治理与发展成为黄河长远安全的重要问题。[1]

"二级悬河"的典型特征是主河槽高悬,新淤积滩唇(嫩滩)显著高于周边滩区和防洪大堤堤根高程,抬高速率远大于黄河平均淤积抬升速率。它是受生产堤约束,主槽严重淤积和过水断面不断萎缩下形成。"二级悬河"使黄河下游河道平滩流量严重减小,平滩水位显著高于滩区,主河槽水位与滩面之间横向落差显著大于纵向。由于滩区人口增加和生产生活安全的需要,生产堤成为滩区群众的主要保安手段,但由于生产堤防洪水平较低,必然要求流域防洪水库大量控制中小洪水,从而导致水库和下游河槽严重淤积、防洪标准降低。同时,河槽淤积又进一步要求生产堤加高,"二级悬河"不断抬升。黄河下游生产堤和"二级悬河"互相促进、势如累卵,一旦生产堤溃决,黄河主流直冲防洪大堤或斜河滚河等危险情景极易发生。人口、滩区、群众生产生活、生产堤、防洪减淤体系和"二级悬河"构成一个不稳定的正反馈系统。另一方面,由于人口压力和当前滩区防洪减淤角色暂时降低,地方觊觎滩区土地,一些人一再呼吁要"解放滩区",这也是滩区当前面临的严重挑战。黄河下游一旦失去滩区,未来黄河水沙回旋余地和沿黄两岸安全缓冲的底线将彻底丧失。这是黄河下游当前和长远安全必须解决的紧迫问题。

考虑到近几十年来流域水土保持工程措施和防洪减淤工程体系的可持续性还没有得到肯定,未来黄河继续"多沙"的可能性还很大,为落实习近平总书记保障黄河长治久安的要求,必须要以高质量发展为目标,系统综合治理和统筹解决黄河下游滩区问题。国家需要明确黄河下游滩区长远保留保护定位;推动黄河下游滩区按现代化农业农村试验区建设,选择同时符合防洪减淤、生态保护和高质量发展要求的牧草业为今后的主要发展方向;在明确滩区长远保护目标和解决滩区群众安全前提下,积极利用当前黄河相对安全的时间窗口,有计划地逐步废除生产堤,及早消除"二级悬河",为保障黄河长治久安打下基础。

根据前面分析,我们认为,保障黄河长治久安的核心是保障黄河下游长远安全。为此,黄河保护立法最重要的,一是要求建立黄河中游(特别是"多沙粗沙区")水土保持长远机制,让对黄河下游河道淤积危害较大的粗泥沙长期得到有效控制;二是需要对黄河中游防洪减淤水库提出高效拦沙和为黄河下游可持续减淤调控的要求,让有限和不可再生的中游坝址和泥沙堆积空间能为黄河下游安全发

---

[1] 张曼、刘凤霞等:《统筹推动黄河下游防洪安全与滩区发展》,未发表。

挥长远作用;三是明确国家长远保护黄河下游滩区,通过走高质量发展道路,同时解决群众生产生活和防洪安全问题,及早消除"二级悬河"。

三、 立法基础与立法思路

1. 已有法规规章中的相关内容

现有法律体系(见表5-3)还未将河流长治久安作为重要内容,但泥沙和保障长治久安是黄河立法最大的特殊性。这一问题突出表现在三个层次。第一,当前涉及黄河流域长远安全的法律内容和条款比较少,主要集中在《水土保持法》中关于水土保持和生态修复的部分,《防洪法》中关于流域防洪和水安全的部分,总体上与黄河流域在中华民族伟大复兴中的地位不相匹配,距离满足保障黄河流域长治久安的基本要求有较大的差距。第二,系统性不足。党的十九届五中全会强调要加强系统观念。我国大江大河的治理和保护更要以全流域为视角,加强系统性与针对性。现有的法律体系中尽管有涉及黄河长远安全的内容,但总体上比较零散、彼此割裂,更难以解决黄河流域长治久安中面临的突出矛盾,亟待进行系统整合。第三,还未将保障黄河长治久安作为保障国家安全的重要内容。黄河长治久安关键是统筹处理好短期经济发展与流域长远安全之间的关系,打破部门间、地区间、上下游、左右岸之间的管理与利益藩篱,按照国家总体安全保障要求进行规范。

(1)《水法》主要相关条款分析

1988年第六届全国人民代表大会常务委员会第二十四次会议通过,2002年第九届全国人民代表大会常务委员会第二十九次会议修订,并分别于2009年和2016年进行两次修正的《水法》,对我国水资源开发与防洪安全之间的辩证关系做出明确阐述。《水法》第十四条规定:国家制定全国水资源战略规划。开发、利用、节约、保护水资源和防治水害,应当按照流域、区域统一制定规划。第二十条规定:开发、利用水资源,应当坚持兴利与除害相结合,兼顾上下游、左右岸和有关地区之间的利益,充分发挥水资源的综合效益,并服从防洪的总体安排。第二十六条规定:国家鼓励开发、利用水能资源。在水能丰富的河流,应当有计划地进行多目标梯级开发。建设水力发电站,应当保护生态环境,兼顾防洪、供水、灌溉、航运、竹木流放和渔业等方面的需要。这些条款顾及了我国流域水资源开发与防洪安全之间的关系,但对黄河流域复杂的水沙关系以及由此造成的特殊性安全要求针对性不足,更强调对流域的开发,而对重点流域长远安全与可持续发展的考量不足。

表5-3 与黄河安全相关的法律和规章内容

黄河安全相关的法律和规章		
立法基础	现有政策	具 体 内 容
从法律层面明确流域规划与国土空间、水、地方国民经济和社会发展、防沙治沙、水土保持等规划之间的关系	2016,第十二届全国人民代表大会常务委员会,《中华人民共和国水法(2016修正)》	第十四条:开发、利用、节约、保护水资源和防治水害,应当按照流域、区域统一制定规划。规划分为流域规划和区域规划。流域规划包括流域综合规划和流域专业规划;区域规划包括区域综合规划和区域专业规划。
	2016,第十二届全国人民代表大会常务委员会,《中华人民共和国水法(2016修正)》	第二十三条:国民经济和社会发展规划以及城市总体规划的编制、重大建设项目的布局,应当与当地水资源条件和防洪要求相适应,并进行科学论证……
	2016,第十二届全国人民代表大会常务委员会,《中华人民共和国防洪法(2016修正)》	第四条:开发利用和保护水资源,应当服从防洪总体安排,实行兴利与除害相结合的原则。江河、湖泊治理以及防洪工程设施建设,应当符合流域综合规划,与流域水资源的综合开发相结合。
	2016,第十二届全国人民代表大会常务委员会,《中华人民共和国防洪法(2016修正)》	第九条:防洪规划应当服从所在流域、区域的综合规划;区域防洪规划应当服从所在流域的流域防洪规划。防洪规划是江河、湖泊治理和防洪工程设施建设的基本依据。
	2010,第十一届全国人民代表大会常务委员会,《中华人民共和国水土保持法(2010修订)》	第十三条:水土保持规划包括对流域或者区域预防和治理水土流失、保护和合理利用水土资源作出的整体部署,以及根据整体部署对水土保持专项工作或者特定区域预防和治理水土流失作出的专项部署。水土保持规划应当与土地利用总体规划、水资源规划、城乡规划和环境保护规划等相协调。
防洪安全是黄河流域长远安全的主要内容之一	2016,第十二届全国人民代表大会常务委员会,《中华人民共和国防洪法(2016修正)》	第十八条:防治江河洪水,应当蓄泄兼施,充分发挥河道行洪能力和水库、洼淀、湖泊调蓄洪水的功能,加强河道防护,因地制宜地采取定期清淤疏浚等措施,保持行洪畅通。防治江河洪水,应当保护、扩大流域林草植被,涵养水源,加强流域水土保持综合治理。
	2016,第十二届全国人民代表大会常务委员会,《中华人民共和国防洪法(2016修正)》	第十七条:在江河、湖泊上建设防洪工程和其他水工程、水电站等,应当符合防洪规划的要求;水库应当按照防洪规划的要求留足防洪库容。
	2016,第十二届全国人民代表大会常务委员会,《中华人民共和国防洪法(2016修正)》	第三十六条:各级人民政府应当组织有关部门加强对水库大坝的定期检查和监督管理。对未达到设计洪水标准、抗震设防要求或者有严重质量缺陷的险坝,大坝主管部门应当组织有关单位采取除险加固措施,限期消除危险或者重建,有关人民政府应当优先安排所需资金。对可能出现垮坝的水库,应当事先制定应急抢险和居民临时撤离方案。各级人民政府和有关主管部门应当加强对尾矿坝的监督管理,采取措施,避免因洪水导致垮坝。

（续表）

黄河安全相关的法律和规章		
立法基础	现有政策	具 体 内 容
防洪安全是黄河流域长远安全的主要内容之一	2016，第十二届全国人民代表大会常务委员会，《中华人民共和国防洪法（2016 修正）》	第四十四条：在汛期，水库、闸坝和其他水工程设施的运用，必须服从有关的防汛指挥机构的调度指挥和监督。在汛期，水库不得擅自在汛期限制水位以上蓄水，其汛期限制水位以上的防洪库容的运用，必须服从防汛指挥机构的调度指挥和监督。在凌汛期，有防凌汛任务的江河的上游水库的下泄水量必须征得有关的防汛指挥机构的同意，并接受其监督。
	2011，国务院，《中华人民共和国防汛条例》	第十四条：水库、水电站、拦河闸坝等工程的管理部门，应当根据工程规划设计、经批准的防御洪水方案和洪水调度方案以及工程实际状况，在兴利服从防洪，保证安全的前提下，制定汛期调度运用计划……经国家防汛总指挥部认定的对防汛抗洪关系重大的水电站，其汛期库容的汛期调度运用计划经上级主管部门审查同意后，须经有管辖权的人民政府防汛指挥部批准。有防凌任务的江河，其上游水库在凌汛期间的下泄水量，必须征得有管辖权的人民政府防汛指挥部的同意，并接受其监督。
	2011，国务院，《中华人民共和国防汛条例》	第二十六条：在汛期，以发电为主的水库，其汛限水位以上的防洪库容以及洪水调度运用必须服从有管辖权的人民政府防汛指挥部的统一调度指挥。
	2017，财政部 农业部 水利部 国土资源部，《中央财政农业生产救灾及特大防汛抗旱补助资金管理办法》	第二条：救灾资金是中央财政预算安排的用于支持应对农业灾害的农业生产救灾，应对水旱灾害的特大防汛抗旱和应对突发地质灾害发生后的地质灾害救灾三个支出方向的专项补助资金。其中：农业生产救灾支出用于灾害的预防、控制灾害和灾后救助；特大防汛抗旱支出用于防汛抗洪抢险、修复水毁水利设施和抗旱；地质灾害救灾支出用于已发生的特大型地质灾害应急救灾，不包括灾害发生前的防治支出。
加强江河源头、水土流失严重、生态脆弱地区水土保持工作	2010，第十一届全国人民代表大会常务委员会，《中华人民共和国水土保持法（2010 修订）》	第十八条：水土流失严重、生态脆弱的地区，应当限制或者禁止可能造成水土流失的生产建设活动，严格保护植物、沙壳、结皮、地衣等。在侵蚀沟的沟坡和沟岸、河流的两岸以及湖泊和水库的周边，土地所有权人、使用权人或者有关管理单位应当营造植物保护带。禁止开垦、开发植物保护带。
	2010，第十一届全国人民代表大会常务委员会，《中华人民共和国水土保持法（2010 修订）》	第三十条：国家加强水土流失重点预防区和重点治理区的坡耕地改梯田、淤地坝等水土保持重点工程建设，加大生态修复力度。县级以上人民政府水行政主管部门应当加强对水土保持重点工程的建设管理，建立和完善运行管护制度。

（续表）

黄河安全相关的法律和规章		
立法基础	现有政策	具体内容
加强江河源头、水土流失严重、生态脆弱地区水土保持工作	2010,第十一届全国人民代表大会常务委员会,《中华人民共和国水土保持法(2010修订)》	第三十一条:国家加强江河源头区、饮用水水源保护区和水源涵养区水土流失的预防和治理工作,多渠道筹集资金,将水土保持生态效益补偿纳入国家建立的生态效益补偿制度。
	2010,第十一届全国人民代表大会常务委员会,《中华人民共和国水土保持法(2010修订)》	第三十五条:在水力侵蚀地区,地方各级人民政府及其有关部门应当组织单位和个人,以天然沟壑及其两侧山坡地形成的小流域为单元,因地制宜地采取工程措施、植物措施和保护性耕作等措施,进行坡耕地和沟道水土流失综合治理。在风力侵蚀地区,地方各级人民政府及其有关部门应当组织单位和个人,因地制宜地采取轮封轮牧、植树种草、设置人工沙障和网格林带等措施,建立防风固沙防护体系。在重力侵蚀地区,地方各级人民政府及其有关部门应当组织单位和个人,采取监测、径流排导、削坡减载、支挡固坡、修建拦挡工程等措施,建立监测、预报、预警体系。
	2011,国务院,《开发建设晋陕蒙接壤地区水土保持规定》	第三条:资源开发和生产建设必须兼顾国土整治和水土保持,执行"防治并重,治管结合,因地制宜,全面规划,综合治理,除害兴利"的水土保持工作方针。
	2011,国务院,《开发建设晋陕蒙接壤地区水土保持规定》	第五条:加强晋陕蒙接壤地区的国土规划和水土保持规划工作。国土规划,应当将防治水土流失作为重要内容。水土保持规划,应当以市、县、旗和流域为单位编制,具体规定规划区内水土流失的综合治理措施,确定各个阶段的防治目标和实施步骤,并对各工矿企业(含交通、建设企业,下同)提出防治水土流失的要求。
	2000,水利部,《水土保持生态环境监测网络管理办法》	第四条:水土保持生态环境监测工作实行统一管理,分级负责的原则。水利部统一管理全国的水土保持生态环境监测工作,负责制订有关规章、规程和技术标准,组织全国水土保持生态环境监测、国内外技术与交流,发布全国水土保持公告。水利部各流域机构在授权范围内管理水土保持生态环境监测工作。
加强防沙治沙统一规划与分级管理	2018,第十三届全国人民代表大会常务委员会,《中华人民共和国防沙治沙法(2018修正)》	第七条:国家支持防沙治沙的科学研究和技术推广工作,发挥科研部门、机构在防沙治沙工作中的作用,培养防沙治沙专门技术人员,提高防沙治沙的科学技术水平。
	2018,第十三届全国人民代表大会常务委员会,《中华人民共和国防沙治沙法(2018修正)》	第十条:防沙治沙实行统一规划……防沙治沙规划应当对遏制土地沙化扩展趋势,逐步减少沙化土地的时限、步骤、措施等作出明确规定,并将具体实施方案纳入国民经济和社会发展五年计划和年度计划。

（续表）

黄河安全相关的法律和规章		
立法基础	现有政策	具 体 内 容
加强防沙治沙统一规划与分级管理	2018,第十三届全国人民代表大会常务委员会,《中华人民共和国防沙治沙法(2018修正)》	第三十三条:国务院和省、自治区、直辖市人民政府应当制定优惠政策,鼓励和支持单位和个人防沙治沙。县级以上地方人民政府应当按照国家有关规定,根据防沙治沙的面积和难易程度,给予从事防沙治沙活动的单位和个人资金补助、财政贴息以及税费减免等政策优惠。
	2018,第十三届全国人民代表大会常务委员会,《中华人民共和国防沙治沙法(2018修正)》	第十四条:国务院林业草原行政主管部门组织其他有关行政主管部门对全国土地沙化情况进行监测、统计和分析,并定期公布监测结果。
加强河道和滩区治理	2011,国务院,《中华人民共和国防汛条例(2011修订)》	第十二条:有防汛任务的地方,应当根据经批准的防御洪水方案制定洪水调度方案。长江、黄河、淮河……的洪水调度方案,由有关流域机构会同有关省、自治区、直辖市人民政府制定,报国家防汛总指挥部批准。
	2018,国务院,《中华人民共和国河道管理条例(2018修正)》	第十六条:城镇建设和发展不得占用河道滩地。城镇规划的临背界限,由河道主管机关会同城镇规划等有关部门确定。沿河城镇在编制和审查城镇规划时,应当事先征求河道主管机关的意见。
	2018,国务院,《中华人民共和国河道管理条例(2018修正)》	第二十一条:在河道管理范围内,水域和土地的利用应当符合江河行洪、输水和航运的要求;滩地的利用,应当由河道主管机关会同土地管理等有关部门制定规划,报县级以上地方人民政府批准后实施。
	2018,国务院,《中华人民共和国河道管理条例(2018修正)》	第二十八条:加强河道滩地、堤防和河岸的水土保持工作,防止水土流失、河道淤积。
	2017,河南省人民政府,《河南省黄河河道管理办法》	第二十条:在黄河河道管理范围内,水域和土地的利用应当符合黄河行洪、输水和航运要求;滩地的利用应当由黄河河道主管机关会同当地土地管理等有关部门制定规划,报县级以上人民政府批准后实施。黄河河道内的滩地不得规划为城市建设用地、商业房地产开发用地和工厂、企业成片开发区。
	2017,河南省人民政府,《河南省黄河河道管理办法》	第四十一条:原有村庄拆除后,当地人民政府应当对原有村庄占地及时进行复垦,复垦后的土地主要用于农业生产和生态恢复。滩区居民迁出后的滩区土地可以依法进行流转,在不影响黄河行洪、滞洪、沉沙的前提下,鼓励利用滩区土地资源,促进土地规模化经营,发展生态、休闲农业。
	2018,山东省人民政府,《山东省实施〈中华人民共和国河道管理条例〉办法》	第十六条:大中型河道管理范围内的土地归国家所有,由河道主管机关统一管理使用。河滩内的可耕地也可以由村集体经济组织使用。

（续表）

黄河安全相关的法律和规章		
立法基础	现有政策	具 体 内 容
规范我国水利工程建设与管理	2016,第十二届全国人民代表大会常务委员会,《中华人民共和国水法(2016 修正)》	第二十二条:跨流域调水,应当进行全面规划和科学论证,统筹兼顾调出和调入流域的用水需要,防止对生态环境造成破坏。
	2016,第十二届全国人民代表大会常务委员会,《中华人民共和国水法(2016 修正)》	第十九条:建设水工程,必须符合流域综合规划……水工程建设涉及防洪的,依照防洪法的有关规定执行。
	2016,第十二届全国人民代表大会常务委员会,《中华人民共和国水法(2016 修正)》	第二十六条:建设水力发电站,应当保护生态环境,兼顾防洪、供水、灌溉、航运、竹木流放和渔业等方面的需要。
	2016,第十二届全国人民代表大会常务委员会,《中华人民共和国水法(2016 修正)》	第四十二条:县级以上地方人民政府应当采取措施,保障本行政区域内水工程,特别是水坝和堤防的安全,限期消除险情。水行政主管部门应当加强对水工程安全的监督管理。
	2016,第十二届全国人民代表大会常务委员会,《中华人民共和国水法(2016 修正)》	第四十三条:国家对水工程实施保护。国家所有的水工程应当按照国务院的规定划定工程管理和保护范围。
	2011,国务院,《水库大坝安全管理条例》	第二十一条:大坝的运行,必须在保证安全的前提下,发挥综合效益。大坝管理单位应当根据批准的计划和大坝主管部门的指令进行水库的调度运用。在汛期,综合利用的水库,其调度运用必须服从防汛指挥机构的统一指挥;以发电为主的水库,其汛限水位以上的防洪库容及其洪水调度运用,必须服从防汛指挥机构的统一指挥。

（2）《水土保持法》主要相关条款分析

1991 年第七届全国人大常委会第二十次会议通过,2010 年第十一届全国人大常委会第十八次会议修订的《水土保持法》,通过对水土保持规划、预防和减轻水土流失、加强水土流失重点预防区和重点治理区水保工作、加强水土保持监测,以及对水保工作的责任主体进行监督等方面做出一般性要求,以预防和治理我国水土流失,保护和合理利用水土资源,减轻水、旱、风沙灾害。其中值得注意的有以下条款。《水土保持法》第十八条规定:水土流失严重、生态脆弱的地区,应当限制或者禁止可能造成水土流失的生产建设活动,严格保护植物、沙壳、结皮、地衣等。第三十条规定:国家加强水土流失重点预防区和重点治理区的坡耕地改梯田、淤地坝等水土保持重点工程建设,加大生态修复力度。第三十五条规定:在水力侵蚀地区,地方各级人民政府及其有关部门应当组织单位和个人,以天然沟壑及其两侧山坡地形成的小流域为单元,因地制宜地采取工程措施、植物措施和保护性耕作等措施,进行坡耕地和沟道水土流失综合治理。我国在黄河流域开展水土保持工作积累了丰富的经验,《水土保持法》中的相关法律条款需要根据实际工作情况和新时代水土保持工作的新要求,对黄河流域的水沙调控进一步提出针对性要求。

(3)《防洪法》主要相关条款分析

1997年第八届全国人民代表大会常务委员会第二十七次会议通过,2016年第十二届全国人民代表大会常务委员会第二十一次会议第三次修正的《防洪法》,对我国防洪工作提出基本要求,明确实行全面规划、统筹兼顾、预防为主、综合治理、局部利益服从全局利益的原则。这为当前黄河流域生态保护和高质量国家战略实施中,加强系统性、综合性、全流域统筹协调防洪提供重要依据。由于《防洪法》的法律条款更具一般性,缺乏对黄河流域防洪安全的特殊性关注,尤其是针对下游防洪安全与黄河滩区、"二级悬河"之间的关系,如何平衡好滩区生产生活生态与全流域防洪安全之间的关系等核心问题未作出解释,导致现有《防洪法》无法系统解决制约黄河下游长远安全的主要问题。

(4)《中华人民共和国河道管理条例》主要相关条款分析

1988年由国务院第七次常务会议通过,并分别于2011年、2017年、2018年进行四次修订的《中华人民共和国河道管理条例》(以下简称《河道管理条例》),从河道整治与建设、河道保护、河道清障等角度,为加强我国河道管理,保障防洪安全,发挥江河湖泊综合效益,对我国长江、黄河、淮河等大江大河的河道管理作出一般性规定。《河道管理条例》第十八条规定:因修建水库、整治河道所增加的可利用土地,属于国家所有,可以由县级以上人民政府用于移民安置和河道整治工程。根据该项条款,黄河下游滩区的土地归国家所有,但在实际管理中,由于黄河下游滩区大量土地的形成具有比较长的历史渊源,滩区群众更是为了保卫黄河下游防洪安全作出重要贡献,滩区土地的管理和使用一直存在争议,造成滩区生态保护和高质量发展举步维艰。

2. 《长江保护法》相关条款对比分析

习近平总书记对黄河流域作出的重要指示要求是"共同抓好大保护,协同推进大治理",对长江流域作出的重要指示是"共抓大保护,不搞大开发"。可见,黄河流域与长江流域面临的生态环境、经济社会发展、长远安全等各方面矛盾的侧重点存在较大差异,两者在立法方面既要注重协同一致性,更要注意由主要矛盾和矛盾主要方面的差异所导致的立法侧重点的区别。

(1)关于《长江保护法》的相关分析

《长江保护法》作为我国第一部流域法律,紧紧围绕习近平总书记高度关注的长江流域生态环境破坏这一突出问题,将"加强流域生态环境保护和修复,实现人与自然和谐共生、中华民族永续发展作为立法目的",列为该法律文本的第一章第一条。《长江保护法》由全国人大环境与资源保护委员会牵头起草,全国人大常委会对《长江保护法(草案)》进行了三次审议才最终成稿。从总体架构看,《长江保护法》共设九章,分别是总则、规划与管控、资源保护、水污染防治、生态环境修复、绿色发展、保障与监督、法律责任和附则,核心在于处理好"保护与发展"之间的关系,并"在当前和今后相当长的一段时期,要把修复长江生态环境摆在压倒性位置",这是符合当前长江流域生态保护和高质量发展要求实际的。从内容上看,《长江保护法》虽未明确列出保护长江长远安全专章,但在总则一章中强调要加强流域洪涝干旱、森林草原火灾、地质灾害、地震等灾害的监测预报预警、防御、应急处置与恢复重建体系建设,提高防灾、减灾、抗灾、救灾能力;在资源保护、水污染防治、生态环境修复等章节中,通过相关法律条款强调要维护长江流域的生态安全和水资源安全。这些对黄河保护与发展立法具有启发意义。

(2)应注重参考《长江保护法》的有关条款

长江和黄河都是中华民族的母亲河,长江和黄河安危都事关中华民族兴衰。长江经济带战略、黄河流域生态保护和高质量发展战略都属于国家重大战略,两大流域在一定程度上都经历了粗放式发展带来的水资源、水环境、水生态各方面问题,"我们的母亲河病了",亟待加以保护与修复,都亟须统筹好生态环境保护与高质量发展之间的关系。故长江保护性立法为黄河立法提供了诸多参考,尤其要注意三个方面。

一是理顺流域管理体制机制,为长江永续发展提供制度保障。《长江保护法》明确提出国家建立长江流域协调机制,统一指导、统筹协调长江保护工作;国务院有关部门和长江流域省级人民政府负责落实长江流域协调机制的决策,从法律层面建立健全了中央统筹、省负总责、市县抓落实的长江流域管理体制。从具体职能分工上看,国家发改委负责流域发展规划,自然资源部负责流域国土规划和生态系统修复,水利部负责水资源管理与节约利用,农业农村部负责渔业生产与水生动植物保护,交通运输部负责航运管理,生态环境部负责水污染防治、生态环境保护与监督,构成了长江流域协调机制总协调总统筹,国家发改委、自然资源部、水利部等组成的规划发展系统,生态环境部为主的生态环境保护与监督系统,有利于推动长江流域发展与保护之间实现均衡,保障长江流域永续发展。

二是明确第三方专家力量对事关我国流域安全重大决策的技术支撑。《长江保护法》明确提出国家加强对长江流域保护的科学技术咨询能力建设,由国务院长江流域协调机制设立科学技术咨询委员会,负责组织专业技术机构和人员对长江流域重大发展战略、政策、规划、重大工程、重大生态系统修复和其他重要生态环境保护项目开展科学技术咨询。国家对跨长江流域调水实行科学论证,加强控制和管理。实施跨长江流域调水应当优先保障调出区域及其下游区域的用水安全和生态安全,统筹调出区域和调入区域用水需求。

三是开展资源环境承载能力评价,加强灾害处置和应急能力建设。《长江保护法》要求有关部门定期组织开展流域土地、矿产、水流、森林、草原、湿地等自然资源状况调查,建立资源基础数据库,开展资源环境承载能力评价,建立健全长江流域突发生态环境事件应急联动工作机制,与国家突发事件应急体系相衔接,建立健全长江流域信息共享系统,加强灾害监测预报预警、防御、应急处置与恢复重建体系建设,提高防灾、减灾、抗灾、救灾能力。这些条款具有较强的系统性和针对性,对维护长江流域可持续保护与发展提供了法律保障。

(3) 保障黄河长治久安应放在黄河立法突出位置

在黄河立法过程中,既要注重参考《长江保护法》有关内容(见表5-4),也要注意避免过度借鉴,以防做出一部面面俱到的综合性法律,反而对应该着重解决的突出性、重点性、长期性问题关注不足。从黄河安全在黄河流域生态保护和高质量发展五大任务中的统领性地位,黄河安全对中华民族精神与文化的源远流长,从黄河安全对国家安全的至关重要性,应考虑黄河流域的极度特殊性,可以在黄河相关立法中将"保障黄河长治久安"单列一章,并作为整个法律文本的第一章,用以凸显黄河流域生态保护和高质量发展的核心目标是保障黄河长治久安,让黄河成为永久造福人民的幸福河。

表5-4 《长江保护法》中长江流域生态环境保护与绿色发展管理体制机制的基本构架

责任主体	主要内容	相 关 条 款
国家长江流域协调机制	统一指导、统筹协调长江保护工作	第四条:国家建立长江流域协调机制,统一指导、统筹协调长江保护工作,审议长江保护重大政策、重大规划,协调跨地区跨部门重大事项,督促检查长江保护重要工作的落实情况。
	设立专家咨询委员会	第十二条:国家长江流域协调机制设立专家咨询委员会,组织专业机构和人员对长江流域重大发展战略、政策、规划等开展科学技术等专业咨询。
	建立健全长江流域信息共享系统	第十三条:国家长江流域协调机制统筹协调国务院有关部门和长江流域省级人民政府建立健全长江流域信息共享系统。国务院有关部门和长江流域省级人民政府及其有关部门应当按照规定,共享长江流域生态环境、自然资源以及管理执法等信息。
国家发改委	编制长江流域发展规划	第十八条:国务院发展改革部门会同国务院有关部门编制长江流域发展规划,科学统筹长江流域上下游、左右岸、干支流生态环境保护和绿色发展,报国务院批准后实施。
水利部	水资源管理	第二十一条:国务院水行政主管部门统筹长江流域水资源合理配置、统一调度和高效利用,组织实施取用水总量控制和消耗强度控制管理制度。
	水量调度	第三十条:国务院水行政主管部门有关流域管理机构商长江流域省级人民政府依法制定跨省河流水量分配方案,报国务院或者国务院授权的部门批准后实施。
	采砂管理	第二十八条:国家建立长江流域河道采砂规划和许可制度……国务院水行政主管部门有关流域管理机构和长江流域县级以上地方人民政府依法划定禁止采砂区和禁止采砂期,严格控制采砂区域、采砂总量和采砂区域内的采砂船舶数量。
	生态用水保障	第三十一条:国家加强长江流域生态用水保障。国务院水行政主管部门会同国务院有关部门提出长江干流、重要支流和重要湖泊控制断面的生态流量管控指标……将生态水量纳入年度水量调度计划,保证河湖基本生态用水需求,保障枯水期和鱼类产卵期生态流量、重要湖泊的水量和水位,保障长江河口咸淡水平衡。
	用水效率管理	第三十八条:国务院水行政主管部门会同国务院有关部门确定长江流域农业、工业用水效率目标,加强用水计量和监测设施建设;完善规划和建设项目水资源论证制度;加强对高耗水行业、重点用水单位的用水定额管理,严格控制高耗水项目建设。

（续表）

责任主体	主要内容	相　关　条　款
交通运输部	长江流域航运管理	第二十七条：国务院交通运输主管部门会同国务院自然资源、水行政、生态环境、农业农村、林业和草原主管部门在长江流域水生生物重要栖息地科学划定禁止航行区域和限制航行区域。
农业农村部	流域水生生物完整性保护与评估	第四十一条：国务院农业农村主管部门会同国务院有关部门和长江流域省级人民政府建立长江流域水生生物完整性指数评价体系，组织开展长江流域水生生物完整性评价，并将结果作为评估长江流域生态系统总体状况的重要依据。
	流域水生动植物保护	第四十二条：国务院农业农村主管部门和长江流域县级以上地方人民政府应当制定长江流域珍贵、濒危水生野生动植物保护计划，对长江流域珍贵、濒危水生野生动植物实行重点保护。
自然资源部	编制流域国土空间规划	第十九条：国务院自然资源主管部门会同国务院有关部门组织编制长江流域国土空间规划，科学有序统筹安排长江流域生态、农业、城镇等功能空间，划定生态保护红线、永久基本农田、城镇开发边界，优化国土空间结构和布局，统领长江流域国土空间利用任务，报国务院批准后实施。
		第二十一条：国务院自然资源主管部门负责统筹长江流域新增建设用地总量控制和计划安排。
	生态环境修复	第五十二条：国家对长江流域生态系统实行自然恢复为主、自然恢复与人工修复相结合的系统治理。国务院自然资源主管部门会同国务院有关部门编制长江流域生态环境修复规划，组织实施重大生态环境修复工程，统筹推进长江流域各项生态环境修复工作。
生态环境部	水环境监督	第二十一条：国务院生态环境主管部门根据水环境质量改善目标和水污染防治要求，确定长江流域各省级行政区域重点污染物排放总量控制指标。长江流域水质超标的水功能区，应当实施更严格的污染物排放总量削减要求。企业事业单位应当按照要求，采取污染物排放总量控制措施。
	水污染防治	第四十三条：国务院生态环境主管部门和长江流域地方各级人民政府应当采取有效措施，加大对长江流域的水污染防治、监管力度，预防、控制和减少水环境污染。

四、 期待通过立法解决的突出问题

1. 厘清事关黄河流域长远安全的一些关键问题

长期看,黄河水少沙多、水沙异源、中游产沙地貌等基本属性未发生根本改变;短期看,黄河水沙时空变异、泥沙锐减、下游"二级悬河"滩槽演变和滩区安全与发展等新问题不断涌现。新老问题叠加,使黄河长治久安和生态保护工作不断面临挑战。2000 年以来,依靠工程控制导致进入下游和入海的泥沙量非常少,万年黄河几十年间变成"清河",清水下泄使下游河道主槽在短期内剧烈冲刷和下切、河口侵蚀,黄河泥沙问题转向另一个极端。习近平总书记强调,[1]黄河治理要紧紧抓住水沙调控这个"牛鼻子"。抓住"牛鼻子"的关键是要掌握好调控分寸,这必须建立在健全、健康和开放的研究和管理机制之上,首先是厘清一些关键性重大问题。如黄河水沙关系剧变的原因、发展趋势、极端气候的影响、黄河清的可持续性及对生态环境的短期和深远影响,更重要的是要对流域拦沙空间消耗的可持续性有明确认识,要面向长治久安探索新的技术对策和管理机制。同时,鉴于水沙调控体系建设对流域生态系统和水资源利用将产生深远影响,黄河立法应针对黄河水沙变化和防洪工程建设实际,深入研究黄河水沙调控机制的完善,及可能导致的流域性重大生态环境问题。这些重大问题事关全流域乃至全国的生态安全、能源安全、粮食安全和经济安全,关系到美丽中国宏伟目标的实现,迫切需要与部门指挥棒相脱离的全面客观中立的科学研究,在落实生态保护和遵循科学规律前提下,科学论证、统筹推进。

2. 创新水沙调控理念、制度、机制和手段

当前,黄河减沙主要依靠水利工程和水保工程措施,其中水保工程最重要的方式是坝系拦沙,但坝址和可拦沙空间愈来愈少。因此,不能再粗放利用有限的拦沙空间,必须将其更高效用于保护黄河下游。相对于黄河泥沙量,流域水利工程体系已将约九成以上泥沙拦截在中游河谷和水库中,当前黄河整体拦沙比例超

---

〔1〕 习近平:《在黄河流域生态保护和高质量发展座谈会上的讲话》,载《求是》2019 年第 20 期,第 4—11 页。

过了历史上任何时期。"以拦为主"的治黄手段虽为我们赢得 70 多年安澜，但从长远看，黄河中游可建坝址和可拦沙水库库容十分有限，几十年后中游水库库容或将消耗殆尽，"以有限对无限"必将难以维持。对未来下游新的多沙和淤积抬升局面迫切需要新对策，迫切需要理念、制度、机制和手段方面的创新。

3. 利用好保护好现有水利水保工程

据统计，黄河流域已建骨干坝 6 000 余座，中小型淤地坝近 12 万座，其中 70%—80% 的淤地坝建在多沙粗沙区；由政府鼓励支持、中游沿岸百姓自己建设的沟塘十几万个。由于淤地坝和小支流拦沙土坝缺乏泄洪设施，短期内拦水、拦沙率高（粗细泥沙都拦），但总体安全程度低，积累在沟道的泥沙成为危及下游安全的严重风险点。淤地坝平均寿命一般只有二三十年，2011 年开展第一次全国水利普查时，黄河流域已有 67 556 座中小型淤地坝淤满。由于淤地坝多建在多沙区，一旦出现暴雨洪水，土质坝体一冲即垮，被称为"零存整取"型工程。未来随着全球气候变暖，黄河流域可能会在一定时期内成为降雨量更高、暴雨洪水更多的区域。利用好和保护好现有水利水保工程，不但可保护和稳固住来之不易的治沙成绩，而且这些老旧淤地坝对黄河减淤的潜力十分可观。这是当前水保工作的重中之重，必须在机制上加以保证。

4. 保障黄河文化保护弘扬的物质基础

黄河文化是黄河流域长治久安的"根"和"魂"，而流域经济社会高质量发展、生态环境健康可持续是黄河文化得以保存继承弘扬的物质基础。当前，黄河文化的物质保障亟待加强。一是流域发展不平衡不充分导致黄河文化传播土壤不够坚实。上中游地区经济社会发展相对滞后，延安等红色根据地和革命老区与周边其他地区差距仍然较大，保护传承黄河文化的社会氛围不够浓厚，弘扬文化仍然停留在发展旅游业层面。二是大量自然历史遗迹破旧，部分亟待采取抢救性措施。据统计，黄河流域共有不可移动文物约 16.8 万处，占全国 21.7%，区域不可移动文物密度约为全国密度的 1.9 倍；全国重点文物保护单位 1 451 处，世界文化遗产 11 处，国家历史文化名城 16 处，中国历史文化名镇 29 处，中国历史文化名村 91 处，中国传统村落 678 处。在自然侵蚀和人为破坏条件下，长城等相当数量的不可移动文物正处于岌岌可危的境地。三是流域内连接名胜古迹和主要城市间的交通设施落后。黄河流域大量的历史、自然和人文景观散落在不同地区,难以形成规模和集成效应。黄河流域重要城市间、重要文化遗产遗迹所在地区间距离远、交通不方便,且长久形成的地市间、省级之间经济交流薄弱问题,加剧了文化产业化发展难度。四是流域历史悠久的治水文化逐渐没落。利用现代工程技术有效迅速治理开发黄河的同时,大禹以来顺应自然和以疏为主的治水方略和治水文化正逐步被遗忘,人为改造自然的欲望越来越强,一些重大工程或将在短期彻底改变黄河中游文化所依托的自然和社会景观。黄河中游长期水土保持和自然面貌保护是文化保护的重要基础。

5. 统筹好黄河下游长远安全与黄河滩区保护发展

下游滩区是黄河下游及更大范围长远安全的重要缓冲设施。一段时期以来,在流域水沙调控体系下,下游滩区滞洪减淤作用不如过去明显,加上沿黄地区人口压力增加,滩区入住人口越来越多。同时,由于近几十年流域水库高强度调节,在减少黄河泥沙的同时也改变了其自然水沙关系,下游出现前所未有的"二级悬河"。滩区人口剧增和"二级悬河"对黄河防洪安全十分不利。滩区安全与黄河下游整体防洪安全,滩区治理保护与群众生产生活,滩区短期利益与长远发展之间矛盾尖锐,滩区保护与发展成为一个重要议题。考虑到近几十年来流域水土保持工程措施和防洪减淤工程体系的可持续性还没有得到肯定,未来黄河继续"多沙"可能性还很大,为落实保障黄河长治久安的要求,要坚持新发展理念和系统观念,以高质量发展为目标统筹综合治理、解决黄河下游滩区问题。应该从法律角度明确黄河下游滩区长远保留保护的定位,推动黄河下游滩区农业农村现代化试验区建设,选择符合防洪减淤、生态保护和高质量发展要求的牧草业为主要发展方向,在明确长远发展目标和解决滩区群众安全的前提下,积极利用当前黄河相对安全的时间窗口,有计划地逐步废除生产堤,及早消除"二级悬河",守护一条健康美丽的幸福河,为保障黄河长治久安打下坚实基础。

五、 立法内容说明及立法建议

1. 立法内容说明

习近平总书记反复强调:"增强忧患意识、防范风险挑战要一以贯之。"面对治黄巨大成效,在充分汲取黄河赋予中华民族丰富给养的同时,应居安思危、安不忘危,更好地珍惜善待黄河。应将黄河长治久安摆在更加突出位置,根据新情况、从长远考虑,采取新的水沙调控方略。在当前黄河相对稳定和安全的有利时期,通过黄河保护性立法的制定,平衡好黄河当前发展和长远安全之间的关系。在继续"以拦为主"的同时,更高效利用好现有工程体系和经济、科技手段,突破已有技术路线和行为习惯的窠臼,创新性探索保护黄河长远安全、保障黄河长治久安的途径和策略。

2. 建议在立法中重点考虑的内容

(1) 加强黄河长治久安顶层设计,构建保障体制机制和政策体系

黄河长治久安需要国家从战略层面制定长远规划,打破现有部门间、流域与区域间、上下游、左右岸之间管理壁垒,尽快达成共识,构筑起保障黄河长治久安的体制机制和政策体系。要坚决贯彻习近平总书记"使黄河成为造福人民的幸福河"重要指示精神,制定保障黄河长治久安的近期目标、长期目标、主要任务、约束性指标,发布保障黄河流域长远安全的标准规范,按长治久安要求规划和完善黄河流域水沙调控体系。要加快建立黄河长治久安远近目标相统一的水沙调控与防洪减淤机制,立足于黄河流域生态保护和高质量发展重大战略,鼓励支持黄河中游多沙粗沙区生态保护、水土保持、文化保护传承弘扬三者融合发展;促进黄河大型防洪减淤工程采取高效措施,提高保障和服务黄河下游安全的实效。

(2) 科学调控水沙关系,提升流域治理能力与治理体系现代化

流域治理能力和治理体系现代化是国家治理能力和治理体系现代化的重要内容。黄河立法中,应注重加快转变国务院水行政主管部门有关流域管理机构的职能,推进政企分开、政事分开,按照黄河流域生态保护和高质量发展新要求,调整各项管理职能,提升流域治理能力。在黄河立法中,应紧紧抓住水沙关系调控这个"牛鼻子",创新完善黄河流域水沙调控机制。建议通过具体的法律设置,平衡好重大防洪减淤工程规划建设的短期利益与长远安全,将保障黄河长治久安摆在黄河流域生态保护和高质量发展规划建设之首。国家鼓励科技创新,及时更新黄河泥沙调控方略,充分利用、优化、完善现有水利水电工程体系,为黄河中下游防洪减淤、保障黄河长治久安提供重要支撑。根据黄河流域水资源实际,重点加强对上中游重点水利工程的管理与监督,明确将"水资源管理"作为黄河流域大中

型水利工程主要管理目标,提高水资源综合配置效益。加强黄河流域水保工程和大型骨干防洪减淤工程管理,严格落实"拦粗排细"原则,重点治理对下游防洪安全和"二级悬河"有严重影响的粗沙,同时加大对具有重要生态功能细沙的排泄。研究制定科学合理的排沙比,优化排沙结构,保障黄河河道生命健康。警惕过度建坝拦沙导致"黄河清"等极端现象,防备黄河少沙降低水自净能力对重要水源水库水质的危害。

(3) 健全水土保持长效机制,夯实工程体系对黄河长治久安的重要支撑

黄河立法过程中,要注重统筹力量制定新时期水土流失综合治理方案,加大黄河流域水土保持和防洪减淤工作财政投入,支持黄河流域省级人民政府建立健全水资源保护和水土保持长效机制。重点关注黄河上游河源区、中游多沙粗沙区、其他饮用水水源区和生态脆弱区的水资源保护和水土流失综合治理。进一步加强黄河流域淤地坝的加固、维修和保护工作,加强黄土高原固沟保塬综合治理,开展固沟保塬和水保工程科技创新专项规划。《黄河流域综合规划(2012—2030年)》中规划建设的古贤、碛口、东庄等骨干控制性工程,要根据生态文明和可持续发展要求重新全面论证,确定其建设时机、方案和运用方式,将流域不可再生的坝址和稀缺空间资源放到保障黄河下游长治久安最关键时刻,为未来黄河水沙科学调控留下足够回旋余地。从法律层面建立健全黄河流域工程建设强度控制制度,统计核算黄河流域现有水利水电工程的数量与规模、工程质量、使用情况和综合效益,特别是要结合为黄河下游防洪减淤长远需要进行综合比较评估,在流域发展规划中明确工程建设最大增量和进度,将工程防洪抗灾能力纳入水资源、水环境、水生态综合考核。

(4) 统筹处理好下游防洪安全与滩区保护发展

黄河立法中应直面黄河下游滩区保护与发展这个"老大难"问题,通过法律明确和肯定黄河下游滩区存在的重要意义,将长远保留、修复、保护和科学治理好下游滩区作为保障黄河长治久安的重要内容,防止在当前短暂的黄河少水少沙期滩区被侵占或"解放",为今后黄河长远安全留下通道。完整准确全面贯彻新发展理念,主动解决好滩区内外、城乡之间、区域之间发展不平衡不充分的矛盾,走创新发展之路,以大保护保障大发展,以大发展支撑大保护。国务院相关部门要在黄河流域生态保护和高质量发展战略规划中制定黄河下游滩区长远安全与可持续发展规划,按高质量发展要求确保滩区长期存在、长期安全和长期高质量利用。

统筹协调国务院相关部门及早协调处理黄河下游滩区安全问题、黄河下游"二级悬河"问题和黄河重要防洪水库的防洪受滩区安全约束问题。在滩区群众生命财产安全得到保障前提下，尽快破除"二级悬河"威胁，逐步废除生产堤，确保当前黄河下游的防大洪水安全。

（5）对事关黄河流域长远安全的重要问题进行全面科学研究

黄河立法中，应注重借鉴《长江保护法》中关于设立第三方独立研究力量提供技术咨询的做法，设立独立于行政主管部门及相关利益团体的科学技术咨询委员会，负责组织专业技术机构和学者，对事关黄河长治久安的重大战略、政策、规划、重大工程等项目开展科学研究和技术咨询。尤其要对当前治黄方略、"调水调沙"等事关流域长远安全的重大举措等重新进行全面论证。建立有效回避制度，防止行业和利益相关部门对重大科学研究进行主观引导、封锁和垄断。组织独立科研力量对当前水土保持工程和大型水库防洪减淤的可持续性进行评估，研究面向保障黄河下游长远安全的治黄方略。

（6）加强对黄河长治久安保障工作的监督，建立定期报告制度

黄河流域生态保护和高质量发展统筹机制要在事关黄河流域系列重要规划中，协调国务院有关部门，将黄河长治久安作为核心目标，统领下游防洪安全、水沙调控、水资源节约与高效利用、水生态保护和水污染防治等各项工作，鼓励支持公民、法人和非法人组织开展保障黄河流域长治久安的自发行为，以及媒体、群众等的监督作用。要进一步理顺流域管理体制机制，加强对黄河流域省级人民政府、流域管理机构、流域生产单位规划发展和生产作业的监督，尤其应加大对大型水利水电工程管理、运行、调度的监督。黄河流域管理机构应每年提交黄河流域调度、管理和运营相关报告。国务院水行政主管部门流域管理部门要及时全面公布黄河水沙及水库河道冲淤变动情况，为部门内外研究黄河提供基本河流信息。国务院水行政主管部门应每年就黄河流域长治久安工作现状、目标完成情况等向全国人民代表大会常委会汇报。

3. 立法建议

综合当前黄河长治久安面临的主要风险与挑战，提出以下15条立法建议。

（1）国家黄河流域生态保护与高质量发展统筹机制协调国务院发展改革、水行政、自然资源、生态环境、应急等管理部门，构建黄河流域长远安全保障体制机

制和政策体系。以"使黄河成为造福人民的幸福河"为宗旨,研究制定黄河长治久安近期目标、长期目标、主要任务、约束性指标,出台保障黄河流域长远安全的标准规范,制定黄河长治久安长远规划。

(2) 黄河流域规划应当统筹兼顾黄河流域水资源配置与黄河下游长远安全。黄河流域生态保护与高质量发展统筹机制协调水行政主管部门,加快转变水行政主管部门有关流域管理机构职能,推进政企分开、政事分开,按照黄河流域生态保护和高质量发展新要求,调整各项管理职能。黄河流域管理机构根据黄河流域水资源状况,加强对黄河流域重点水利工程管理与监督,将"水资源管理"作为黄河流域重点水利工程主要目标,提高水资源配置效益,统筹兼顾生活生态生产用水。重大防洪减淤工程规划建设要平衡短期利益与长远安全,保障黄河长治久安优先于黄河流域生态保护和高质量发展规划建设。

黄河流域水资源调节和防洪减淤工程要切实按相应目标进行定位、建设和运行管理,水电站要服从上述目标运行。

(3) 国家按长治久安要求规划和完善黄河流域水沙调控机制。国务院水行政主管部门有关流域管理机构加强黄河流域水保工程和大型骨干防洪减淤工程管理,按照"拦粗排细"原则,重点拦截粒径在 0.05 毫米及以上的粗泥沙,加大对具有重要生态功能的 0.025 毫米以下泥沙的排泄。水行政主管部门会同有关流域管理机构制定科学合理的排沙比,优化排沙结构,保障黄河河道生命健康,兼顾黄河河口地区人民生命财产安全。

黄河流域县级以上人民政府加强粗泥沙拦沙减沙设施建设,采取新技术新工艺,提升已有拦沙工程的效率和使用寿命。

(4) 国家明确下游滩区在黄河流域生态保护和高质量发展中的重要战略地位。黄河流域生态保护与高质量发展统筹机制协调国务院发展改革、水行政、农业农村、应急等管理部门,以及河南、山东等省级人民政府,将长远保留、修复、保护和科学治理好下游滩区作为保障黄河长治久安的重要内容。由黄河长治久安保障长远规划为统领,制定黄河下游滩区保护与发展长远规划。

(5) 国务院水行政主管部门牵头,协调相关部门,充分发挥小浪底水库等上中游水利工程防洪减淤功能,科学规划、稳步有序调控洪水与泥沙,逐步有序废除黄河下游滩区生产堤和淤滩固槽,逐步有序消除"二级悬河",还水于河,使黄河下游恢复到"高滩深槽"的自然格局。

（6）国家加强黄河流域水资源保护、水土流失综合治理与防洪减淤工作。黄河流域生态保护和高质量发展统筹机制协调国务院水行政、应急、林业和草原等管理部门,联合出台、制定并完善相关政策措施,构建完善的水沙调控、水土保持、防洪减淤、水资源保护和合理配置体系。

水行政主管部门负责制定新时期水土流失综合治理方案,财政管理部门加大黄河流域水土保持和防洪减淤工作财政投入,支持黄河流域省级人民政府建立健全水资源保护和水土保持长效机制。黄河上游河源区、中游多沙粗沙区、其他饮用水水源区和生态脆弱区的县级以上人民政府采取相应的水资源保护和水土流失综合治理措施。

黄河流域县级以上地方人民政府应当对已经沙化的土地进行治理,因地制宜采取综合治理措施,修复生态系统,并防止沙化土地蔓延。

（7）国家加强对黄河流域水利工程总量、结构进行调控。国务院水行政主管部门组织专家、联合有关部门加强研究,重点围绕当前黄河流域水利工程已建库容、规划库容,与黄河流域水沙关系现状、拦沙空间进行综合比较,按照黄河长治久安的本职要求,明确中游防洪减淤水库采取高效拦沙措施,满足黄河下游可持续减淤调控要求。

黄河流域生态保护和高质量发展统筹机制组织国务院相关部门、流域专家咨询委员会,对当前存在争议的水库建设项目进行重新论证,将有限的、不可再生的坝址和泥沙堆积空间作为保障黄河长治久安的重要基础,慎重使用,并建立健全问责追责制。

（8）国家重视黄河流域淤地坝的加固、维修和保护工作。国务院水行政主管部门将淤地坝维护工作纳入黄河流域水土流失综合治理工作,督促有关流域管理机构、黄河流域县级以上人民政府加强已有废旧淤地坝的加固、维修和长期保护,提升低标准淤地坝的排洪能力和改进拦沙方式,鼓励支持相关村镇、群众利用坝地植树造林、适宜种植等方式保护坝地,加强对淤地坝的定期维护与可持续性保护。国务院水行政主管部门有关流域管理机构研究制定淤地坝建设、运行、管理和维护标准,推广淤地坝排洪和安全保障新技术,建立淤地坝泥沙冲刷分选新机制,提高淤地坝使用寿命,提升淤地坝持续拦截粗沙的能力。建立跨区域淤地坝信息监测机制,加强对重要淤地坝的动态监控和安全风险预警。

（9）黄河流域生态保护与高质量发展统筹机制协调水行政、财政、科学技术等管理部门,加强黄土高原固沟保塬综合治理,开展固沟保塬和水保工程科技创新专项规划。水行政主管部门联合自然资源主管部门,开展黄河流域沟壑区土地资源调查与登记,制定土地面积与质量控制指标,加强地力恢复整治,使水土保持工作与土地承载力相适应。水行政主管部门组织有关流域管理机构调查黄土高原沟壑区的塬区分布、各沟塬现状和水土保持效果等基本情况,以陇东董志塬、晋西太德塬、陕北洛川塬、关中渭北台塬等塬区为重点,制定固沟保塬综合治理规划,实施黄土高原固沟保塬项目,加强塬面雨水资源的调控、配置和优化利用。

(10) 国家鼓励黄河流域地方人民政府实施黄土高原小流域蓄排工程建设,推进小流域综合治理。水行政主管部门鼓励黄河流域省级人民政府,因地制宜建设旱作梯田,加强雨水集蓄利用,减少洪水漫坡,降低沟壑区重力侵蚀。国家林业草原主管部门加强林草规划,优化小流域林草和梯田配置,分级、分区制定坡面截流与引导路径技术规范,安全拦蓄、有效疏导从坡面至沟道的洪水。

黄河流域县级以上人民政府基于小流域地貌单元之间的汇水关系,因地制宜规划多类型蓄排措施,保障小流域行洪安全与用水需求。建立小流域管理与维护制度,定时检查,及时排除安全隐患。

(11) 国务院农业农村、林业草原管理部门加强黄土高原坡耕农田系统保护,实施重点坡耕地自然修复工程,提升坡耕地水土保持功能。对干流 25 度以上坡耕地、严重沙化耕地,支流重要水源区 15—25 度坡耕地、重度污染耕地等,开展退耕还林、还草、还湿,不得将已退耕还林、还草、还湿的土地纳入土地整治项目。

国务院林业和草原管理部门定期对黄土高原坡耕地保护和水土保持工作进行监测评估,对外发布监测评估报告。

(12) 国家明确将黄河下游滩区作为黄河长治久安的重要内容。国务院在组织制定黄河流域系列规划时,应该将保护好发展好黄河下游滩区作为重要内容;山东、河南省级人民政府在制定国民经济和社会发展规划时,应该将下游滩区生态保护和高质量发展作为重要内容。

黄河流域生态保护和高质量发展统筹机制协调相关部门,制定"消除二级悬河"时间表,并作为保障黄河长治久安的关键内容提请全国人民代表大会常委会审议。

(13) 建立自然和文化保护发展试验区。黄河流域生态保护与高质量发展统筹机制协调国务院发展改革、水行政、农业农村、文化旅游等管理部门,根据黄河中游水沙调控、黄河文化保护传承弘扬、地区高质量发展要求，将中游 7.86 万平方千米多沙粗沙区建立为黄河中游水土保持特色的自然和文化保护发展试验区。试验区以习近平总书记提出的黄河流域生态保护和高质量发展五大目标任务为根本目标，加快推动体制机制改革，打破部门间、区域间、县区间、左右岸、行业间管理壁垒，实行特殊的生态保护、文化保护与区域发展政策，推动形成以水土保持为核心，统筹文化保护传承弘扬、自然地理地貌保护与经济高质量发展，以大保护保障大发展，以大发展推动大保护的良性循环格局。

（14）国家应该加强对黄河长治久安工作的监督和保障。国务院相关部门定期向全国人民代表大会常务委员会报告黄河流域长治久安环境、状况、协调运作、保障工作等情况。

4. 如何与现有法规规章衔接

习近平总书记强调，要坚持山水林田湖草沙综合治理、系统治理、源头治理，统筹推进各项工作，加强协同配合，共同抓好大保护，协同推进大治理。根据习近平总书记关于黄河流域生态保护和高质量发展的一系列重要论述，保障黄河长远安全、做好黄河保护、实现黄河长治久安是黄河立法工作的一个重大命题，关于在于处理好流域保护与发展的关系。

一是坚持系统观念。统筹处理好上下游、左右岸、部门之间、区域之间的关系，加强各部门间法律法规系统整合，通过立法预测和规划，有效解决现有法律体系中的冲突、空白和漏洞。黄河立法尤其要注重与我国《水法》《防洪法》《水土保持法》《防沙治沙法》等的衔接与整合，注重以长治久安法制保障为统领和目标。

二是突出重点。黄河立法应抓住黄河流域"水少沙多、水沙异源"这个关键特征，并据此对影响黄河流域长远安全的政策目标、基本权利义务、基本原则和主要措施、水沙关系调控机制、行政组织机构、有关法律的适用关系等作出相应规定，把法律的一般性规定与特殊性规定有机结合，突出特殊性。

三是加强力度，勇于创新。在长江保护法制定过程中，栗战书委员长曾强调，要明确各方权力义务和应当承担的法律责任，能规定的尽量规定，能对应的尽量对应，能明确的尽量明确，能具体的尽量具体。黄河立法中，既要在统筹已有法律法规时加强约束力度，也要注重创新调控手段与规范要求，更广泛征求各领域专家学者的意见建议，保证黄河立法在处理长治久安专业问题上的科学客观中立性。

第六章

黄河流域水资源专题[*]

一、本专题的研究意义

黄河水资源安全是黄河流域生态保护和高质量发展重大国家战略实施的关键,是协同推进大治理、共同抓好大保护、打造人民幸福河的基础和根本抓手。自 20 世纪六七十年代开始,随着流域经济社会持续快速粗放式发展,水资源供需紧张逐步成为制约黄河流域可持续发展的主要矛盾。黄河以仅占全国 2%的河川径流量滋养着全国 15%的耕地和 12%的人口,水资源实际开发利用率已达 86%,消耗率超过 70%,远超一般流域 40%生态警戒线,资源性缺水已经成为常态。同时,流域产业经济粗放,区域用水矛盾尖锐,长期用水结构不合理、浪费、低效和总体防污能力差等交织形成了流域脆弱的水安全形势。与此同时,虽然黄河流域的水资源禀赋在我国七大河流中处于劣势,但从国际高标准看,尤其是与水资源利用效率较高的以色列等国进行比较,在水资源、土地和社会条件等方面并不差。因此,切实落实"把水资源作为最大刚性约束"[1],按黄河流域生态保护和高质量发展要求,黄河流域高效管理、集约发展和节约用水还有很大潜力。

---

[*] 本章作者:刘凤霞:九三学社中央参政议政部。
　　　　　　张 曼:清华大学水利系助理研究员。
　　　　　　周建军:清华大学水利系教授、博导。
[1] 习近平:《在黄河流域生态保护和高质量发展座谈会上的讲话》,载《求是》2019 年第 20 期,第 4—11 页。

二、 黄河流域水资源概况及面临的主要风险挑战

1. 黄河水资源整体变化形势

黄河流域面积 79.5 万平方千米（含内流区 4.2 万平方千米），干流长 5 464 千米。从河源到内蒙古河口镇是上游，河口镇至郑州花园口为中游，花园口（桃花峪）以下为下游，其中，兰州以上河源区是黄河主要产流区，这里水电站相当密集，流域最大的龙羊峡水库和刘家峡等重要水电站都集中在这里（见图 6-1）。黄河供水主要是满足沿黄流域内的用水需求，同时也向河南、山东、河北和天津等黄河流域外的地区供水。

同时，为了维护黄河健康，黄河需要相当的水资源作为生态流量。由于黄河是多沙河流，生态流量主要是黄河下游的输沙水量。根据国务院的"87 分水"方案[1]，为保证黄河下游每年泥沙淤积不超过 4 亿吨，利津断面多年平均出海水量不应少于 220 亿立方米，其中汛期输沙水量不少于 170 亿立方米。根据当前情况，确定利津断面水量不少于 187 亿立方米，主要也是汛期输沙水量。[2]

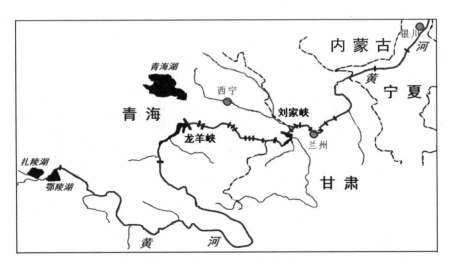

图 6-1 黄河上游河源区（兰州以上）及干流梯级水电站分布情况

---

〔1〕 国务院：《关于黄河可供水量分配方案的报告》，国发办〔1987〕61 号。
〔2〕 水利部黄河水利委员会：《黄河流域综合规划（2012—2030）》，黄河水利出版社 2013 年版。

　　根据《黄河流域综合规划（2012—2030）》（以下简称"《黄流规（2013）》"），1956—2000 年流域天然水资源总量为 647 亿立方米，可以有效统筹管理的河川径流为 534.8 亿立方米。按实测资料，在用水相对较少的 1986 年前，黄河干流实际径流最大的花园口断面的径流量为 451 亿立方米（见图 6-2）。1986 年后，流域径流减少，甚至出现严重断流，生态流量受到一定程度挤压。这期间包含 20 世纪 30 年代以来黄河最严重的连续干旱期（1994—2004），该时段严重干旱属特殊情况（见图 6-3）。2006 年后（2006—2020）流域降水和径流都有所恢复。按"87 分水"指标，[1]当前除宁夏、甘肃和青海等外，沿黄各省区已基本得到满足，生态流量也基本能够得到保证。进一步考虑到当前和在今后一定时期内黄河泥沙很少的情况，1999—2019 年进入下游和出海的输沙量分别只有 1.31 亿和 2.44 亿吨，还有大量淤地坝和水库在拦沙、一定时期内泥沙大量恢复、造成下游淤积泥沙超过 4 亿吨的可能性不大，下游输沙水量存在很大余地；同时"87 分水"方案已为山西能源基地和其他地区发展留有相当程度的余地。在南水北调东、中线一期等工程投入后，黄河下游水资源形势已有所改观，而且这些既定工程扩展潜力很大。因此，黄河水资源分配和用水的问题主要在上游地区。

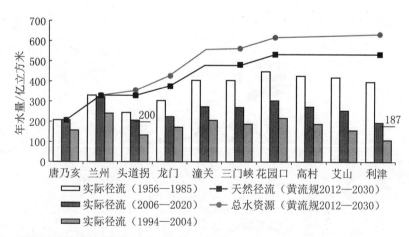

图 6-2　黄河流域水资源基本情况

注：(1)实际径流是断面实测流量，天然径流是回归区间用水后的河川径流量，总水资源量是天然径流与地下水（与地表水不重复）的总和；(2)图中数字 200 和 187 是《黄河流域综合规划（2012—2030）》所确定河口镇和与黄河出海生态流量。

―――――――――――――

〔1〕　国务院：《关于黄河可供水量分配方案的报告》，国发办〔1987〕61 号。

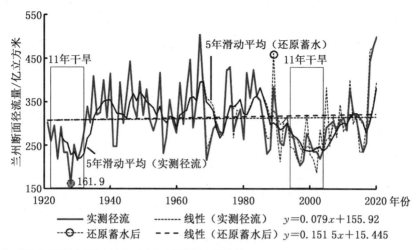

图 6-3 黄河河源区（兰州）过去 100 年实测河川径流变化

注：(1) 两个方框是 1922—1932 年和 1994—2004 年两个连续 11 年干旱期。这两个时段是黄河流域严重干旱时段，这种全流域特殊干旱情景与上游河源区的干旱完全同步。(2) 100 年间，兰州实测和还原径流分别增加了 7.9 亿立方米和 15.1 亿立方米 (占 2.5% 和 4.9%)。

2. 黄河上游水资源变化及其原因

黄河流域河川径流主要来自河源区，兰州断面水资源和天然河川径流分别占全流域的 51.3% 和 61.7%，1986 年前兰州实测径流量为 336 亿立方米，几乎占花

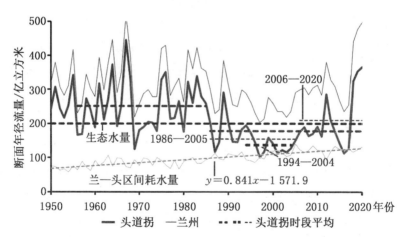

图 6-4 1950 年以来黄河上游兰州、河口镇（头道拐）断面径流量及兰州—河口镇区间绝对耗水情况

注：(1) 1956—1986、1986—2005、2006—2020 年三个时段，河口镇平均年水量为 251 亿、154.6 亿和 210.5 亿立方米，其中 1994—2004 年连续干旱期平均水量只有 137.1 亿立方米；黄河干旱年份主要挤压的是生态流量，近十几年生态流量可以得到保证；(2) 过去 50 年平均，兰州—河口镇区间耗水年均增加 0.841 亿立方米，目前该区间耗水增加趋势没有减缓。

园口四分之三。过去 30 余年,上游水资源呈减少趋势。与 1986 年前相比,1986—2020 年上游出口河口镇断面平均径流量减少了 72.6 亿立方米(减比 28.9%)(见图 6-4)。

《黄流规(2013)》要求河口镇多年平均年径流不低于 200 亿立方米,但在 20 世纪 90 年代的连续干旱期,该断面平均径流只有 137 亿立方米。近 15 年来,河口镇平均流量恢复到 210.1 亿立方米,生态流量得到保证。黄河上游兰州—河口镇区间绝对耗水量大,过去 70 年一直成单向增加趋势,平均 10 年增加 8.41 亿立方米。由于黄河水资源主要来自上游,严重干旱也主要是因为河源区的严重干旱,当前流域最大耗水、未来最大可能用水增长需求和节水潜力,流域最大的水资源调控工程都在上游,上游水资源是黄河水安全的重点。近期黄河上游河川径流减少主要有以下三个方面的原因:

一是气候变暖[1]和植被改善[2]加大了自然耗水。1986 年以来河源区降水量没有明显变化,2006 年后降水还增加了 5.2%,同期上游地区平均气温升高 1.6 度,近十余年川甘青地区植被有所改善。但是,1986—2018 年兰州断面径流平均降幅达 16.6%。黄河流域产流最大的唐乃亥以上地区,并未受到人类活动显著影响,但同期河川径流量减少了 24.7 亿立方米,相同降水的径流量减少幅度为 14%。河源区径流减少主要是气候变暖和植被改善增加蒸散发造成,也与其中包含一个特殊连续干旱期(1994—2004)有关,这期间兰州以上平均降水 460 毫米,比 1986 年前少 11%。2006—2019 年后,兰州以上降水恢复到 523 毫米,兰州平均径流又恢复到 332.3 亿立方米,与 1986 年前接近。如果去除 1994—2004 年特殊的连续干旱情景,同时考虑到河源区也有一定的人为耗水,2006 年以来河源区天然径流应该没有减少。

二是上游引黄灌区农业耗水增加。由于兰州—河口镇区间天然径流量很小,可根据断面实测河川径流计算绝对耗水量,2006—2020 年甘肃兰州以下、宁夏和内蒙古引黄灌区平均绝对耗水量由 1986 年前的 86.7 亿立方米增加到 122.3 亿立方米,其中内蒙古增幅 22%、甘肃和宁夏合计平均增幅 80.6%。该区间几乎径流

〔1〕 中国气象局办公室:《气候变化对黄河流域生态环境影响》,载《气象专报》2019 年第 736 期。

〔2〕 马天啸、宋现锋等:《2000—2010 年黄河源区植被覆盖率时刻变化及影响因素》,载《干旱区研究》2016 年第 6 期,第 1217—1225 页。

贡献,消耗黄河上游37%—40%河川径流,长期维持较大的增长速率。另一方面,上游农业耗水效率和效益都很低。内蒙古和宁夏农业灌溉用水分别占总用量的95%和85%,灌溉水利用系数为0.42和0.44;甘肃、宁蒙引黄灌区单位用水粮食产量分别为0.37千克/立方米和0.56千克/立方米,上游以全流域38.3%农业耗水生产15.3%的粮食,单位耗水粮食产量不足中下游的30%。而且,在水资源紧约束和严重低效条件下,2018年上游引黄灌区耕地比2002年扩大近千万亩。近年农业大规模扩张是黄河上游径流减少的主要原因。

三是水利工程耗水不可忽视。黄河上游龙羊峡等大型水库提高了全流域水资源调控能力,同时也大量耗水。一方面因为黄河上游大型水库都在高辐射地区,龙羊峡库区年均太阳总短波水平辐射强度1 500—1 700千万时/平方米,水库冬季水温高出平均气温12—16度,库区气温高出周边4—5度,水库附加热效应强。初步计算,龙羊峡水库年蒸发耗水7.3亿—12.6亿立方米。另一方面,在干旱缺水流域建大型水利工程,大型水库蓄水扣押水资源也对流域短期水资源影响很大,加剧了20世纪90年代的干旱。根据实测资料平衡计算,仅龙羊峡梯级(含拉西瓦水库),1986—2005年和2008—2018年两时段平均每年蓄底水11.1亿立方米和3.8亿立方米。综合起来,两时段每年水库平均蓄底水和蒸发等减少了黄河水量15.9亿立方米和16.4亿立方米。

3. 黄河上游未来水资源情景

按耗水量大小排序,农业耗水、气候变化和工程影响是过去30余年黄河上游水量减少的主要原因。虽然如此,面向未来也应该看到,过去30余年中河源区新建水库总体扣押300余亿立方米水资源情况不会再现,1994—2004年那样的特殊连续严重干旱情景重现概率较小,水库严重蒸发耗水还可采取办法加以抑制。更重要的是,长期以来龙羊峡和刘家峡水库还一直闲置着100亿—120亿立方米水资源,这是黄河流域现成的抗旱资源。即使在1994—2004年那样的严重连续干旱期,在上游灌溉用水高峰季节(4—6月),兰州和河口镇断面径流量低于多年平均水量合计分别只有67.3亿立方米和107.2亿立方米(见图6-5),灌溉季节抗旱缺水的总规模仍在龙羊峡和刘家峡水库库存水量可以补充的能力范围之内。同时,在当前和今后一定时期内,黄河下游泥沙很少,"87分水"要求保证黄河下游泥沙淤积不超过4亿吨、汛期保证有170亿立方米输沙水量的前提并不存在,在黄河少沙时期内,通过上游水库调控适当增加洪水利用和减少出海淡水应该也是合理的。因此,按照"刚性约束"原则[1],控制农业等用水零增长,黄河上游和全流域绝大多数年份并不缺水,黄河水资源管理的主要目标应该是提高水利工程在干旱年季的抗旱能力。

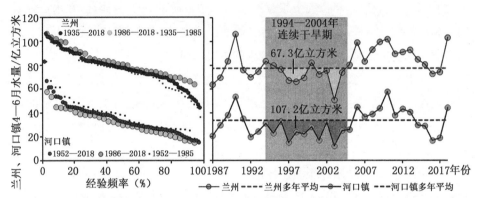

图6-5 黄河灌溉高峰季节(4—6月)兰州和河口镇断面多年径流量频率分布(左)和1986年后两断面逐年实际供(缺)水情况(右)

注:(1)左图频率曲线反映从丰水(经验频率小)到枯水(经验频率大)断面水量的分布情况,可见最近1986年后兰州断面枯水年灌溉季节供水情况有明显改善,特别是10年一遇以上的严重干旱年供水量显著增加,平均水量也有所增加,这是上游水库调节的作用。相反,河口镇进入中游水量均匀减少,但枯水年减少的幅度并不显著。(2)从右图的实际供水情况看,过去30余年最缺水时段主要集中在1994—2004连续干旱期间。图中阴影部分显示在这个连续干旱期间,两个断面灌溉需要补水量,从目前上游水库库存水资源情况看,即使这样的严重情景再现,水库保证上游抗旱和进入中游水量不少于平均值仍然可以做到。

4. 立法需要解决的主要水资源问题

黄河流域干旱,当前上游水资源利用效率和效益都很低,在全球变暖挑战下,水是关系到流域生态、环境与发展的核心要素。因此,黄河立法全面贯彻落实习近平总书记关于黄河流域生态保护和高质量发展的战略部署,必须把水资源作为最大的刚性约束,节约用水、集约发展和切实保护水资源,为高质量发展奠定基础。立法需要解决下列主要问题:

(1)要建立能够适应生态保护和高质量发展的体制机制

通过立法理顺中央、部门和地方事权;建立协同的流域基础信息、发展规划、生态保护、水资源管理和监督体系;建立可以相互制约的流域开发、治理和保护等

---

[1] 习近平:《在黄河流域生态保护和高质量发展座谈会上的讲话》,载《求是》2019年第20期,第4—11页。

相关工程的建管机制;确立流域水资源分配的法律地位,在进一步完善的基础上对《黄河可供水量分配方案》立法;提高流域工程规划的法律地位,严格按规划管理水资源工程。

(2) 要建立最严格的水资源保护利用制度

坚持系统观念和"刚性约束"原则,从长江黄河统筹保护、黄河上下游协调和国家发展全局高度,统筹黄河流域上下游、行业间和城市区域的用水配置;当前,要首先挖掘流域供给侧和需求侧水资源潜力,把节约用水、集约发展和提高水资源管理水平放到开发和跨流域调水等工程之前;严格限制和制止低效率效益用水需求,引导地区通过节约用水和集约发展扩大发展空间。

(3) 要建立以水资源为主线的流域生态补偿机制

加强国家纵向支持力度,鼓励和支持上游结合地区优势,发展以节水为先导的现代化特色经济农业;确立水资源保护、生态效益、节约用水和水环境质量等价值指标,根据这些指标建立横向补偿机制,促进区域发展向高质量目标看齐。

(4) 要强化流域水资源管理的手段建设

考虑到黄河水资源的重要性和水利工程在流域调节中的关键作用,黄河立法要率先将上游大型水库的水电站重新按水资源工程定位,进一步明确中游水利水电工程的防洪减淤职能,根据水资源优先和长远安全优先原则对工程进行优化管理;建立全流域实际用水、节水和污染排放等监测和监管的技术体系,提高水资源科学管理水平。

三、 立法基础与立法思路

水资源是流域保护与发展最重要的要素。在水治理层面,我国经历了从单纯"取水""供水""排水"到水资源水环境水生态"三水协同"治理的过程,形成了以水事专项立法为主体,以流域性行政法规、地方性行政法规为重要支撑的水资源开发利用保护法律体系,为黄河流域保护性立法的制定提供了基础。

1. 我国"涉水四法"为水资源利用保护提供了完整的法律框架

我国"涉水四法"为合理开发、利用、节约和保护水资源,实现水资源可持续利用,提供了详细的法律框架。其中,《水法》对我国重要江河的水资源管理体制和方式做出规定,明确界定了水资源产权、取水权、水资源规划、水资源开发和利用、水资源保护和涉水争议处理等关键问题。《水污染防治法》对防治水污染、保护水生态、保障饮用水安全等作出明确规范,并强调水资源开发利用和调节调度应统筹兼顾,维持江河湖泊合理水位,维护水体生态功能。《防洪法》明确提出要统筹处理水资源利用保护与防洪之间的关系,开发利用和保护水资源应当服从防洪总体安排,实行兴利与除害相结合。《水土保持法》则从法律角度对预防和治理水土流失、保护和合理利用水土资源,减轻水、旱、风沙灾害等方面进行了具体规定。在黄河保护性立法中,要注意流域立法是对现行水事法律体系的补充与协调,要突出强调黄河水资源保护与发展的特殊性,避免涵盖水事相关的所有内容导致立法过度。

2. 现行黄河相关法律法规是黄河水资源保护性立法的重要参考

当前,黄河流域相关的法律法规主要包括《黄河水量调度条例》《国务院办公厅转发国家计委和水电部关于黄河可供水量方案报告的通知》《黄河水权转换管理实施办法》《黄河河口管理办法》等。这些法律法规既为黄河立法提供了基础,也亟待通过流域立法对已经不适应新时代要求的法律规章进行"存改废"。1987年国务院批准实施的《黄河可供水量分配方案》,是在水资源供需矛盾严重、经济社会发展受到明显制约、上中下游区域间取水用水争议明显情况下,在各省自主申报、"以产定水"、多部门联合协商基础上确定,是我国大江大河首次制定的水资源分配方案,对有效调控、稳步推进流域发展发挥了积极作用。在此基础上,2006年国务院出台了《黄河水量调度条例》,对黄河水量实行统一调度,并遵循总量控制、断面流量控制的原则,通过规范国务院水行政主管部门、流域管理机构及流域省级人民政府之间的权责利,形成分级管理、分级负责的流域水资源调度机制。黄河"87分水"方案与水量调度条例一直沿用至今。近40年过去,黄河流域经济社会快速发展,经济总量增长超过180倍;与此同时,流域发展方式粗放、用水效益低下、生态环境问题也日益突出,2019年习近平总书记提出将黄河流域生态保护和高质量发展上升到国家战略,为黄河流域水资源管理、分配、调度提供基本遵循,"87分水"方案迫切需要修改完善,以适应黄河战略新要求。

3.《长江保护法》相关条款对比分析

长江全长6 300千米,是我国水资源量最大的流域,水资源总量高达9 755亿立方米,约占全国河流径流总量的36%。长江水量丰沛,但主要发生在汛期,上中游密集的水库建设导致长江中游径流季节提前、伏秋干旱成为常态,流域局部地区存在资源性缺水情况,鄱阳湖、洞庭湖水资源水生态水环境形势依然严峻。《长江保护法》的实施对黄河保护性立法具有参考意义。一是明确规定保障流域生态流量。长江流域水资源的保护与利用,优先满足城乡居民生活用水,保障基本生态用水,并统筹农业、工业用水以及航运等需要。二是制定跨省河流水量分配方案,编制年度水量分配方案和调度计划,明确相关河段和控制断面流量水量、水位管控要求。三是明确提出节水流域建设的目标、措施与监督机制。确定长江流域农业、工业用水效率目标,促进节水型行业产业和企业发展,严格控制高耗水项目建设。加强对长江流域水能资源开发利用的管理。

黄河是我国第二长河,但水资源总量仅有797.5亿立方米(2019年),为长江流域的8%。与长江相比,黄河流域面临的水资源问题更为复杂、矛盾更为突出、形势更为严峻。《长江保护法》专列一章“资源保护”,强调饮用水与水源地保护、取水口环境安全、污染防治,以及提升水资源利用效率,加强调水工程管理等方面,但对过度开发造成的河川面貌和过程剧烈变化等问题,以及生态修复的重点要点,尚未有全面体现。黄河保护的立法工作中,关于水资源的条款既要充分考虑水质,做好污染防治、保障饮用水安全、高度重视流域工业发展和生产生活污染之外,更要重视水质基础上的水量分配,处理好水资源短缺与需求缺口的矛盾。如何为黄河流域生态保护和高质量发展战略实施提供安全、稳定和可持续的水资源当是重中之重。建议单列一章“水资源保护与利用”,作为黄河保护法整个法律框架的核心问题,并借鉴和加强《长江保护法》中的相关条款。

四、 黄河保护性立法水资源安全应该重点关注的内容

1. 水资源总量不足的问题

一是河川径流量持续减少。与1919—1959年相比,1987—2012年间,潼关断面径流量平均减少42.3%;下游径流量1987—2016年比1950—1969年平均减少47.5%。二是经济社会发展存在惯性,粗放式用水短期内难以根本改变,生产、生活和生态用水量还将增长。三是南水北调西线调水受到诸多挑战。长江流域已严重季节性缺水,水源地涉及民族地区利益,以农为主区域的用水成本问题,多水

和农业用水向工业等方向转移催生高水价和新污染问题,以及其他不确定生态后果,调水预期效果很难确定,且会成为今后严重的财政负担。四是在全球气候变暖大背景下,全流域及华北水资源供需矛盾将更加尖锐。

2. 生态流量不足的问题

部分河流生态流量不足,难以为黄河流域高质量发展提供充足的水资源量。2010年,黄河流域水资源总量为797.5亿立方米,占全国2.7%,位于全国十大流域第七位,是长江流域水资源总量的7.6%;人均水资源量约为全国的23%,属于水资源严重匮乏区域。黄河主要支流流量大幅衰减,缺水现象开始由干流向支流转移,支流断流现象普遍。黄河流域面积1 000平方千米以上的河流中,21条出现过断流情况,断流天数呈现增加趋势,其中:黄河上游地区断流河流5条,占全流域比例为23.8%;中游地区断流河流11条,占全流域比例为52.4%;下游地区断流河流5条,占全流域比例为23.8%。13条主要一级支流中大黑河、窟野河、汾河、沁河等7条发生断流。黄河流域分布有我国的汾渭平原、宁蒙灌区等大型粮食主产区,农业用水占比超过三分之二,部分省区超指标用水,也进一步加剧部分河道水量减少,难以为高质量发展提供充足的水资源量。

3. 水资源管理低效问题

经过70多年大规模水利建设,黄河流域已经建成较大规模的水利工程体系和调节能力,总库容超过700亿立方米,在保障全流域水资源安全,以及防洪灌溉发电等方面发挥着重要作用。与此同时,重点水利工程"重建轻管""管理低效"和"重电轻水"等问题凸显。黄河上游水利水电工程都是按发电为主规划设计,梯级建设时间跨度大,缺乏统筹优化。在水电和电网规模大幅增大,传统水电和"保证出力"等的重要性降低情况下,处于干旱缺水地区上游的水利工程,仍在"以电为主"进行管理。龙羊峡水库长期蓄不满,龙羊峡大量空置的同时刘家峡汛后仍要求预留防凌库容而不敢蓄水,工程能力和水资源严重浪费。大型水库枯期最低消落水位逐年提高,多年调节水库巨大的调节能力没有切实发挥作用。与此同时,黄河上游高热区大型水库耗水问题没有引起重视,龙羊峡以上规划拟建的大量水库还会增加耗水。

4. 产业结构转型升级问题

近几十年黄河流域水资源量总体比较稳定。20 世纪 90 年代连续十余年干旱,客观上是降水偏少、农业用水急剧扩张、水库大量蓄底水和蒸发耗散损失等原因造成。扣除不可逆因素,若重复过去几十年情景,缺水情况实际并没有那么严重。然而,近十年来,黄河流域农业用水比例和增速居高不下,灌区实际耕地规模不断扩大,单位用水效率和效益未有明显提升。黄河上游灌溉利用系数低于0.5;宁夏、内蒙古两省区亩均用水分别为 700—1 000 立方米、450—570 立方米,而山东的亩均用水量为 260 立方米;甘肃、宁夏、内蒙古三省区每立方米的粮食平均产量在 0.37—0.56 千克之间,远低于黄淮海平原的 1.2—1.7 千克/立方米。尤其是我国农产品价格"天花板低于地板"等结构性因素,导致在现有农业生产方式下,节水技术、水权转让等政策性节水措施难以有效发挥作用。

5. 上游持续扩大用水冲动问题

黄河上游地区土地资源丰富,伴随气候变暖、积温增加,可利用土地面积存在较大增长潜力,沿岸地方政府和农民"引黄扩产"追求多用水也完全正当。但是,对处于紧约束的黄河流域,这势必造成上游低效用水进一步扩张和区域间水资源新的不平衡。更重要的是,增加用水这一方面会造成节水技术带来的用水效益提升被扩耕耗水所冲抵,节水技术跟不上用水增加;另一方面也会因灌溉增加本底盐释放等而造成新的面源污染。目前,水行政管理部门规划通过南水北调西线工程每年增加 80 多亿立方米域外水来满足黄河流域未来(主要是农业的)用水需求增量,这与以水资源刚性约束倒逼流域高质量发展的思想存在距离。

五、 立法内容说明及立法建议

1. 立法内容说明

习近平总书记在黄河流域生态保护和高质量发展座谈会、中央财经委员会第六次会议和甘肃、陕西、山西、宁夏等沿黄省份考察时,多次强调要把水资源作为最大的刚性约束,全面实施深度节水控水行动,推进水资源集约节约利用,倒逼经济社会转型升级,这是立法关于水资源的核心内容。根据我国实现立法与改革决策相衔接,做到重大改革于法有据和立法要主动适应改革和经济社会发展要求,在黄河流域生态保护和高质量发展上升为重大国家战略以后,推动以水资源最大刚性约束为基本要求,以优化水资源管理为核心的黄河流域保护与促进法治化进程意义重大。

黄河保护方面的立法首先要明确今后国家和地区在制定关于黄河保护和高质量发展规划中必须遵从的重大原则,如水资源刚性约束、资源可持续性、清洁能源和能源清洁化、上下游左右岸统筹协同和补偿等原则。

针对黄河流域农业用水占比高、用水效率低、部分省区超指标用水等实际情况,衔接水利部最严格水资源管理制度相关要求,结合水利部正在开展的生态流量制定工作,充分发挥生态流量保障对水生态环境质量改善的基础性作用,从用水总量控制制度、节水制度(突出农业节水)、生态流量保障、生态用水优先、再生水利用等方面设计黄河保护法的相关条款,推进水质水量统一调度管理,以解决部分河流生态流量不足问题。

2. 建议在立法中重点考虑的内容

综合当前黄河流域水资源安全面临的主要风险与挑战,提出以下 26 条立法建议。

(1) 关于水资源开发与管理

① 国家推进黄河流域治理体系和治理能力现代化建设。改革流域管理体制,将黄河流域综合管理机构职能定位在制定流域保护、治理规划与协调管理,将流域勘测、规划、设计与研究机构转变为独立的第三方机构,确保流域管理机构职能与流域工程建设、水力发电等产生经济利益的功能完全脱钩。在黄河流域水利行业率先构建投资、设计咨询与决策三方独立和相互制约的监管体制,明确流域开发论证、科学研究和项目管理交由独立咨询委员会,水行政主管部门和流域综合管理机构不得干涉。

② 明确将水资源综合利用效益作为黄河流域水利水电工程的主要管理目标,发电调度绝对服从水资源管理调度,最大限度发挥、挖掘现有水利水电工程体系节水潜力,提升水资源管理效益。建设水工程,必须符合流域综合规划和防洪规划,必须符合流域长期利益,由水行政主管部门或流域管理机构按照管理权限进行审查并签署意见。流域管理部门要把充分发挥流域现有水资源工程潜力摆到优先位置。

③ 严格控制黄河流域重大水利水电工程和跨流域调水工程的规划建设。在黄河流域管理能力现代化建设达到相当程度,水资源利用效率达到全国平均水平后,再考虑进行跨流域调水工程的论证与建设。国家加强对跨流域调水总体管控。严格落实水资源"刚性约束"原则,国务院发展改革管理部门、水行政主管部门、生态环境管理部门等多部门协调,根据独立咨询机构对现有跨流域调水工程的综合评价,不断改革完善工程管理效益,抑制工程建设冲动。黄河流域主要区域水资源利用效率效益未达到全国平均水平时,严格限制以农业用水和高耗水产业为主要使用目标的跨流域调水工程。

④ "以水定产"规划黄河流域高质量发展方向。发展改革部门统筹协调黄河流域省级人民政府,根据科技发展水平和黄河流域实际情况,调整黄河流域经济发展结构,转变传统发展模式,优化流域产业配置。全面控制太阳高辐射区域大型水库在内的高耗水工程和高耗能高污染行业发展,有效限制传统能源无序开发、盲目用水。将推动农业集约节约现代化发展作为黄河流域农业发展主要方向,将提升农业发展技术、建立先进农业制度、提升农业用水效率、降低农业用水规模纳入有关部门议事日程,制定量化评估指标,及时跟踪评价。

⑤ 国家坚持以黄河流域大发展促进黄河流域水资源大保护。在生态保护和协同发展前提下,充分利用上中下游自然条件和资源优势,支持能源清洁化发展;以增加农民收入为定位,支持发展特色经济农业,引导和控制农牧业规模扩张,促进退耕还草、退耕还湿、退耕还林,以经济高质量发展反哺水资源生态涵养。

⑥ 全国人大明确流域生态保护和高质量发展规划、系列综合规划和重大工程规划等的法律地位。将这些规划作为黄河流域水资源保护、开发管理和依法监督的依据。

（2）严格落实水资源刚性约束

⑦ 国家建立黄河流域水资源论证制度。坚持"定需先定水,定水先核算",把水资源刚性约束列为约束性指标,贯穿到各类规划制定审批过程中,把水资源作为黄河流域经济社会发展最大限制性条件。

⑧ 黄河上游跨流域调水工程必须充分考虑调水和受水区综合生态环境影响、民族地区利益、重大工程经济损失、财政负担和受水区用水目标、用水效率效益和节水水平。在西北地区农业耗水高、用水效益低和黄河上游龙羊峡等工程没有充分发挥水资源效益的条件下,不得推动主要以农业用水或高耗水高污染工业为目

标的西线调水工程。

⑨ 制定、实施、落实黄河流域水资源开发利用和用水效率控制红线。严格实行用水总量控制,在实现黄河流域年均用水总量零增长的同时,逐步优化用水结构,平衡好生态、生活、生产之间的用水比例。黄河流域综合管理机构比较国际国内用水效率,坚持干旱地区用水效率应该更高的原则,制定黄河流域用水效率量化标准和实施办法,协商流域省级人民政府,严格控制流域和区域取用水总量,确定年用水效率、万元工业增加值用水效率、农民灌溉水利用系数,使之达到或接近全国平均水平,并逐步接近或领先世界先进水平。将水资源开发利用、节约和保护的主要指标纳入地方经济社会发展综合评价体系,县级以上人民政府主要负责人对本行政区域水资源管理和保护工作负总责。

⑩ 加强黄河流域水资源统一、科学调度。制定黄河流域水资源综合调度与生态保护调控管理办法。黄河流域管理机构和县级以上地方人民政府水行政主管部门要依法制订和完善水资源调度方案、应急调度预案和调度计划,对水资源实行统一调度。区域水资源调度服从流域水资源统一调度,水力发电、供水、航运等调度服从流域水资源统一调度。水资源调度方案、应急调度预案和调度计划一经批准,有关地方人民政府和部门必须服从。

⑪ 建立黄河流域水资源承载能力监测预警机制。对水资源超载地区,暂停新增取水许可;对水资源接近超载的临界地区,限制审批取水许可。对超计划、超定额和超指标的用水实行高额水价和严厉惩罚措施,使违法违规用水成本与用水所得经济利益相匹配,逐步削减不合理用水。根据水资源超载能力评价,定期公布流域内超载区和临界超载区目录,建立目标责任考核与问责机制,限期督办治理状况。将区域水资源超载治理状况纳入县级以上人民政府政绩考核评价体系。

(3)关于流域水资源分配

⑫ 科学制定和立法明确黄河流域可用水量分配方案。研究《关于黄河可供水量分配方案的报告》与黄河流域生态保护和高质量发展国家战略是否相符。若存在不相符,督促水行政主管部门进行修改完善;若严重不相符,根据战略要求,督促水行政主管部门制定新的可供水资源量分配方案,并征求国务院有关部门意见。黄河流域水资源量分配方案应当优先满足城乡生活用水,保障生态用水,提升农业、工业等用水效率,倒逼经济发展贯彻新发展理念。依据黄河流域水量分配方案,制定流域统一水量调度方案,按年度、季度和月度编制调度计划,明确相

关河段和控制断面水量管控要求。区域水资源调度服从流域水资源统一调度。

⑬ 国家在制定多年平均水量分配方案的同时,根据黄河上游大型水库和其他调水工程水资源调控能力和潜力建立抗旱应急补水机制。政策对严重干旱地区倾斜,根据干旱情况,相机动用大型水资源工程和其他调水工程潜力,向缺水地区定点、定时和定量补水抗旱,主要用于确保基本生产和减灾。

⑭ 黄河流域县级以上人民政府水行政主管部门或者流域管理机构应当根据批准的水量分配方案和年度预测水量,制定本区域内年度和季度水量分配方案和调度计划,实施水量统一调度,纳入地区国民经济和社会发展年度计划。县级以上地方人民政府发展计划主管部门会同同级水行政主管部门,根据用水定额、经济技术条件以及水量分配方案确定的可供本行政区域使用的水量,制定年度用水计划,对本行政区域内的年度用水实行总量控制和过程管理。

⑮ 国家加强黄河流域生态用水保障。国务院水行政主管部门会同国务院有关部门提出黄河干流、重要支流、重要湖泊控制断面的生态流量水量、水位管控指标。将黄河输沙水量作为衡量黄河流域生态基流的主要指标,同时根据河流泥沙情况和下游生态条件对输沙水量指标进行动态调整。流域内支流和湖泊生态流量水量和水位管控指标由流域内相关县级以上地方人民政府水行政主管部门会同本级人民政府有关部门确定。国务院水行政主管部门应当将生态水量纳入年度水量调度计划,保证下游河道不淤积和河湖基本生态用水需求,保障黄河输送泥沙入海和咸淡水平衡。水行政主管部门统筹黄河流域综合管理机构,负责三角洲自然保护区生态补水,合理确定补水时间以满足重要海洋经济生物产卵、索饵基本需水。维持黄河三角洲河流廊道连通性、水流连续性及河流与海洋的连通性,提高湿地补水蓄水能力。

强化生态流量的监管,实现水质水量统一管理。目前,由水利部制定河流生态流量,但生态流量目标确定过程中考虑水生态环境改善的需求较少,且国控监测断面和水文水资源监测点布置不完全一致,导致水量和水质调度不统一,生态环境部门不能及时掌握生态流量情况。为此,建议在立法中明确建立黄河流域监测机制,在有关部门已经建立的相关水文、水质监测站及监测项目基础上,建立健全涵盖水质、水量、水文等信息的监测网络体系,实现信息共享,以实现流域生态流量的全程监管。此外建议明确黄河干支流及湖泊上相关工程环评批复确定生态流量的河流湖泊以及确因生态流量不足导致水生态环境质量改善困难的河流、湖泊的生态流量保障。

⑯ 国家加强黄河流域地下水资源保护。国务院水行政主管部门制定黄河流域地下水取水许可的申报、审批以及年度用水、取水审核制度,制定黄河流域重要灌区地下水监测机制,制定地下水保护细则。理顺配水、供水、用水等不同利益相关方关系,建立地表水、地下水统一管理体制,加强地表水、地下水综合用水的信息化监管。黄河流域县级以上地方人民政府及其有关部门定期调查评估地下水资源状况,监测地下水水量、水位、水环境质量,保障地下水资源安全;在制定水资源开发利用规划时,要将地下水保护与监测纳入规划;在制订和修订有关水资源管理的法规和政策时,加强地下水监测。在容易发生盐碱化和渍害的地区,采取措施控制和降低地下水水位。

⑰ 国家建立严格的黄河流域水资源管理、考核和监督机制。严禁未经批准私自修改引黄用水途径、方式和结构,严禁以农业用水、生态用水等名义申请项目进行水景观建设,严禁将农业用水计划修改为工业用水。黄河流域地方政府在修改引黄用水途径时,需报经国务院黄河流域协商机制审查,并报全国人大审批。严禁利用农业用水与工业用水的价格差进行套利,严禁不按规划要求进行跨地区、跨行业、跨目标引黄用水。水利部、流域管理机构和地方各级水行政主管部门按职责权限,承担相应层级水资源使用情况监督。

（4）关于水资源补偿

⑱ 国家建立黄河流域水资源保护补偿制度。国家加大生态补偿转移支付力度,建立与全流域经济增速相挂钩的水资源补偿转移支付机制。转移支付中明确水资源补偿与生态保护的资金比例,确保用钱到位。对黄河干流及重要支流源头和上游水源涵养地等生态功能重要区域予以补偿,并根据主要受水区域的经济发展情况进行动态调整,具体办法由国务院财政部门会同国务院有关部门制定。国家鼓励黄河流域上下游、左右岸、干支流地方人民政府之间开展横向水资源保护补偿。

⑲ 国家鼓励社会力量积极参与黄河流域生态保护与高质量发展,拓宽黄河流域水资源保护补偿的融资渠道与补偿方式。鼓励社会资本建立市场化运作的流域水资源补偿基金,鼓励相关主体之间采取自愿协商等方式开展水资源补偿。探索水资源保护补偿与贫困地区经济发展有机结合的路径,建立为农户和居民带来持续性收入来源的造血式、引导式水资源保护补偿机制,把水资源保护补偿融入

区域发展,从产业承接、培育优势产业、共建园区等方面建立黄河流域上中下游协调一致的补偿机制。

⑳ 国家建立黄河流域生态补偿与水资源补偿协调机制。国务院黄河流域协调机制设立水资源保护补偿专门协调议事机构,协调统领上中下游水资源保护补偿工作,制定相关制度和办法,整合理顺水资源保护补偿资金和渠道,实施水资源保护补偿监管和评估。建立统一规范的水资源监测考核体系,建立监测信息共享平台,实施科学、高效、实用、动态的综合监测,发布监测公报,为水资源保护补偿提供支撑。健全水资源考核制度,编制水资源资产负债表,实行水资源资产离任审计,强化对政府的水资源消耗责任考核。

(5)关于节水型流域建设

㉑ 国家推进黄河流域建设高效节水型流域。国务院水行政主管部门建立健全黄河流域节水标准体系。完善流域省级行政区农业、工业、服务业和城镇生活行业用水定额标准,加快制修订高耗水工业、服务业取水定额流域标准,推行取水定额强制性标准。定期组织开展用水定额评估,指导和推动流域各地适时修订行业用水定额。制订节水基础管理、节水评价等国家标准,健全节水标准体系。改革水价形成和水权转让制度,建立节水奖补机制,促进水资源集约与高效利用。

㉒ 国家加强黄河流域水科学研究投入。组织社会科研力量,加深对全流域尺度水、能源和粮食之间,节水、水盐和土地生产力之间关系的科学认识,引导黄河流域实现生态保护、农业转型发展、水资源可持续利用的良性循环。

㉓ 国家统筹协调和控制黄河上游农业发展规模,优化流域种植结构。在黄河上游控制低效农业增量,严格限制农业规模无序扩张,提升现有农业用水效率和发展效益。支持以节水现代农业发展方式引领黄河流域农业跨越式发展,加强水资源集约节约利用,推动探索现代节水农业示范地区。黄河流域地方人民政府要转变发展理念,将增加农民收入作为新发展目标,配置名特优节水现代农业,以质取胜,不断缩小城乡收入差距,缩小上中下游发展差距。调整流域种植结构,推进退耕还草、退地减水、退灌还水,扩大耐旱作物种植比例。

㉔ 黄河流域工业园区要达到节水型工业园区标准要求。加大节水考核力度,在黄河流域试行把节水作为约束性指标纳入政绩考核。调整钢铁、煤炭等高耗水能源行业布局,严格控制造纸工业发展规模,引导和鼓励造纸产能向水资源丰富的南方地区转移。新建电厂优先利用非常规水源。推动高耗水企业向工业园区

集中,推广串联式循环用水布局。促进可利用再生水企业与城市污水处理厂、再生水厂就近布局。

㉕ 国家推进黄河流域节水型城市建设。适当调高城市生活用水价格,使之不低于全国平均水平,倒逼黄河流域城市用水量与干旱地区实际情况相符。黄河流域省级人民政府负责制定节水型城市建设实施方案,加大规划调控指导力度,落实各部门目标、责任和任务期限。健全城市节水法规制度体系、推进实施节水统计等城市节水工作制度和措施,建立城市节水的数字化管理平台和社会参与机制。鼓励各地开展节水型单位和居民小区创建活动。

㉖ 国家加快黄河流域节水监控能力建设。对年实际取水量超过一定额度的工业取用水户、公共供水取水户、灌溉面积大于 5 万亩的重点中型以上灌区渠首实行在线监控。健全水资源计量体系,完善中央、流域和省域节水管理系统三级平台建设,加强信息共享、互联互通和业务协同。结合农田水利工程建设大力推进农业灌溉用水计量监控,加强取水、用水计量器具配备和管理,重点高耗水行业要建立用水实时监测管控系统,大幅提高工业用水效率及农业灌溉。加强重点监控用水单位监督管理,发布流域重点监控用水单位名录,建立重点监控用水单位管理体系和信用体系。

3. 如何与现有法规规章衔接

《黄河保护法》是对普遍性涉水法律中关于黄河生态保护与高质量发展的制度、体制、执法等问题的具体化,是针对特定问题、突出问题的实施性法律。推进水资源集约节约利用又是黄河流域经济社会发展中需要高度重视解决的突出重大问题之一,故在黄河保护法中要突出强调,专门就水资源问题作出特殊性制度安排,法律规定要比一般的涉水法律更为严格。与此同时,若《黄河保护法》与《水法》《防洪法》《水污染防治法》以及其他水资源管理相关法律有交集,属于一般性、全国适用的规定,可以简化甚至不再重复规定。在用水总量、用水效率等相关条款充分衔接《水法》《最严格水资源管理制度》;同时参考《长江保护法》,对黄河重要支流、控制断面生态流量及生态流量监管提出要求。

第七章

黄河流域生态保护专题*

一、 本专题的研究意义

加强黄河流域生态保护修复,是黄河高质量发展的前提和基础。习近平总书记强调:"良好生态环境是人和社会持续发展的根本基础。"[1]"生态环境没有替代品,用之不觉,失之难存。环境就是民生,青山就是美丽,蓝天也是幸福,绿水青山就是金山银山;保护环境就是保护生产力,改善环境就是发展生产力。"[2]一旦区域生态环境遭到严重破坏,经济社会发展也将难以为继。因此,保护好黄河流域生态环境,是践行绿水青山就是金山银山理念、建设美丽中国的现实需要。

加强黄河流域生态保护修复,是缓解流域生态问题、构筑黄河流域生态安全屏障的迫切需要。黄河流域生态功能地位十分突出,构成我国重要的生态屏障,是连接青藏高原、黄土高原、华北平原的生态廊道,拥有三江源、祁连山等多个国家公园和国家重点生态功能区,[3]对保障国家生态安全的作用十分突出。但是,

---

* 本章作者:牟雪洁:生态环境部环境规划院助理研究员。

张　箫:生态环境部环境规划院高级工程师。

柴慧霞:生态环境部环境规划院助理研究员。

黄　金:生态环境部环境规划院助理研究员。

王夏晖:生态环境部环境规划院副总工程师、研究员。

[1] 2013 年 5 月 24 日,中央政治局第六次集体学习。

[2] 2016 年 1 月 18 日,在省部级主要领导干部学习贯彻党的十八届五中全会精神专题研讨班开班仪式上的讲话。

[3] 习近平:《在黄河流域生态保护和高质量发展座谈会上的讲话》,载《实践·思想理论版》2019 年第 11 期,第 5—9 页。

由于流域自然生态系统十分敏感脆弱,加之长期受人类开发建设活动的影响,全流域整体性、系统性生态问题已十分突出,干流高度人工化,支流普遍断流,河流纵向连通性遭到破坏;流域上、中、下游生态问题差异性明显,上游局部地区天然草地退化、水源涵养功能降低,中游水土流失依然严重,下游生态流量偏低,一些地方河口湿地萎缩。〔1〕因此,加强黄河流域生态保护修复,是缓解生态问题,防范和化解生态风险,构筑生态安全屏障的迫切需要。

推动黄河流域生态保护修复制度法制化,是协调生态问题与社会经济发展、促进沿黄地区高质量发展,保障黄河长治久安的战略需要。黄河流域的突出生态问题已严重制约区域经济社会高质量发展,亟须从流域整体性、系统性角度出发,深入开展水生态保护修复领域的立法研究,从国家层面制定黄河流域水生态保护修复的具体法律条款,统筹推进实施全流域水生态系统的整体保护、系统修复、综合治理,尤其是通过立法手段将黄河流域水生态保护修复的相关政策措施制度化、法制化,切实增强生态保护修复的法律保障,有效解决流域突出生态问题;〔2〕通过法律的强制性和约束力进一步明确相关部门、机构、各级政府权责要求,督促各部门、各地区切实履行相关责任、不断加大水生态保护修复力度,同时进一步明确企业及公众履行流域水生态保护修复的责任与义务,不断提高流域水生态系统保护修复的整体合力,有效促进流域生态系统稳定性与服务功能恢复提升,切实维护和保障区域生态安全,为黄河流域生态保护和高质量发展奠定基础。

二、 立法基础与立法思路

1. 已有法律规章中生态保护修复相关内容

主要梳理总结《环境保护法》《水法》《水污染防治法》《水土保持法》《河道管理条例》《中华人民共和国海洋环境保护法》(以下简称《海洋环境保护法》)、《中华人

---

〔1〕 王夏晖:《协同推进黄河生态保护治理与全流域高质量发展》,载《中国生态文明》2019 年第 6 期,第 70—72 页;郜国明、田世民等:《黄河流域生态保护问题与对策探讨》,载《人民黄河(第 42 卷)》2020 年第 9 期,第 112—116 页;王思远、王光谦等:《黄河流域生态环境综合评价及其演变》,载《山地学报(第 22 卷)》2004 年第 2 期,第 133—139 页。

〔2〕 吴浓娣、刘定湘:《〈黄河法〉的功能定位及立法关键》,载《人民黄河》2020 年第 8 期,第 1—4 页;姚文广:《黄河立法必要性研究》,载《人民黄河》2020 年第 9 期,第 1—5 页。

民共和国森林法》(以下简称《森林法》)、《中华人民共和国草原法》(以下简称《草原法》)9 部法律法规中涉及生态保护修复的条款(见表 7-1),分析现有法律法规对生态保护修复的要求,为黄河立法提供参考。

表 7-1　现有法律法规分析

法律规章	相 关 条 款 内 容
《中华人民共和国环境保护法(2014 修订)》	第四条:保护环境是国家的基本国策。 第六条:一切单位和个人都有保护环境的义务。 第十条:国务院环境保护主管部门,对全国环境保护工作实施统一监督管理;县级以上地方人民政府环境保护主管部门,对本行政区域环境保护工作实施统一监督管理。 第十三条:环境保护规划的内容应当包括生态保护和污染防治的目标、任务、保障措施等,并与主体功能区规划、土地利用总体规划和城乡规划等相衔接。 第二十条:国家建立跨行政区域的重点区域、流域环境污染和生态破坏联合防治协调机制,实行统一规划、统一标准、统一监测、统一的防治措施。 第二十九条:国家在重点生态功能区、生态环境敏感区和脆弱区等区域划定生态保护红线,实行严格保护。 第三十条:开发利用自然资源,应当合理开发,保护生物多样性,保障生态安全,依法制定有关生态保护和恢复治理方案并予以实施。
《中华人民共和国水法(2016 修正)》	第九条:国家保护水资源,采取有效措施,保护植被,植树种草,涵养水源,防治水土流失和水体污染,改善生态环境。 第二十二条:跨流域调水,应当进行全面规划和科学论证,统筹兼顾调出和调入流域的用水需要,防止对生态环境造成破坏。 第二十七条:国家鼓励开发、利用水运资源。在水生生物洄游通道、通航或者竹木流放的河流上修建永久性拦河闸坝,建设单位应当同时修建过鱼、过船、过木设施,或者经国务院授权的部门批准采取其他补救措施,并妥善安排施工和蓄水期间的水生生物保护、航运和竹木流放,所需费用由建设单位承担。 第三十条:县级以上人民政府水行政主管部门、流域管理机构以及其他有关部门在制定水资源开发、利用规划和调度水资源时,应当注意维持江河的合理流量和湖泊、水库以及地下水的合理水位,维护水体的自然净化能力。 第三十一条:从事水资源开发、利用、节约、保护和防治水害等水事活动,应当遵守经批准的规划;因违反规划造成江河和湖泊水域使用功能降低、地下水超采、地面沉降、水体污染的,应当承担治理责任。 第四十条:禁止围湖造地。已经围垦的,应当按照国家规定的防洪标准有计划地退地还湖。
《中华人民共和国水污染防治法(2017 修正)》	第三条:水污染防治应当坚持预防为主、防治结合、综合治理的原则,优先保护饮用水水源,严格控制工业污染、城镇生活污染,防治农业面源污染,积极推进生态治理工程建设,预防、控制和减少水环境污染和生态破坏。 第三章:维持江河的合理流量和湖泊、水库以及地下水体的合理水位,保障基本生态用水,维护水体的生态功能。组织开展流域环境资源承载能力监测、评价,预警;县级以上地方人民政府组织开展江河、湖泊、湿地保护与修复,因地制宜建设人工湿地、水源涵养林、沿河沿湖植被缓冲带和隔离带等生态环境治理与保护工程;从事开发建设活动,维护流域生态环境功能,严守生态保护红线。 第四章:饮用水水源和其他特殊水体保护部分,提出国家建立饮用水水源保护区制度及相关建设项目的限制性要求。

（续表）

法律规章	相 关 条 款 内 容
《中华人民共和国水土保持法（2010 修订）》	第三章：采取封育保护、自然修复等措施，组织单位和个人植树种草，扩大林草覆盖面积，涵养水源，预防和减轻水土流失。同时对取土、挖砂、采石、农作物种植、林木采伐、植树造林、生产建设项目等各类活动提出预防和减轻水土流失要求，尤其强调对水土流失严重、生态脆弱地区的预防保护，强化生产建设项目主体的水土保持责任；生产建设单位应当编制水土保持方案，报县级以上人民政府水行政主管部门审批，并按照经批准的水土保持方案，采取水土流失预防和治理措施。 第四章：国家加强水土流失重点预防区和重点治理区的坡耕地改梯田、淤地坝等水土保持重点工程建设；国家加强江河源头区、饮用水水源保护区和水源涵养区水土流失的预防和治理工作；开办生产建设项目或者从事其他生产建设活动造成水土流失的，应当进行治理。同时对水力侵蚀和重力侵蚀地区、饮用水水源保护区、山区、丘陵区、风沙区以及容易发生水土流失的其他区域的水土流失治理提出明确要求，对陡坡地上开垦种植农作物、生产建设活动土地复垦等也提出具体水土保持措施要求。 第五章：监测和监督部分提出了国务院水行政主管部门、县级以上人民政府水行政主管部门、县级以上人民政府的水土保持监测、监督检查责任；提出大中型生产建设项目生产建设单位水土流失监测和上报责任。 第六章：法律责任部分，主要针对国务院水行政主管部门或者其他监督管理部门履职情况、可能造成水土流失的活动、不依法进行水土流失治理的等方面列出罚则。主管部门为县级以上地方人民政府水行政主管部门、上级主管机关。处罚类型包括行政处分、没收非法所得、罚款、责令停止、限期改正、限期治理；构成违反治安管理行为的，由公安机关依法给予治安管理处罚；构成犯罪的，依法追究刑事责任。
《中华人民共和国河道管理条例（2018 修订）》	第三章：禁止围湖造田。已经围垦的，应当按照国家规定的防洪标准进行治理，逐步退田还湖。禁止围垦河流，确需围垦的，必须经过科学论证，并经省级以上人民政府批准。加强河道滩地、堤防和河岸的水土保持工作，防止水土流失、河道淤积。护堤护岸林木，由河道管理单位组织营造和管理，其他任何单位和个人不得侵占、砍伐或者破坏。 第六章：罚则部分对围垦湖泊、河流，擅自砍伐护堤护岸林木的行为提出明确惩处要求。主管部门为县级以上地方人民政府河道主管机关、上级主管机关。处罚类型为行政处分，构成犯罪的，依法追究刑事责任。
《中华人民共和国海洋环境保护法(2017 修正)》	第三条：国家在重点海洋生态功能区、生态环境敏感区和脆弱区等海域划定生态保护红线，实行严格保护。 第三章：国务院和沿海地方各级人民政府应当采取有效措施，保护红树林、珊瑚礁、滨海湿地、海岛、海湾、入海河口、重要渔业水域等具有典型性、代表性的海洋生态系统，珍稀、濒危海洋生物的天然集中分布区域，具有重要经济价值的海洋生物生存区域及有重大科学文化价值的海洋自然历史遗迹和自然景观。对具有重要经济、社会价值的已遭到破坏的海洋生态，应当进行整治和恢复。国务院有关部门和沿海省级人民政府应当根据保护海洋生态的需要，选划、建立海洋自然保护区。凡具有特殊地理条件、生态系统、生物与非生物资源及海洋开发利用特殊需要的区域，可以建立海洋特别保护区，采取有效的保护措施和科学的开发方式进行特殊管理。 第九章：法律责任部分主要对造成珊瑚礁、红树林等海洋生态系统及海洋水产资源、海洋保护区破坏的行为列出罚则。主管部门为行使海洋环境监督管理权的部门。处罚类型包括责令限期改正和采取补救措施、罚款、没收违法所得等。

（续表）

法律规章	相 关 条 款 内 容
《中华人民共和国森林法（2019修订）》	第四章：国家支持重点林区的转型发展和森林资源保护修复。国家在不同自然地带的典型森林生态地区、珍贵动物和植物生长繁殖的林区、天然热带雨林区和具有特殊保护价值的其他天然林区，建立以国家公园为主体的自然保护地体系，加强保护管理。国家支持生态脆弱地区森林资源的保护修复。国家保护古树名木和珍贵树木。县级以上人民政府应当采取措施对具有特殊价值的野生植物资源予以保护。国家实行天然林全面保护制度，严格限制天然林采伐，加强天然林管护能力建设，保护和修复天然林资源，逐步提高天然林生态功能。同时对矿藏勘查、开采以及其他各类工程建设、禁开垦、采石、采砂、采土以及其他毁坏林木和林地的行为提出了限制性要求。 第五章：各级人民政府应当组织各行各业和城乡居民造林绿化。采取以自然恢复为主、自然恢复和人工修复相结合的措施，科学保护修复森林生态系统。新造幼林地和其他应当封山育林的地方，由当地人民政府组织封山育林。各级人民政府应当对国务院确定的坡耕地、严重沙化耕地、严重石漠化耕地、严重污染耕地等需要生态修复的耕地，有计划地组织实施退耕还林还草。各级人民政府应当对自然因素等导致的荒废和受损山体、退化林地以及宜林荒山荒地荒滩，因地制宜实施森林生态修复工程，恢复植被。 第八章：对国有林业企业事业单位未履行保护培育森林资源义务、未编制森林经营方案或者未按照批准的森林经营方案开展森林经营活动的；进行开垦、采石、采砂、采土或者其他活动，幼林地砍柴、毁苗、放牧造成林木毁坏的等行为提出罚则要求。
《中华人民共和国草原法（2013修正）》	第六章：国家实行基本草原保护制度。在具有代表性的草原类型、珍稀濒危野生植物分布区、具有重要生态功能和经济科研价值的草原建立草原自然保护区。加强对草原珍稀濒危野生植物和种质资源的保护、管理。国家对草原实行以草定畜、草畜平衡制度。禁止开垦草原。对严重退化、沙化、盐碱化、石漠化的草原和生态脆弱区的草原，实行禁牧、休牧制度。国家支持依法实行退耕还草和禁牧、休牧。禁止在荒漠、半荒漠和严重退化、沙化、盐碱化、石漠化、水土流失的草原以及生态脆弱区的草原上采挖植物和从事破坏草原植被的其他活动。同时对采土、采砂、采石、种植牧草或者饲料作物、旅游活动、机动车辆、行驶等各类人为干扰活动提出限制性要求。 第八章：对非法使用开垦草原、采挖植物或者从事破坏草原植被的其他活动、非法采土、采砂、采石、经营性旅游活动、机动车辆等各类人类干扰活动，擅自改变草原保护、建设、利用规划的、违反本法有关草畜平衡制度规定等行为提出罚则要求。
《中华人民共和国防沙治沙法（2018修正）》	第二章：编制防沙治沙规划，对遏制土地沙化扩展趋势，逐步减少沙化土地的时限、步骤、措施等作出明确规定并纳入国民经济和社会发展五年计划和年度计划。 第三章：进行全国土地沙化情况监测、统计、分析，并定期公布监测结果。因地制宜地营造防风固沙林网、林带，种植多年生灌木和草本植物。禁止在沙化土地上砍挖灌木、药材及其他固沙植物。加强流域和区域水资源的统一调配和管理，考虑整个流域和区域植被保护的用水需求，防止因地下水和上游水资源的过度开发利用，导致植被破坏和土地沙化。在沙化土地封禁保护区范围内，禁止一切破坏植被的活动。 第四章：地方各级人民政府因地制宜地采取人工造林种草、飞机播种造林种草、封沙育林育草和合理调配生态用水等措施，恢复和增加植被，治理已经沙化的土地。

通过分析,现有法律法规中涉及生态保护修复的立法基础有:

(1) 明确了生态保护修复和监管的总体要求

《环境法》作为一部综合性法律,首次明确了生态保护修复和监管的总体性要求。例如,在生态保护修复内容方面,第十三条明确提出,"环境保护规划的内容应当包括生态保护和污染防治的目标、任务、保障措施等";第二十九条明确提出,"国家在重点生态功能区、生态环境敏感区和脆弱区等区域划定生态保护红线,实行严格保护";第三十条明确提出,开发利用自然资源过程中,要"保护生物多样性,保障生态安全,依法制定有关生态保护和恢复治理方案并予以实施"。在生态保护修复的监管机制方面,第十条明确环境保护主管部门对环境保护工作进行统一监督管理;第二十条提出,"国家建立跨行政区域的重点区域、流域环境污染和生态破坏联合防治协调机制,实行统一规划、统一标准、统一监测、统一的防治措施"。

(2) 规定了水生态保护修复的具体内容

《水法》《水污染防治法》《水土保持法》《河道管理条例》等从不同角度、各有侧重的提出了水生态保护修复的有关要求,为制定黄河流域生态保护修复相关法条奠定了基础。例如,《水法》《水污染防治法》中均提出有关水土保持、保障生态用水等相关要求,《水污染防治法》还明确要求"开展江河、湖泊、湿地保护与修复"。《水土保持法》专门针对水土保持的预防、治理、监督管理等做出详细规定。《河道管理条例》则从防洪安全角度出发,提出河道及河岸保护要求。

(3) 规定了重要生态系统保护修复内容

《森林法》《草原法》《海洋法》《防沙治沙法》分别提出森林生态系统、草原生态系统、典型海洋生态系统、荒漠生态系统等单要素生态系统保护修复要求。例如,《森林法》第四章提出森林保护的有关要求,包括森林资源保护修复、天然林保护制度、自然保护地体系,以及对各类开发建设活动的管理要求等;第五章提出各级人民政府开展造林绿化的有关要求。《草原法》第六章提出草原保护的有关要求,包括建立基本草原保护制度、草原自然保护区、珍稀濒危野生植物和种质资源保护、以草定畜、草畜平衡制度、退耕还草和禁牧、休牧制度等,以及对各类开发建设活动的管理要求。《海洋法》第三章提出海洋生态保护的有关要求,包括保护修复典型海洋生态系统、选划海洋自然保护区、海洋特别保护区、建设沿海防护林等。《防沙治沙法》则针对荒漠生态系统,重点提出编制防沙治沙规划、开展土地沙化预防和沙化土地治理等有关法律要求。

（4）提出了生态破坏行为的处罚要求

现有的法律法规针对各类生态破坏行为均提出相应的处罚要求。《环境法》针对造成生态环境破坏的各级政府、单位、个人提出原则性处罚要求。其他专项法律法规则各有侧重，如《水法》《水污染防治法》主要针对违反饮用水水源保护区相关要求的行为，《水土保持法》针对违反水土保持有关要求的行为，《河道管理条例》针对违规侵占河道、河岸、围垦湖泊等破坏行为，《森林法》针对未履行森林保护义务及违规占林毁林等开发建设活动，《草原法》针对各类非法利用和破坏草原的行为活动等提出处罚要求。但总体来看，现有法律法规的相关罚则条款原则性要求较多，不够明确、严厉。

2. 《长江保护法》相关条款对比分析

《长江保护法》在总则、资源保护、生态环境修复、法律责任四个章节均涉及生态保护修复内容，并针对违反生态修复、保障生态水量、野生动植物及栖息地保护等行为列出明确罚则要求。

第一章总则部分，在第八条提出开展自然资源、野生动植物和栖息地、生物多样性调查评估等内容。

第三章资源保护部分，在第三十一条提出生态用水保障，第三十九条提出自然保护地体系建设，第四十条提出森林和草原资源保护，第四十一条和第四十二条分别提出水生生物完整性指数评价、珍贵濒危水生野生动植物保护与救护等内容。

第五章生态环境修复部分，重点提出编制生态环境修复规划、严格捕捞管理、河湖水系连通修复工程、岸线保护修复、重点库区消落区修复、森林草地湿地修复、重点湖泊修复、野生动植物及其栖息地保护恢复、河口生态修复、水土流失治理、矿山修复、江河源头和上游地区保护修复等12项具体条款要求。

第八章法律责任部分，主要对违反生态修复、保障生态水量、野生动植物及栖息地保护等要求的各类干扰活动提出明确罚则要求。主管部门为行使执法权的部门。处罚类型分为：行政处分；纠正违法行为、没收违法所得；造成破坏的，依法承担损害赔偿责任；情节严重，承担全部修复费用；构成犯罪的，依法追究刑事责任等。

3. 立法总体思路

总体上看,受历史发展阶段、生态环境监管职能等各方面因素限制,以往我国相关领域立法主要侧重于生态建设、防洪安全、污染防治等领域。随着党中央国务院对生态保护修复重视程度的不断提升,从长江保护法开始,立法层面逐步开始细化完善流域生态保护修复的内容。黄河流域生态问题十分突出,但目前流域生态保护修复及监管工作在很多方面仍面临无法可依的状态。

为贯彻落实习近平总书记关于黄河生态保护和高质量发展的战略部署,应以习近平生态文明思想为指导,从黄河流域生态系统的整体性、系统性考虑,充分借鉴《长江保护法》,衔接各专项领域法律,统筹设计流域生态保护修复和生态保护监管等法律条款,为加强流域生态保护修复提供有力法律支撑。

三、 期待通过立法解决的突出问题

通过流域水生态保护修复立法,进一步强化各部门、各地区责任意识,加大水生态保护修复力度,推动流域水生态保护修复进入制度化、法制化轨道,促进流域各类突出水生态问题的逐步解决,恢复流域水生态系统健康,促进黄河流域休养生息。具体问题如下。

1. 流域生态系统完整性连通性受损

生态空间受到挤占。 基于中国科学院资源环境科学与数据中心的全国土地利用土地覆被遥感监测数分析,2005—2015 年全流域城镇生态系统扩张了23.2%,草地、荒漠、森林等生态空间被进一步占用,其中城镇净增加面积中分别有51.1%、33.6%来自对农田、草地的占用,自然生态系统破碎化加剧。[1]

干流高度人工化,河流纵向连通性受严重影响。 黄河干流高度人工化,汛期河道水量明显下降,河流水文过程受到严重影响,水生态系统完整性受损,河水难上滩,河流岸线生态系统受损,河流纵向连通性遭到破坏。据统计,截至 2015

---

〔1〕 徐新良、刘纪远等:《中国多时期土地利用土地覆被遥感监测数据集(CNLUCC)》,中国科学院资源环境科学数据中心数据注册与出版系统。http://www.resdc.cn/DOI,2018.DOI:10.12078/2018070201.

年黄河流域共建成水电站 568 座,其中大型水电站 15 座、中型水电站 24 座、小型水电站 529 座。

支流普遍存在断流现象,生态水量受严重挤占。 近年来,全流域加强水量调度和取用水管控,虽然避免了干流出现断流,但支流水量大幅衰减,[1]甚至一些支流仍存在断流现象。2000 年以来渭河、窟野河、秃尾河、无定河、三川河等主要支流径流量减少约 27.2%—56.5%;[2]清涧河、皇甫川、大理河、延河、马莲河等部分小支流水量减幅更大,减少 37%—98%。[3]现有分水方案对水资源年际变化、衰减情况等因素考虑不足,枯水年同比例压缩取水量的分配方式导致河道生态水量受到挤占,[4]不足以维持流域生态系统结构和功能,危害流域生态系统健康,导致鱼类资源呈现严重衰退态势,水生生物多样性持续降低。

2. 上游地区天然草原湿地生态系统退化,水源涵养功能下降

上游地区尤其是黄河河源区是维系流域生态健康的根本,水源涵养功能极其重要。但受自然因素和人类活动影响,黄河上游尤其是河源区天然草地、湿地生态系统退化问题突出。

黄河河源区水量减少明显。 黄河唐乃亥以上的黄河河源区是黄河上游主要产水区,其来水量不但占全流域来水的比例高,而且水质好、产流过程平稳,是维系黄河水资源健康存在的根本。但受气候变化和人为因素共同影响,黄河河源区降水量偏少、冰川退缩[5]、部分地区湖泊湿地萎缩、河川径流减少,甚至

〔1〕 赵勇、何凡等:《全域视角下黄河断流再审视与现状缺水识别》,载《人民黄河》2020 年第 4 期,第 42—46 页。

〔2〕 孙兆峰、王双银等:《秃尾河流域径流衰减驱动力因子分析》,载《自然资源学报》2017 年第 2 期,第 136—146 页;苏贺、康卫东等:《1954—2009 年窟野河流域降水与径流变化趋势分析》,载《地下水》2013 年第 6 期,第 20—23 页;周园园、师长兴等:《无定河流域 1956—2009 年径流量变化及其影响因素》,载《自然资源学报》2012 年第 5 期,第 856—865 页。

〔3〕 王随继、闫云霞等:《皇甫川流域降水和人类活动对径流量变化的贡献率分析:累积量斜率变化率比较方法的提出及应用》,载《地理学报(第 67 卷)》2012 年第 3 期,第 388—397 页;龚珺夫、李占斌等:《延河流域径流过程对气候变化及人类活动的响应》,载《中国水土保持科学》2016 年第 5 期,第 65—69 页。

〔4〕 王金南:《黄河流域生态保护和高质量发展战略思考》,载《环境保护》2020 年增刊(Z1),第 18—21 页。

〔5〕 文军:《应科学利用和保护黄河源区水资源》,载《中国科学报》2016 年 9 月 15 日,第 4 版。

出现断流现象。[1]

已有监测数据显示,近期(1997—2006 年)黄河河源区唐乃亥以上的水沙减幅明显,与 1970—1996 年年均水沙量相比,水量减幅在 15.7%—76.4%之间,沙量减幅在 22.6%—81.1%,尤其是黄河沿站水量、沙量减幅最大,减幅分别为 76.4%、81.1%[2](见表 7-2)。2009—2017 年黄河源头唐乃亥站年平均水量约 202.3 亿立方米,高于 1997—2006 年期间平均水量,但仍低于 1970—1996 年期间平均水量,尤其是 2013 年后水量下降明显(见图 7-1)。

表 7-2 河源区典型水文站不同时期实测年均水、沙量变化

站　名	1970—1996 年水量/亿立方米	1997—2006 年水量/亿立方米	水量减幅/%	1970—1996 年沙量/万吨	1997—2006 年沙量/万吨	沙量减幅/%
黄河沿	8.63	2.04	76.4	9.95	1.88	81.1
吉　迈	42.26	32.68	22.7	109.06	50.34	53.8
玛　曲	148.35	125.04	15.7	499.47	278.83	44.2
唐乃亥	209	167.96	19.6	1 430.12	1 106.41	22.6

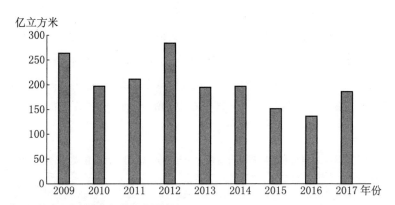

图 7-1 黄河源头唐乃亥站历年径流量变化情况

草地生态系统退化严重。 2017 年上游地区的青海省、甘肃省、四川省、宁夏回族自治区、内蒙古自治区天然草原平均超载率均在 10%以上,天然草地退化率

[1] 钱云平、林银平等:《黄河河源区水资源变化分析》,载《水利水电技术》2004 年第 5 期,第 8—10 页。
[2] 彭红、郑艳爽等:《黄河沿—唐乃亥河段水沙变化特点分析》,载《人民黄河(第 35 卷)》2013 年第 4 期,第 14—15,117 页。

在 50%—90% 之间[1]。近 45 年来（1969—2013 年）黄河源区的高覆盖高寒草原面积比原来减少 56.99%，高覆盖高寒草甸面积减少 20.67%，中覆盖高寒草原面积减少 49.38%，在 2000 年后退化速率逐渐回落。[2]尽管国家实施三江源生态保护和建设一期工程以来，黄河源区草地生态系统退化态势已"初步遏制，局部好转（35% 以上）"，但仍有约 64.5% 的退化草地尚未恢复；三江源地区轻度以上退化草地比例由 20 世纪 90 年代至 2004 年的 36.08% 下降到 2012 年的 30.3%，仅下降了 5.78%，草地退化的局面没有得到根本性扭转。[3]甘南黄河重要水源补给生态功能区有 80% 天然草原出现不同程度退化，草地鼠害严重，黑土滩、沙化面积不断增加，水土流失加剧、湖泊沼泽萎缩严重。[4]受人为疏干改造、过度放牧影响，若尔盖草原湿地面积大幅度减少，草原退化、沙化加剧。[5]

土地沙化趋势尚未根本遏制。 黄河流经的鄂尔多斯高原及其周边地区是我国重要的风沙活动区，尽管近年来国家对库布齐沙漠、毛乌素沙地的治理取得了一定成效，但受频繁的人类活动干扰影响，局部地区沙化和荒漠化的趋势尚未得到根本遏制，未治理的区域仍占较大比例，[6]人口密度较大的区域荒漠化趋势极易出现反复现象；[7]近 40 年乌兰布和地区沙地面积呈扩张趋势，[8]仅在 2002 年后扩张速度下降；黄河流经的腾格里沙漠东部贺兰山西麓地区也呈现明显扩张态势。[9]

---

[1] 根据 2019 年生态环境部调度的黄河 9 省区相关材料整理。

[2] 杜际增、王根绪等：《近 45 年长江黄河源区高寒草地退化特征及成因分析》，载《草业学报》2015 年第 6 期，第 5—15 页。

[3] 邵全琴、樊江文等：《三江源生态保护和建设一期工程生态成效评估》，载《地理学报》2016 年第 1 期，第 3—20 页；徐新良、王靓等：《三江源生态工程实施以来草地恢复态势及现状分析》，载《地球信息科学学报》2017 年第 1 期，第 50—58 页。

[4] 王文浩：《甘南黄河重要水源补给生态功能区湿地保护与修复思路》，载《生态经济（学术版）》2011 年第 1 期，第 387—389 页。

[5] 李国明、刘江等：《若尔盖湿地近 25 年湿地变化及分形特征分析》，载《测绘与空间地理信息》2017 年第 7 期，第 34—36 页；何菊红：《2000—2014 年若尔盖湿地变化监测及驱动因子分析》，第 56 页，成都理工大学硕士论文，2016 年。

[6] 张海欧：《毛乌素沙地综合整治现状分析及新思路》，载《农学学报》2018 年第 5 期，第 55—59 页。

[7] 崔琰：《库布齐沙漠土地荒漠化动态变化与旅游开发研究》，第 60 页，中国科学院研究生院（教育部水土保持与生态环境研究中心）博士论文，2010 年。

[8] 刘月：《乌兰布和沙漠近 40 年来土地利用动态变化研究》，第 2 页，内蒙古师范大学硕士论文，2013 年。

[9] 赵世磊：《1973—2009 年腾格里沙漠南部沙漠收缩/扩张变化及其原因》，第 13 页，兰州大学硕士论文，2015 年。

受风蚀作用影响,沙漠地区的风暴扬沙为黄河提供了大量粗泥沙补给物,成为黄河粗泥沙的重要来源之一。河套平原土地盐碱化、湖泊沼泽化问题突出。[1]

3. 中游地区生态系统脆弱,水土流失问题依然严重

中游地区尤其是黄土高原地区水土保持功能极其重要,直接关系到中下游地区的防洪与生态安全。新中国成立以来,通过实施一系列水土保持工程措施,水土流失范围缩小、程度减轻,入黄泥沙量显著下降。但受自然本底脆弱和人类活动干扰影响,目前区域水土流失问题依然突出,现有水土保持成效仍不稳固。

水土流失依然严重。 黄土高原大部分地区土壤侵蚀模数高于 1 000 吨/平方千米·年,丘陵沟壑区土壤侵蚀十分剧烈,土壤侵蚀模数大部分高于 5 000 吨/平方千米·年。[2]根据《2018 年全国水土保持公报》,黄土高原范围内水土流失面积较 2011 年减少了约 10%,但仍有 21.4 万平方公里的面积亟须治理,其中约 43.8% 为中度以上水土流失区,且多为粗沙区;黄河多沙粗沙水土保持重点防治区内仍有水土流失面积 11.04 万平方公里,其中有 51.2% 为中度以上水土流失区,治理任务极其繁重(见表 7-3)。中游地区的陕西省、山西省仍是黄河流域水土流失较为严重的地区,截至 2018 年,陕西省仍有水土流失面积 6.56 万平方千米;山

表 7-3 2011、2018 年黄土高原及黄河多沙粗沙重点防治区水土流失面积变化

区 域	年 度	水土流失面积(平方公里)			
		轻 度	中 度	强烈及以上	合 计
黄土高原	2018	120 056.49	56 559.89	37 109.19	213 725.57
	2011	115 755.76	46 953.73	72 499.22	235 208.71
	变化率(%)	3.6	17.0	− 95.4	− 10.1
黄河多沙粗沙重点防治区	2018	53 900	34 103	22 473	110 476
	2011	54 715	20 553	46 363	121 631
	变化率(%)	− 1.5	39.7	− 106.3	− 10.1

---

[1] 王俊枝、薛志忠等:《内蒙古河套平原耕地盐碱化时空演变及其对产能的影响》,载《地理科学》2019 年第 5 期,第 827—835 页;李山羊、郭华明等:《1973—2014 年河套平原湿地变化研究》,载《资源科学》2016 年第 1 期,第 19—29 页。

[2] 刘国彬、上官周平等:《黄土高原生态工程的生态成效》,载《中国科学院院刊》2017 年第 1 期,第 11—19 页。

西省黄河流域内仍有水土流失面积 3.83 万平方公里[1]，且大多处于山丘区和贫困地区，治理任务重、难度大。

水土流失治理投资标准偏低。 一般国家水保重点工程投资标准为每平方公里 50 万元，其中中央投资 30 万元，其余由地方配套。但黄河流域水土流失区基本为国家级贫困县或省级贫困县，地方财政困难，配套资金难以落实，实际治理资金每亩仅 200 元，远达不到实际治理需求。据初步测算，河南省完成全省水土流失规划治理任务，每年需投入资金约 8 亿元，现每年投入约 4.5 亿元，远不能满足生态建设需求。同时淤地坝投资标准低，占地补偿矛盾突出，后期防汛任务重、管护难，群众建坝积极性不高等问题依然突出。水土保持工程重建设、轻管护的矛盾十分尖锐。[2]

现有水土流失治理措施成效不稳、系统性不强。 尽管通过多年来开展的防护林建设、坡耕地改造、封禁治理等水土保持措施，使黄土高原植被覆盖呈整体改善趋势，生态退化得到一定遏制。但因气候干旱、动物啃咬、过度放牧等自然和人为原因，导致水土流失治理成果管护较难，"边治理边损毁"现象时有发生。经济林普遍低效粗放经营，人工植被保存率不高，现有水土保持林种、林分结构单一、质量不高，生态稳定性与服务功能低，[3]局部造林已接近区域水资源承载能力上限。[4]部分梯田、淤地坝缺乏维修和管护，坝体病险问题突出。例如，河南省共有 134 座中型以上淤地坝在黄河流域病险淤地坝名录中，按规划任务至 2020 年底仅能完成 24 座除险加固，治理工作仍任重道远。[5]

总体来看，当前黄河流域水土流失治理的系统性、综合性不足，"头痛医头、脚痛医脚"的现象仍存在，以减缓水土流失和增加耕地面积为主的治理目标，与新时期国家生态文明建设、乡村振兴战略、扶贫攻坚战略等目标要求存在较大差距，未能有效落实"绿水青山就是金山银山""山水林田湖草生命共同体"等理念，亟须进行调整和优化。[6]

---

〔1〕〔2〕　资料来源：黄河流域生态保护和高质量发展生态环境保护组中游组书面调研材料。

〔3〕　李宗善、杨磊等：《黄土高原水土流失治理现状、问题及对策》，载《生态学报》2019 年第 20 期，第 7398—7409 页。

〔4〕　Feng X M, Fu B J, Lu N, et al.: How ecological restoration alters ecosystem services: an analysis of carbon sequestration in China's Loess Plateau，载 *Scientific Reports* 2013 年第 3 期，第 2846 页。

〔5〕　资料来源：黄河流域生态保护和高质量发展生态环境保护组中游组书面调研材料。

〔6〕　胡春宏、张晓明：《关于黄土高原水土流失治理格局调整的建议》，载《中国水利》2019 年第 23 期，第 5—7、11 页。

4. 下游地区历史遗留问题多，生态破坏问题时有发生

下游滩区既是行洪、滞洪和沉沙区，也是滩区人民生产生活的重要场所，受制于特殊的自然地理条件和安全建设进度，长期以来滩区经济发展落后、人民生活贫困，局部河道过宽，防洪、生态保护治理与滩区居民生产生活矛盾日益突出，已成为黄河下游治理的瓶颈。[1]

黄河下游两岸分布有郑州、开封、济南等30余座大中城市，是河南、山东两省经济发展的中心地带。其中，河南省孟津县白鹤至山东垦利渔洼河段滩区面积3154平方公里，渔洼以下河口段滩区面积约997.2平方公里。目前，滩区内共有村庄1928个，人口189.5万人，滩区耕地面积达22.7万公顷，耕作方式粗放导致污染加剧、水土流失，土壤沙化、盐碱化现象严重。下游"地上悬河"长达800公里，"二级悬河"得不到有效治理，299千米游荡性河段河势未完全控制，[2]滩面雨水冲沟近170条、总长840多千米，堤根汛期积水受淹，岸带生态系统稳定性较差，植被破坏严重。

据自然资源部门统计，黄河大堤内永久基本农田面积193.61万亩，湿地面积213万亩，各类自然保护地面积181万亩，其中永久基本农田与湿地重叠面积50.30万亩，永久基本农田与自然保护区重叠面积44.84万亩，[3]滩区生态保护与农业生产矛盾突出。

5. 河口三角洲自然湿地退化，生物多样性受到威胁

黄河河口三角洲地区是暖温带保留最完整的河口湿地生态系统之一，是重要的水生动植物和鸟类栖息地、繁殖地和越冬场，生物多样性维护功能极重要。但作为黄河来水来沙的承泄区域，黄河河口三角洲在长期受到河流作用和海洋作用的共同影响下，生态系统相对脆弱。特别是近年来随着上游来水来沙量的减少，海岸蚀退和海水侵蚀问题突出，河口三角洲土壤盐碱化程度提高，生境质量有所下降。

同时，随着人类开发利用活动影响加剧，自然湿地系统萎缩严重。近30年来（1986—2018年）湿地总面积共减少26625平方公里，其中自然湿地面积从

---

〔1〕 张金良：《黄河下游滩区再造与生态治理》，载《人民黄河》2017年第6期，第24—27，33页。
〔2〕〔3〕 资料来源：黄河流域生态保护和高质量发展生态环境保护组中游组书面调研材料。

153 249平方公里下降到72 316平方公里,减少约52.8%,〔1〕重要水生生物和鸟类物种数下降明显(见图7-2)。尽管2002年以来通过开展调水调沙、生态补水、河口自然保护地建设、重要敏感区生态修复等措施,黄河三角洲自然保护区芦苇沼泽湿地恢复较好,〔2〕但部分受损区域生态逆向演替趋势尚未实现根本性扭转,自然湿地面积总体上与20世纪90年代水平仍有较大差距,人工湿地占比显著增加。

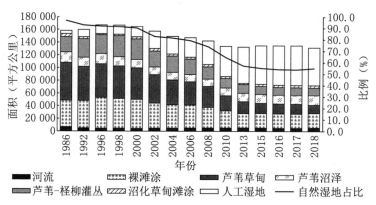

图7-2　1986—2018年黄河流域河口三角洲湿地面积统计情况

四、立法内容说明及立法建议

1. 立法内容总体说明

针对黄河流域水生态系统整体性连通性受损以及上、中、下游差异性生态问题,主要从生态保护修复和生态保护监管两个方面制定相关法律条款。其中,生态保护修复主要包括制定国土空间生态修复规划、河湖水系连通与生态流量保障、岸线修复、滩区保护修复与综合治理、森林草原湿地修复、水土流失与沙化治

〔1〕 王金南:《黄河流域生态保护和高质量发展战略思考》,载《环境保护》2020年增刊(Z1),第18—21页;董战峰、璩爱玉等:《高质量发展战略下黄河下游生态环境保护》,高载《科技导报》2020年第14期,第109—115页。
〔2〕 连煜、张建军等:《黄河三角洲生态修复与栖息地保护》,载《环境影响评价》2015年第3期,第6—8,17页;张爱静、董哲仁等:《黄河调水调沙期河口湿地景观格局演变》,载《人民黄河》2013年第7期,第69—72页。

理、河湖生态缓冲带修复、河口生态修复、重要河湖生态系统保护、生物多样性保护等内容。生态保护修复监管主要包括生态调查评估、生态系统保护成效评估、生态保护红线监管、自然保护地监管等内容。

2. 立法建议

黄河流域生态环境本底十分脆弱,历史遗留问题多,特别是近年来受人类开发建设活动影响,局部地区生态破坏问题时有发生。为贯彻落实习近平总书记关于黄河流域生态保护和高质量发展重要讲话精神和关于生态保护红线工作的批示指示要求,依据生态环境部"统一行使生态和城乡各类污染排放监管与行政执法职责","承担自然保护地、生态保护红线相关监管工作"职责,为了实现"一条生态红线管控重要生态空间",守好黄河流域自然生态安全边界,有效保护和提升流域生态系统质量和稳定性,促进黄河流域高质量发展,本专题提出以下具体立法条款:

(1)加强生态保护监管

① 生物多样性调查。积极开展对水生生物产卵场、索饵场、越冬场和洄游通道等重要栖息地开展生物多样性调查,调查结果应当及时向同级人民政府生态环境、水行政、自然资源等主管部门通报。

② 生态系统保护成效评估。国务院生态环境主管部门制定黄河流域生态系统保护成效评估指标体系、技术方法和生态修复标准,建立健全生态系统保护成效监测评估制度。

国务院生态环境主管部门定期评估黄河流域生态保护红线保护成效、自然保护地生态环境保护成效、生物多样性保护成效,推进山水林田湖草系统治理等生态修复工作成效,指导协调和监督黄河流域生态系统保护修复工作。评估结果依法向社会公开。

③ 生态保护红线监管。国务院生态环境部门负责组织、指导、协调和监督黄河流域生态保护红线生态环境监管工作,对生态保护红线划定、调整、人类活动及其生态环境影响、保护修复等情况实施监管。定期组织开展黄河流域生态保护红线人类活动遥感监测,及时发现各类生态破坏问题并通报省级人民政府核实处理、反馈查处整改结果。

黄河流域地方各级人民政府严格落实严守生态保护红线主体责任,地方各级生态环境部门负责本行政区域生态保护红线生态环境监管工作,加强对生态保护红线人为活动的监控,将生态破坏问题整改落实情况纳入本级生态环境保护督察工作范围,及时督促生态破坏问题的整改落实,重大问题及时逐级上报生态环境部。

④ 自然保护地监管。国务院生态环境部门负责指导、组织和协调黄河流域自然保护地生态环境监管工作,并对国家级自然保护地生态环境实施重点监管。建立黄河流域国家级自然保护地人类活动遥感监测问题线索、实地核实和处理整改台账系统,每年定期开展黄河流域自然保护地生态环境强化监督,组织开展人类活动遥感监测和实地核查。

黄河流域地方各级生态环境部门负责指导、组织和协调本行政区域各级各类自然保护地生态环境监管工作,加强对涉及自然保护地的国家重大决策部署落实情况、政策制度执行情况、各类生态破坏问题的处理整改。

(2) 推进生态保护修复

① 制定国土空间生态修复规划。黄河流域生态保护修复坚持保护优先、综合治理,坚持因地制宜、以水定量。国家在黄河流域实施自然恢复与人工修复相结合的系统治理。国务院自然资源主管部门会同国务院其他有关部门制定国土空间生态修复规划,统筹推进黄河流域各项生态修复工作。

对历史遗留的生态损毁问题,应当依法追究损毁责任人的责任。无法确定损毁责任人的,按照事权和支出责任划分原则,合理确定修复治理费用保障方式,分别纳入各级人民政府预算。

人工修复工程不得破坏或者严重影响生态系统。

② 实施河湖水系连通与生态流量保障。国家实施黄河流域河湖水系连通修复与生态流量保障工程,通过工程和非工程措施,逐步改善河湖连通状况,恢复河流生态流量,维护河湖水系生态功能。国务院水行政主管部门会同国务院其他有关部门,制定实施黄河干流和重要支流的河湖水系连通修复与生态流量保障方案。黄河流域省级人民政府制定本行政区域内黄河流域河湖水系连通修复与生态流量保障方案,并组织实施。

③ 加强岸线修复。黄河流域生态保护与高质量发展协调机制组织国务院自然资源、水行政、生态环境、住房和城乡建设、渔业、交通运输、林业和草原等部门,会同黄河流域省级人民政府划定黄河流域水域岸线保护范围,制定岸线保护修复

规范,确定岸线保护修复相应指标。

黄河流域县级以上地方人民政府应按照黄河流域水生态环境保护规划,黄河流域岸线保护规划、修复规范和指标要求,制定并组织实施河湖岸线修复计划,保障自然岸线比例,恢复河湖岸线的生态功能。

④ 滩区保护修复与综合治理。黄河流域生态保护与高质量发展协调机制组织国务院发展改革委、自然资源、水行政、生态环境、住房和城乡建设、农业农村、林业和草原等部门,会同黄河流域下游省级人民政府划定黄河下游滩区保护范围,制定滩区保护修复、土地整治与综合利用相关规范要求,并纳入省级国土空间规划,规范国土空间开发与保护布局。

县级以上地方人民政府有关部门根据职责分工,按照黄河流域滩区保护修复规范要求,制定并实施保护修复计划,科学有序推进退耕还滩还湿、生态移民等,降低人为活动干扰强度,恢复滩区重要滩涂、湿地的生态功能。

⑤ 加强森林草原湿地修复。黄河流域县级以上地方人民政府林业和草原主管部门负责组织实施黄河流域森林、草原、湿地生态系统修复计划,科学推进森林、草原、湿地生态系统修复工作,优先加强三江源、祁连山、若尔盖、甘南黄河等重点生态功能区退化草原及受损湿地的修复力度,推行林长制,促进草原森林休养生息;根据不同生态区位、生态系统功能和生物多样性保护需要,发布黄河流域国家重要湿地、地方重要湿地名录及保护范围。

⑥ 推进水土流失与沙化治理。国家继续实施黄河流域水土流失治理与荒漠化治理工程。国务院水行政主管部门会同国务院其他有关部门研究制定新时期黄河流域水土流失治理方案。黄河流域江河源头区、上中游重点水土流失区、饮用水水源保护区、重点生态脆弱区的县级以上地方人民政府应采取各类生态修复措施,治理水土流失。对国土空间规划划定为生态保护红线范围内的水土流失地块,以自然恢复为主,符合条件的耕地有计划地实施退耕还林还草还湿;已划入自然保护地核心保护区的永久基本农田,报经国务院批准后,有序退出。

严格限制在黄河流域水土流失重点预防区、重要水源区、重要水库库区以及水土流失严重区、生态脆弱区、自然保护地、野生动植物重要栖息地和生物群落等区域开展造成或者可能造成严重水土流失的生产建设活动。确因国家战略发展和国计民生需要建设的,应当进行科学论证,并依法报经省级以上人民政府水行政主管部门审查批准。

黄河流域县级以上地方人民政府应当对已经沙化的土地进行治理,因地制宜采取综合治理措施,修复生态系统,并防止沙化土地蔓延。

⑦ 加强河湖生态缓冲带修复。黄河流域县级以上地方人民政府应当根据流域水生态环境保护需要,组织开展江河、湖泊、湿地保护与修复,因地制宜建设水源涵养林、沿河沿湖植被缓冲带和隔离带,利用再生水建设人工湿地等生态环境治理与保护工程,提高流域水环境资源承载能力。

⑧ 开展河口生态修复。国务院水行政主管部门会同国务院有关部门和长江河口所在地人民政府按照陆海统筹、河海联动的要求,制定实施长江河口生态环境修复和其他保护措施方案,加强对水、沙、盐、潮滩、生物种群的综合监测,采取有效措施防止海水入侵和倒灌,维护长江河口良好生态功能。

国务院生态环境主管部门应当加强黄河河口及邻近海域生态环境监测,开展对黄河河口水域和湿地生态保护修复的监督管理。

⑨ 推进重要河湖生态系统保护。国家加大对黄河河源、河口三角洲、重要滩涂湿地,以及沙湖、乌梁素海、红碱淖、东平湖等重点湖泊及水库的生态保护和修复的支持力度。

黄河流域县级以上地方人民政府应当采取措施,严格控制入湖河流的氮磷浓度,禁止使用含磷洗涤剂,削减入湖河流污染排放量;在影响湖泊水质的汇水区,应当加强农田退水污染控制,削减化肥用量,全面清理投饵、投肥养殖。

黄河流域县级以上地方人民政府应当采取产业结构优化调整、实施控制性水工程统一调度、生态补水、河湖自然连通、河岸生态缓冲带建设等综合措施,改善和恢复湖库生态系统的质量和功能。

⑩ 加强生物多样性保护。国务院林业和草原、农业农村主管部门应当对黄河流域数量急剧下降或者极度濒危的野生动植物和受到严重破坏的栖息地、天然集中分布区、破碎化的典型生态系统制定修复方案和行动计划,修建迁地保护设施,建立野生动植物遗传资源基因库,进行抢救性修复。

在黄河流域水生生物产卵场、索饵场、越冬场和洄游通道等重要栖息地应当实施生态环境修复和其他保护措施。对鱼类等水生生物洄游产生阻隔的涉水工程应当结合实际采取建设过鱼设施、河湖连通、生态调度、灌江纳苗、基因保存、增殖放流、人工繁育等多种措施,充分满足水生生物的生态需求。

3. 如何与现有法规规章衔接

生态保护修复相关法律条款应在充分衔接综合性法律法规《环境保护法》,以及《水法》《水污染防治法》《水土保持法》《河道管理条例》《森林法》《草原法》《防沙治沙法》《长江保护法》等专项性法律基础上编制。

① 生态保护监管方面,涉及生态调查评估内容与生态环境部《关于加强生态保护监管工作的意见》《长江保护法》衔接;涉及生态系统保护成效评估、生态保护红线监管的内容与生态环境部《关于加强生态保护监管工作的意见》衔接;涉及自然保护地监管的内容与生态环境部《关于加强生态保护监管工作的意见》《自然保护地生态环境监管工作暂行办法》等衔接。

② 生态保护修复方面,涉及国土空间生态修复规划制定的内容可与自然资源部国土空间生态修复相关政策文件衔接;河湖水系连通与生态流量保障、水域岸线保护修复、滩区保护修复与综合治理、河口生态修复、重点湖泊修复等内容与《河道管理条例》《长江保护法》充分衔接;涉及森林草原修复的内容与《森林法》《草原法》充分衔接,涉及水土流域与土地沙化治理的内容与《水土保持法》《防沙治沙法》充分衔接;土地沙化治理与《防沙治沙法》衔接;野生动植物保护恢复的内容与《野生动植物保护法》衔接。

第八章

黄河流域水环境专题*

一、 本专题的研究意义

黄河流域是我国重要的生态屏障，是连接青藏高原、黄土高原、华北平原与东部渤海的生态廊道，同时也是我国的重要经济地带和重要的能源、化工、原材料和基础工业基地和农产品主产区，在我国经济社会发展和生态安全方面具有十分重要的地位。2019 年 9 月，习近平总书记在郑州主持召开黄河流域生态保护和高质量发展座谈会，将黄河流域生态保护和高质量发展，同京津冀协同发展、长江经济带发展、粤港澳大湾区建设、长三角一体化发展一样，上升为重大国家战略，系统阐述了黄河保护和治理方略。黄河流域长期以来以农业生产、能源开发为主的经济社会发展方式与流域资源环境特点和承载能力不相适应，先天不足、后天失养的局面尚未根本扭转，尤其是水环境、水资源、水生态问题交织，水的问题成为制约黄河流域生态保护和高质量发展的关键因素；同时十八大提出到 2035 年美丽中国目标基本实现，黄河流域作为美丽中国的重要拼图，水是其生态要素的重要组成部分，为此亟须从流域整体性、系统性以及发展与保护的协调性出发，将国家有关涉及水生态环境保护的法律制度与黄河水环境的特点和实际紧密结合并具体化，出台体现黄河流域水生态环境保护的特征、特点的法律，为黄河流域水生态

* 本章作者：路　瑞：生态环境部环境规划院高级工程师。
王　波：生态环境部环境规划院生态所副研究员。
刘瑞平：生态环境部环境规划院土壤中心助理研究员。
车璐璐：生态环境部环境规划院助理研究员。

环境保护夯实法律基础,筑牢建设幸福河的根基。

二、 立法基础与立法思路

1. 已有法规规章中水环境相关内容

(1)《中华人民共和国水法》

《水法》明确了水资源属于国家所有,明确我国水资源管理采用流域与区域管理相结合的管理体制,明确在制定水资源开发、利用规划和调度水资源时,应当注意维持江河的合理流量和湖泊、水库以及地下水的合理水位,维护水体的自然净化能力。

涉及水环境的具体条款有:

第八条 国家厉行节约用水,大力推行节约用水措施,推广节约用水新技术、新工艺,发展节水型工业、农业和服务业,建立节水型社会。

第九条 国家保护水资源,采取有效措施,保护植被,植树种草,涵养水源,防治水土流失和水体污染,改善生态环境。

第三十一条 从事水资源开发、利用、节约、保护和防治水害等水事活动,应当遵守经批准的规划;因违反规划造成江河和湖泊水域使用功能降低、地下水超采、地面沉降、水体污染的,应当承担治理责任。

第五十条 各级人民政府应当推行节水灌溉方式和节水技术,对农业蓄水、输水工程采取必要的防渗漏措施,提高农业用水效率。

涉及水生态的具体条款有:

第二十七条 国家鼓励开发、利用水运资源。在水生生物洄游通道、通航或者竹木流放的河流上修建永久性拦河闸坝,建设单位应当同时修建过鱼、过船、过木设施,或者经国务院授权的部门批准采取其他补救措施。

(2)《中华人民共和国水污染防治法》

涉及水环境的具体条款有:

第四条 县级以上人民政府应当将水环境保护工作纳入国民经济和社会发展规划。

地方各级人民政府对本行政区域的水环境质量负责,应当及时采取措施防治水污染。

第九条　县级以上人民政府环境保护主管部门对水污染防治实施统一监督管理。

交通主管部门的海事管理机构对船舶污染水域的防治实施监督管理。

县级以上人民政府水行政、国土资源、卫生、建设、农业、渔业等部门以及重要江河、湖泊的流域水资源保护机构,在各自的职责范围内,对有关水污染防治实施监督管理。

第二十五条　国家建立水环境质量监测和水污染物排放监测制度。国务院环境保护主管部门负责制定水环境监测规范,统一发布国家水环境状况信息,会同国务院水行政等部门组织监测网络,统一规划国家水环境质量监测站(点)的设置,建立监测数据共享机制,加强对水环境监测的管理。

第二十六条　国家确定的重要江河、湖泊流域的水资源保护工作机构负责监测其所在流域的省界水体的水环境质量状况,并将监测结果及时报国务院环境保护主管部门和国务院水行政主管部门;有经国务院批准成立的流域水资源保护领导机构的,应当将监测结果及时报告流域水资源保护领导机构。

第五十二条　国家支持农村污水、垃圾处理设施的建设,推进农村污水、垃圾集中处理。地方各级人民政府应当统筹规划建设农村污水、垃圾处理设施,并保障其正常运行。

第五十三条　制定化肥、农药等产品的质量标准和使用标准,应当适应水环境保护要求。

第五十四条　使用农药,应当符合国家有关农药安全使用的规定和标准。运输、存贮农药和处置过期失效农药,应当加强管理,防止造成水污染。

第五十五条　县级以上地方人民政府农业主管部门和其他有关部门,应当采取措施,指导农业生产者科学、合理地施用化肥和农药,推广测土配方施肥技术和高效低毒低残留农药,控制化肥和农药的过量使用,防止造成水污染。

第五十六条　国家支持畜禽养殖场、养殖小区建设畜禽粪便、废水的综合利用或者无害化处理设施。畜禽养殖场、养殖小区应当保证其畜禽粪便、废水的综合利用或者无害化处理设施正常运转,保证污水达标排放,防止污染水环境。畜禽散养密集区所在地县、乡级人民政府应当组织对畜禽粪便污水进行分户收集、集中处理利用。

第五十七条　从事水产养殖应当保护水域生态环境,科学确定养殖密度,合理投饵和使用药物,防止污染水环境。

第五十八条　农田灌溉用水应当符合相应的水质标准,防止污染土壤、地下水和农产品。禁止向农田灌溉渠道排放工业废水或者医疗污水。向农田灌溉渠道排放城镇污水以及未综合利用的畜禽养殖废水、农产品加工废水的,应当保证其下游最近的灌溉取水点的水质符合农田灌溉水质标准。

涉及水生态的具体条款有:

第二十九条　国务院环境保护主管部门和省、自治区、直辖市人民政府环境保护主管部门应当会同同级有关部门根据流域生态环境功能需要,明确流域生态环境保护要求,组织开展流域环境资源承载能力监测、评价,实施流域环境资源承载能力预警。

县级以上地方人民政府应当根据流域生态环境功能需要,组织开展江河、湖泊、湿地保护与修复,因地制宜建设人工湿地、水源涵养林、沿河沿湖植被缓冲带和隔离带等生态环境治理与保护工程,整治黑臭水体,提高流域环境资源承载能力。

第三十八条　禁止在江河、湖泊、运河、渠道、水库最高水位线以下的滩地和岸坡堆放、存贮固体废弃物和其他污染物。

(3)《中华人民共和国环境保护法》

涉及水环境的具体条款有:

第十条　国务院环境保护主管部门,对全国环境保护工作实施统一监督管理;县级以上地方人民政府环境保护主管部门,对本行政区域环境保护工作实施统一监督管理。

第二十八条　地方各级人民政府应当根据环境保护目标和治理任务,采取有效措施,改善环境质量。

未达到国家环境质量标准的重点区域、流域的有关地方人民政府,应当制定限期达标规划,并采取措施按期达标。

第三十条　开发利用自然资源,应当合理开发,保护生物多样性,保障生态安全,依法制定有关生态保护和恢复治理方案并予以实施。

第三十二条　国家加强对大气、水、土壤等的保护,建立和完善相应的调查、监测、评估和修复制度。

第三十三条　各级人民政府应当加强对农业环境的保护，促进农业环境保护新技术的使用，加强对农业污染源的监测预警，统筹有关部门采取措施，防治土壤污染和土地沙化、盐渍化、贫瘠化、石漠化、地面沉降以及防治植被破坏、水土流失、水体富营养化、水源枯竭、种源灭绝等生态失调现象，推广植物病虫害的综合防治。

县级、乡级人民政府应当提高农村环境保护公共服务水平，推动农村环境综合整治。

第四十二条　排放污染物的企业事业单位和其他生产经营者，应当采取措施，防治在生产建设或者其他活动中产生的废气、废水、废渣、医疗废物、粉尘、恶臭气体、放射性物质以及噪声、振动、光辐射、电磁辐射等对环境的污染和危害。排放污染物的企业事业单位，应当建立环境保护责任制度，明确单位负责人和相关人员的责任。

第四十四条　国家实行重点污染物排放总量控制制度。重点污染物排放总量控制指标由国务院下达，省、自治区、直辖市人民政府分解落实。企业事业单位在执行国家和地方污染物排放标准的同时，应当遵守分解落实到本单位的重点污染物排放总量控制指标。对超过国家重点污染物排放总量控制指标或者未完成国家确定的环境质量目标的地区，省级以上人民政府环境保护主管部门应当暂停审批其新增重点污染物排放总量的建设项目环境影响评价文件。

第四十五条　国家依照法律规定实行排污许可管理制度。实行排污许可管理的企业事业单位和其他生产经营者应当按照排污许可证的要求排放污染物；未取得排污许可证的，不得排放污染物。

第四十九条　各级人民政府及其农业等有关部门和机构应当指导农业生产经营者科学种植和养殖，科学合理施用农药、化肥等农业投入品，科学处置农用薄膜、农作物秸秆等农业废弃物，防止农业面源污染。畜禽养殖场、养殖小区、定点屠宰企业等的选址、建设和管理应当符合有关法律法规规定。从事畜禽养殖和屠宰的单位和个人应当采取措施，对畜禽粪便、尸体和污水等废弃物进行科学处置，防止污染环境。

第五十条　各级人民政府应当在财政预算中安排资金，支持农村饮用水水源地保护、生活污水和其他废弃物处理、畜禽养殖和屠宰污染防治、土壤污染防治和农村工矿污染治理等环境保护工作。

涉及水生态的具体条款有:

第二十九条　国家在重点生态功能区、生态环境敏感区和脆弱区等区域划定生态保护红线,实行严格保护。

各级人民政府对具有代表性的各种类型的自然生态系统区域,珍稀、濒危的野生动植物自然分布区域,重要的水源涵养区域,具有重大科学文化价值的地质构造、著名溶洞和化石分布区、冰川、火山、温泉等自然遗迹,以及人文遗迹、古树名木,应当采取措施予以保护,严禁破坏。

第三十条　开发利用自然资源,应当合理开发,保护生物多样性,保障生态安全,依法制定有关生态保护和恢复治理方案并予以实施。

引进外来物种以及研究、开发和利用生物技术,应当采取措施,防止对生物多样性的破坏。

(4)《中华人民共和国河道管理条例》

涉及水环境的具体条款有:

第三十四条　向河道、湖泊排污的排污口的设置和扩大,排污单位在向环境保护部门申报之前,应当征得河道主管机关的同意。

第三十五条　在河道管理范围内,禁止堆放、倾倒、掩埋、排放污染水体的物体。禁止在河道内清洗装贮过油类或者有毒污染物的车辆、容器。

河道主管机关应当开展河道水质监测工作,协同环境保护部门对水污染防治实施监督管理。

涉及水生态的具体条款有:

第二十五条　在河道管理范围内进行下列活动,必须报经河道主管机关批准;涉及其他部门的,由河道主管机关会同有关部门批准:

(1)采砂、取土、淘金、弃置砂石或者淤泥;

(2)爆破、钻探、挖筑鱼塘;

(3)在河道滩地存放物料、修建厂房或者其他建筑设施;

(4)在河道滩地开采地下资源及进行考古发掘。

第二十七条　禁止围湖造田。已经围垦的,应当按照国家规定的防洪标准进行治理,逐步退田还湖。湖泊的开发利用规划必须经河道主管机关审查同意。

禁止围垦河流,确需围垦的,必须经过科学论证,并经省级以上人民政府批准。

(5)《中华人民共和国土壤污染防治法》

《中华人民共和国土壤污染防治法》(以下简称《土壤污染防治法》)于2018年8月31日经十三届全国人大常委会第五次会议审议通过,自2019年1月1日起施行。《土壤污染防治法》建立土壤污染预防和保护、风险管控和修复责任、农用地分类管理、建设用地风险管控和修复、水土污染一体防治等制度,规定了土壤污染防治、农业面源污染防治等具体内容:

第二十二条 企业事业单位拆除设施、设备或者建筑物、构筑物的,应当采取相应的土壤污染防治措施。

土壤污染重点监管单位拆除设施、设备或者建筑物、构筑物的,应当制定包括应急措施在内的土壤污染防治工作方案,报地方人民政府生态环境、工业和信息化主管部门备案并实施。

第二十三条 各级人民政府生态环境、自然资源主管部门应当依法加强对矿产资源开发区域土壤污染防治的监督管理,按照相关标准和总量控制的要求,严格控制可能造成土壤污染的重点污染物排放。

尾矿库运营、管理单位应当按照规定,加强尾矿库的安全管理,采取措施防止土壤污染。危库、险库、病库以及其他需要重点监管的尾矿库的运营、管理单位应当按照规定,进行土壤污染状况监测和定期评估。

第二十四条 国家鼓励在建筑、通信、电力、交通、水利等领域的信息、网络、防雷、接地等建设工程中采用新技术、新材料,防止土壤污染。

禁止在土壤中使用重金属含量超标的降阻产品。

第二十五条 建设和运行污水集中处理设施、固体废物处置设施,应当依照法律法规和相关标准的要求,采取措施防止土壤污染。

地方人民政府生态环境主管部门应当定期对污水集中处理设施、固体废物处置设施周边土壤进行监测;对不符合法律法规和相关标准要求的,应当根据监测结果,要求污水集中处理设施、固体废物处置设施运营单位采取相应改进措施。

地方各级人民政府应当统筹规划、建设城乡生活污水和生活垃圾处理、处置设施,并保障其正常运行,防止土壤污染。

第二十六条 国务院农业农村、林业草原主管部门应当制定规划,完善相关标准和措施,加强农用地农药、化肥使用指导和使用总量控制,加强农用薄膜使用控制。国务院农业农村主管部门应当加强农药、肥料登记,组织开展农药、肥料对土壤环境影响的安全性评价。制定农药、兽药、肥料、饲料、农用薄膜等农业投入品及其包装物标准和农田灌溉用水水质标准,应当适应土壤污染防治的要求。

第二十七条 地方人民政府农业农村、林业草原主管部门应当开展农用地土壤污染防治宣传和技术培训活动,扶持农业生产专业化服务,指导农业生产者合理使用农药、兽药、肥料、饲料、农用薄膜等农业投入品,控制农药、兽药、化肥等的使用量。地方人民政府农业农村主管部门应当鼓励农业生产者采取有利于防止土壤污染的种养结合、轮作休耕等农业耕作措施;支持采取土壤改良、土壤肥力提升等有利于土壤养护和培育的措施;支持畜禽粪便处理、利用设施的建设。

第二十八条 禁止向农用地排放重金属或者其他有毒有害物质含量超标的污水、污泥,以及可能造成土壤污染的清淤底泥、尾矿、矿渣等。县级以上人民政府有关部门应当加强对畜禽粪便、沼渣、沼液等收集、贮存、利用、处置的监督管理,防止土壤污染。农田灌溉用水应当符合相应的水质标准,防止土壤、地下水和农产品污染。地方人民政府生态环境主管部门应当会同农业农村、水利主管部门加强对农田灌溉用水水质的管理,对农田灌溉用水水质进行监测和监督检查。

第二十九条 国家鼓励和支持农业生产者采取下列措施:

(1)使用低毒、低残留农药以及先进喷施技术;

(2)使用符合标准的有机肥、高效肥;

(3)采用测土配方施肥技术、生物防治等病虫害绿色防控技术;

(4)使用生物可降解农用薄膜;

(5)综合利用秸秆、移出高富集污染物秸秆;

(6)按照规定对酸性土壤等进行改良。

第三十条 禁止生产、销售、使用国家明令禁止的农业投入品。农业投入品生产者、销售者和使用者应当及时回收农药、肥料等农业投入品的包装废弃物和农用薄膜,并将农药包装废弃物交由专门的机构或者组织进行无害化处理。具体办法由国务院农业农村主管部门会同国务院生态环境等主管部门制定。国家采取措施,鼓励、支持单位和个人回收农业投入品包装废弃物和农用薄膜。

(6)《中华人民共和国固体废物污染环境防治法》

第十九条 收集、贮存、运输、利用、处置固体废物的单位和其他生产经营者,应当加强对相关设施、设备和场所的管理和维护,保证其正常运行和使用。

第四十六条 地方各级人民政府应当加强农村生活垃圾污染环境的防治,保护和改善农村人居环境。国家鼓励农村生活垃圾源头减量。城乡结合部、人口密集的农村地区和其他有条件的地方,应当建立城乡一体的生活垃圾管理系统;其他农村地区应当积极探索生活垃圾管理模式,因地制宜,就近就地利用或者妥善处理生活垃圾。

第六十四条 县级以上人民政府农业农村主管部门负责指导农业固体废物回收利用体系建设,鼓励和引导有关单位和其他生产经营者依法收集、贮存、运输、利用、处置农业固体废物,加强监督管理,防止污染环境。

第六十五条 产生秸秆、废弃农用薄膜、农药包装废弃物等农业固体废物的单位和其他生产经营者,应当采取回收利用和其他防止污染环境的措施。从事畜禽规模养殖应当及时收集、贮存、利用或者处置养殖过程中产生的畜禽粪污等固体废物,避免造成环境污染。禁止在人口集中地区、机场周围、交通干线附近以及当地人民政府划定的其他区域露天焚烧秸秆。国家鼓励研究开发、生产、销售、使用在环境中可降解且无害的农用薄膜。

(7)《中华人民共和国农业法》

涉及水环境的具体条款有:

第五十八条 农民和农业生产经营组织应当保养耕地,合理使用化肥、农药、农用薄膜,增加使用有机肥料,采用先进技术,保护和提高地力,防止农用地的污染、破坏和地力衰退。

第六十二条 禁止毁林毁草开垦、烧山开垦以及开垦国家禁止开垦的陡坡地,已经开垦的应当逐步退耕还林、还草。

禁止围湖造田以及围垦国家禁止围垦的湿地。已经围垦的,应当逐步退耕还湖、还湿地。

第六十三条 各级人民政府应当采取措施,依法执行捕捞限额和禁渔、休渔制度,增殖渔业资源,保护渔业水域生态环境。

第六十五条　各级农业行政主管部门应当引导农民和农业生产经营组织采取生物措施或者使用高效低毒低残留农药、兽药,防治动植物病、虫、杂草、鼠害。

农产品采收后的秸秆及其他剩余物质应当综合利用,妥善处理,防止造成环境污染和生态破坏。

从事畜禽等动物规模养殖的单位和个人应当对粪便、废水及其他废弃物进行无害化处理或者综合利用,从事水产养殖的单位和个人应当合理投饵、施肥、使用药物,防止造成环境污染和生态破坏。

第六十六条　县级以上人民政府应当采取措施,督促有关单位进行治理,防治废水、废气和固体废弃物对农业生态环境的污染。排放废水、废气和固体废弃物造成农业生态环境污染事故的,由环境保护行政主管部门或者农业行政主管部门依法调查处理;给农民和农业生产经营组织造成损失的,有关责任者应当依法赔偿。

(8)《中华人民共和国渔业法》

涉及水环境的具体条款有:

第二十条　从事养殖生产应当保护水域生态环境,科学确定养殖密度,合理投饵、施肥、使用药物,不得造成水域的环境污染。

第三十四条　禁止围湖造田。沿海滩涂未经县级以上人民政府批准,不得围垦;重要的苗种基地和养殖场所不得围垦。

第三十六条　各级人民政府应当采取措施,保护和改善渔业水域的生态环境,防治污染。

(9)《农田水利条例》

涉及水环境的具体条款有:

第三十条　国家鼓励采取先进适用的农田排水技术和措施,促进盐碱地和中低产田改造;控制和合理利用农田排水,减少肥料流失,防止农业面源污染。

第三十三条　粮食主产区和严重缺水、生态环境脆弱地区以及地下水超采地区应当优先发展节水灌溉。

第三十四条　规划建设商品粮、棉、油、菜等农业生产基地,应当充分考虑当地水资源条件。水资源短缺地区,限制发展高耗水作物;地下水超采区,禁止农田灌溉新增取用地下水。

(10)《中华人民共和国农产品质量安全法》

涉及水环境的具体条款有:

第十八条　禁止违反法律、法规的规定向农产品产地排放或者倾倒废水、废气、固体废物或者其他有毒有害物质。

农业生产用水和用作肥料的固体废物,应当符合国家规定的标准。

第十九条　农产品生产者应当合理使用化肥、农药、兽药、农用薄膜等化工产品,防止对农产品产地造成污染。

(11)《中华人民共和国野生动物保护法》

涉及水生态的具体条款有:

第七条　国务院林业草原、渔业主管部门分别主管全国陆生、水生野生动物保护工作。

县级以上地方人民政府林业草原、渔业主管部门分别主管本行政区域内陆生、水生野生动物保护工作。

第十三条　县级以上人民政府及其有关部门在编制有关开发利用规划时,应当充分考虑野生动物及其栖息地保护的需要,分析、预测和评估规划实施可能对野生动物及其栖息地保护产生的整体影响,避免或者减少规划实施可能造成的不利后果。

禁止在相关自然保护区域建设法律法规规定不得建设的项目。机场、铁路、公路、水利水电、围堰、围填海等建设项目的选址选线,应当避让相关自然保护区域、野生动物迁徙洄游通道;无法避让的,应当采取修建野生动物通道、过鱼设施等措施,消除或者减少对野生动物的不利影响。

综合分析上述法律法规,尚不能满足水生态环境保护的管理需求:

第一,缺少对相关制度的效力约束。《水法》《环境保护法》《水污染防治法》中也规定了相应的监测制度,但没有法律对此予以明确彼此关系与效力,监测站点设置和监测内容有交叉,相应监测标准存在差异,造成相应的规划、监测站点重复布置,造成资源浪费。《水法》和《水污染防治法》仅对新建、改建、扩建入河排污口设置统一要求,未对已有的入河排污口提出管理要求。

第二,内容分散且没有体现生态优先。《中华人民共和国农业法》(以下简称

《农业法》)、《中华人民共和国渔业法》(以下简称《渔业法》)、《中华人民共和国农产品质量安全法》《农田水利条例》《土壤污染防治法》等从行业角度提出减少污染物排放。水生态环境保护的内容分散在不同的法律法规中,且部分法律法规没有把生态环境保护放在突出位置,如《水法》和《河道管理条例》在修复标准方面,提出已经围垦的,应当按照国家规定的防洪标准有计划地退地还湖,并未考虑恢复水生态系统的需求,对于围湖造地的约束力不够。

第三,部分法律法规原则性多,约束力不够。如在水生态保护与修复的方面,在内容上,《水污染防治法》提出县级以上地方人民政府应当根据流域生态环境功能需要,组织开展江河、湖泊、湿地保护与修复,因地制宜建设人工湿地、水源涵养林、沿河沿湖植被缓冲带和隔离带等生态环境治理与保护工程。《水法》明确在水生生物洄游通道河流上修建永久性拦河闸坝,建设单位应当同时修建过鱼设施,或经国务院授权的部门批准采取其他补救措施。禁止围湖造地、围垦河道。《环境保护法》对珍稀、濒危野生动植物、生物多样性、外来物种等作出了规定。上述法律法规欠缺对于水生态系统保护的整体性、系统性、具体性的考虑。

2. 与《长江保护法》相关条款对比分析

在水环境方面,《长江保护法》第四十三条、四十六条、四十七条、四十八条、七十条从责任主体、生活污染治理、农业污染治理、总磷治理和排污口整治等方面对长江流域水污染防治进行了规定,具体条款如下:

第四十三条　国务院生态环境主管部门和长江流域地方各级人民政府应当采取有效措施,加大对长江流域的水污染防治、监管力度,预防、控制和减少水环境污染。

第四十六条　长江流域省级人民政府制定本行政区域的总磷污染控制方案,并组织实施。对磷矿、磷肥生产集中的长江干支流,有关省级人民政府应当制定更加严格的总磷排放管控要求,有效控制总磷排放总量。

磷矿开采加工、磷肥和含磷农药制造等企业,应当按照排污许可要求,采取有效措施控制总磷排放浓度和排放总量;对排污口和周边环境进行总磷监测,依法公开监测信息。

第四十七条　长江流域县级以上地方人民政府应当统筹长江流域城乡污水集中处理设施及配套管网建设,并保障其正常运行,提高城乡污水收集处理能力。

长江流域县级以上地方人民政府应当组织对本行政区域的江河、湖泊排污口开展排查整治,明确责任主体,实施分类管理。

在长江流域江河、湖泊新设、改设或者扩大排污口,应当按照国家有关规定报经有管辖权的生态环境主管部门或者长江流域生态环境监督管理机构同意。对未达到水质目标的水功能区,除污水集中处理设施排污口外,应当严格控制新设、改设或者扩大排污口。

第四十八条　国家加强长江流域农业面源污染防治。长江流域农业生产应当科学使用农业投入品,减少化肥、农药施用,推广有机肥使用,科学处置农用薄膜、农作物秸秆等农业废弃物。

第七十条　长江流域县级以上地方人民政府应当编制并组织实施养殖水域滩涂规划,合理划定禁养区、限养区、养殖区,科学确定养殖规模和养殖密度;强化水产养殖投入品管理,指导和规范水产养殖、增殖活动。

在水生态方面,《长江保护法》第二十五条、二十六条、二十七条、五十四条、五十五条、五十六条、五十八条、五十九条从河湖管理范围、自然岸线、重点区域流域水生态修复等方面对长江流域水生态保护修复进行了规定,具体条款如下:

第二十五条　国务院水行政主管部门加强长江流域河道、湖泊保护工作。长江流域县级以上地方人民政府负责划定河道、湖泊管理范围,并向社会公告,实行严格的河湖保护,禁止非法侵占河湖水域。

第二十六条　国家对长江流域河湖岸线实施特殊管制。国家长江流域协调机制统筹协调国务院自然资源、水行政、生态环境、住房和城乡建设、农业农村、交通运输、林业和草原等部门和长江流域省级人民政府划定河湖岸线保护范围,制定河湖岸线保护规划,严格控制岸线开发建设,促进岸线合理高效利用。

禁止在长江干支流岸线一公里范围内新建、扩建化工园区和化工项目。

禁止在长江干流岸线三公里范围内和重要支流岸线一公里范围内新建、改建、扩建尾矿库;但是以提升安全、生态环境保护水平为目的的改建除外。

第二十七条　国务院交通运输主管部门会同国务院自然资源、水行政、生态环境、农业农村、林业和草原主管部门在长江流域水生生物重要栖息地科学划定禁止航行区域和限制航行区域。

禁止船舶在划定的禁止航行区域内航行。因国家发展战略和国计民生需要,在水生生物重要栖息地禁止航行区域内航行的,应当由国务院交通运输主管部门商国务院农业农村主管部门同意,并应当采取必要措施,减少对重要水生生物的干扰。

第五十四条　国务院水行政主管部门会同国务院有关部门制定并组织实施长江干流和重要支流的河湖水系连通修复方案,长江流域省级人民政府制定并组织实施本行政区域的长江流域河湖水系连通修复方案,逐步改善长江流域河湖连通状况,恢复河湖生态流量,维护河湖水系生态功能。

第五十五条　国家长江流域协调机制统筹协调国务院自然资源、水行政、生态环境、住房和城乡建设、农业农村、交通运输、林业和草原等部门和长江流域省级人民政府制定长江流域河湖岸线修复规范,确定岸线修复指标。

长江流域县级以上地方人民政府按照长江流域河湖岸线保护规划、修复规范和指标要求,制定并组织实施河湖岸线修复计划,保障自然岸线比例,恢复河湖岸线生态功能。

禁止违法利用、占用长江流域河湖岸线。

第五十六条　国务院有关部门会同长江流域有关省级人民政府加强对三峡库区、丹江口库区等重点库区消落区的生态环境保护和修复,因地制宜实施退耕还林还草还湿,禁止施用化肥、农药,科学调控水库水位,加强库区水土保持和地质灾害防治工作,保障消落区良好生态功能。

第五十八条　国家加大对太湖、鄱阳湖、洞庭湖、巢湖、滇池等重点湖泊实施生态环境修复的支持力度。

长江流域县级以上地方人民政府应当组织开展富营养化湖泊的生态环境修复,采取调整产业布局规模、实施控制性水工程统一调度、生态补水、河湖连通等综合措施,改善和恢复湖泊生态系统的质量和功能;对氮磷浓度严重超标的湖泊,应当在影响湖泊水质的汇水区,采取措施削减化肥用量,禁止使用含磷洗涤剂,全面清理投饵、投肥养殖。

第五十九条　国务院林业和草原、农业农村主管部门应当对长江流域数量急剧下降或者极度濒危的野生动植物和受到严重破坏的栖息地、天然集中分布区、破碎化的典型生态系统制定修复方案和行动计划,修建迁地保护设施,建立野生动植物遗传资源基因库,进行抢救性修复。

在长江流域水生生物产卵场、索饵场、越冬场和洄游通道等重要栖息地应当实施生态环境修复和其他保护措施。对鱼类等水生生物洄游产生阻隔的涉水工程应当结合实际采取建设过鱼设施、河湖连通、生态调度、灌江纳苗、基因保存、增殖放流、人工繁育等多种措施,充分满足水生生物的生态需求。

在水环境风险方面,《长江保护法》第四十九条、五十条从非法行为防控、重点地区等方面对长江流域水生态环境风险防范进行了规定,具体条款如下:

第四十九条 禁止在长江流域河湖管理范围内倾倒、填埋、堆放、弃置、处理固体废物。长江流域县级以上地方人民政府应当加强对固体废物非法转移和倾倒的联防联控。

第五十条 长江流域县级以上地方人民政府应当组织对沿河湖垃圾填埋场、加油站、矿山、尾矿库、危险废物处置场、化工园区和化工项目等地下水重点污染源及周边地下水环境风险隐患开展调查评估,并采取相应风险防范和整治措施。

总体上看上述法律条款针对长江流域特色问题,如总磷污染、库区消落带、水电站、生态破坏等进行了法律规定,突出了长江流域的突出水生态环境问题及症结,具有鲜明的长江的特色。

三、 期待通过立法解决的突出问题

1. 部分水体水质较差,难以为黄河流域高质量发展提供优良的水体

黄河干流水质总体为优,黄河中游水质总体差于上游和下游。2019 年,黄河流域劣 V 类水体比例为 6.2%,共有 99 个劣 V 类断面,主要分布在汾河及其支流、三川河、屈产河等。其中汾河流域 2006—2019 年持续重度污染。汾河干流温南社断面 2012—2019 年水质持续为劣 V 类;黄河支流涑水河张留庄断面水质 2006—2018 年水质持续为劣 V 类。山西吕梁屈产河裴沟断面水质较 2018 年降低 1—2 个水质类别。

中下游省份农药化肥使用量大、施用量较高。黄河流域 9 省区化肥施用强度平均值为 324 千克/公顷,是国际公认的化肥施用安全上限 225 千克/公顷的 1.5倍,特别是陕西、河南、山东等省份化肥施用强度远高于全国平均水平。中下游省

份农药使用量占黄河流域总量的 59%,甘肃、山东等部分中上游地区农药施用强度高于全国平均水平,是国际警戒线 7 千克/公顷的近 2 倍。黄河中游地区"白色"农膜污染问题突出。黄河流域 9 省区农膜使用量大,占全国农膜使用量的近40%,有近 27 万吨农膜残留,局部地区农膜污染仍严重。黄河流域农村人居环境改善进度滞后,如农村生活污水治理短板较为突出,尤其是中上游地区的比例平均仅为 11%,明显低于全国平均水平(25.5%)。部分村镇存在生活污水处理设施不足、处理工艺选择不当、管网覆盖率及运行管理水平不足等问题。农田退水及农业面源污染导致部分地区水环境质量存在不达标或恶化风险,高质量发展所需要的优良水体难以全面保障。

局部地区土壤环境不容乐观,重金属等污染物排放总量水平较高。部分工业园区及重污染企业周边耕地、有色金属矿区和重点行业企业用地土壤环境问题突出。内蒙古自治区巴彦淖尔市,河南省洛阳市、三门峡市,陕西省宝鸡市、渭南市,甘肃省白银市等地区矿产资源开发利用活动较为集中,目前已执行重点污染物特别排放限值,但矿产资源开发造成的重金属污染历史遗留问题多,部分地区耕地存在重金属超标风险,堆存的矿渣、冶炼渣、无主尾矿库存在污染周边水体和土壤的环境隐患。部分重点行业企业用地存在土壤污染风险,黄河流域有色金属矿采选与冶炼、化工等重点行业发达,根据 9 省区建设用地土壤污染风险管控和修复名录,黄河流域相关地市涉及地块 40 余块,主要分布在太原、西安等地,以化学原料和化学制品制造业,石油、煤炭及其他燃料加工业及有色金属冶炼和压延加工业等为主。重金属污染物排放总量水平较高,其中青海、四川、甘肃、内蒙古、陕西和河南等 6 省区为重金属污染防控的重点省份。根据涉重金属重点行业企业全口径排查,黄河流域 9 省区涉重金属重点行业企业共 2 000 多家,按照《土壤污染防治法》要求,黄河流域 9 省区均建立土壤污染重点监管单位名录,公布土壤环境重点监管企业 4 000 余家,约占全国的 30% 以上。工业固体废物产生量较大,2017 年,黄河流域 9 省区危险废物产生量为 2 306.3 万吨,占全国产生总量35.0%;一般工业固体废物产生量为 179 968 万吨,占全国产生总量的46.50%。[1]部分工业园区危险废物非法处置现象突出,众多小微企业产生的危险废物及社会源危险废物存在管理不规范、转移不及时、处置费用高等问题,导致

---

〔1〕 资料来源:《中国统计年鉴(2020)》。

机动车维修废矿物油、废铅酸蓄电池等非法收集现象突出,对当地地下水和地表水存在环境安全风险,并对黄河水源安全造成隐患。

2. 河湖服务功能下降,难以为黄河流域高质量发展提供生态系统良性循环的健康水生态环境

黄河干支流自然生态岸线及重要湿地持续减少,中下游河流湿地面积与20世纪80年代相比减少46%。部分水源涵养区、河湖缓冲带等重要生态空间过度开发。一些河湖原本水草丰茂,但由于沿河环湖项目开发等人类活动,导致人进湖退、湿地萎缩、自然岸线减少,河湖的生物多样性和自净能力严重受损。2007年流域湿地面积约2.5万平方千米,以河流湿地和沼泽湿地为主,与1996年、1986年相比,流域湿地面积分别减少了10.2%和15.8%;湿地斑块数增加,湿地破碎化程度提高,湿地结构发生变化,面积比例较大的自然湿地减少,其中湖泊湿地减少24.9%、沼泽湿地减少20.9%,而面积比例较小的人工湿地增加了60%。根据原国家水产总局调查,20世纪80年代黄河水系有鱼类191种(亚种),干流鱼类有125种,其中国家保护鱼类、濒危鱼类6种。2002—2007年在干流主要河段调查到鱼类47种,濒危鱼类3种。受人类活动干扰等影响,2002—2007年调查结果与20世纪80年代调查结果相比,黄河鱼类种类下降,珍稀濒危及土著鱼类减少,其中水电资源开发集中河段鱼类生境发生较大改变,土著鱼类物种资源严重衰退。水生态系统受损,难以形成良性循环的水生态系统为高质量发展提供永续动力。

3. 布局性风险高,难以保障高质量发展的水环境安全需求

煤化工企业集聚现象严重。黄河流域煤化工行业(包括炼焦、氮肥制造及部分化学品制造企业等)企业,约占全国煤化工企业数量的80%。由于煤炭供需关系的因素,煤化工企业主要集聚在山西、陕西等煤炭大省,沿黄河中游密集分布,各类化学品生产、使用及运输点多线长,生产安全事故、交通事故以及非法排污等导致的各类突发环境事件时有发生。黄河流域部分地区有色金属矿采选及冶炼行业企业集中,矿产资源开发造成的重金属污染历史遗留问题突出,堆存的矿渣、冶炼渣、无主尾矿库存在污染周边水体和土壤的环境隐患。黄河流域风险企业较为集中,且与黄河干流及多条支流交织分布,黄河干流及其主要支流1千米范围内共有1 800多个风险源,布局性风险较大,以陕西南部、山西省、河南省、山东省

较为集中。

四、立法内容说明及立法建议

1. 立法内容说明

基于黄河部分河流污染物排放量超过水环境承载力,农业面源污染形势严峻,部分区域土壤污染对水环境影响较大、社会经济发展水平不高等实际情况,突出污染严重河流和主要污染源,从减少污染物排放角度,设计污染物排放总量控制、历史遗留矿区污染修复、新污染物环境调查评估与治理、农业农村污染防治、排污口管理、土壤和地下水污染风险管控等条款。

针对黄河流域沿河、沿湖无序开发,"与河争地""与河争水"和"水退人进"等违背自然规律的现象屡禁不止,水生态系统破坏的问题,结合水利部正在开展的河湖管理范围划定和生态环境部正在开展的滨河(湖)缓冲带划定,突出重点湖泊水生态保护修复、水生生物多样性保护,设计河湖管理范围划定、滨河(湖)生态缓冲带、重点湖泊水生态保护修复等条款。

针对黄河流域煤化工等高污染高耗水行业沿河集中分布导致的水环境风险问题,突出前端准入控制和合理管控,设计环境准入和退出机制等条款。

2. 立法建议

一是聚焦重要污染问题的治理。黄河流域农业面源污染突出,建议从化肥农药减量增效、畜禽养殖废弃物资源化利用、农膜回收利用等方面加强黄河流域面源污染防治;黄河流域农村人居环境改善进度滞后,建议从加大财政支撑力度、厕所建设和改造、深入推进农村生活污水处理设施建设等方面推进农村人居环境提升行动。目前,生态环境部已经在湟水河及黄河干流甘肃段试点开展黄河流域入河排污口排查整治,并且已开展入河排污口监管相关工作;为此建议明确农业农村面源、城镇生活、排污口监管、污染物排放总量控制、土壤和地下水协同控制、新污染物治理等内容。

二是突出水生态修复和重点湖泊保护。目前我国水生态环境管理已经从单纯的污染防治向水资源、水环境、水生态三水统筹转变,《中共中央关于制定国民经济和社会发展第十四个五年规划和二〇三五年远景目标的建议》指出要加强大江大河和重要湖泊湿地生态保护治理。生态环境部印发实施了《良好湖泊生态环境保护规划（2013—2020 年）》，在湖泊生态环境保护方面具有工作基础。沙湖、乌梁素海、红碱淖等湖泊生态功能重要、具有重要的经济社会价值，参考《长江保护法》，建议在立法中明确开展滨河（湖）缓冲带划定、水生态调查，并因地制宜开展水生态修复；同时加强对沙湖、乌梁素海、红碱淖等重要湖泊的水生态修复和保护。

三是强调煤化工等重点行业的空间管控。黄河流域煤化工企业约占全国的80%，且大多沿河分布，呈现污染集中、风险集中特点。为此建议在立法中明确黄河干支流新建、改建、扩建化工园区或企业的空间要求；对不符合空间规划用地要求的，建立有序退出机制。

3. 如何与现有法规规章衔接

污染物排放总量控制、历史遗留矿区污染修复、土壤和地下水污染风险管控、排污口监管、农业面源污染防治等条款充分衔接《水污染防治法》《环境保护法》《土壤污染防治法》等的规定以及生态环境部正在开展的排污口排查工作，同时针对黄河流域重点支流和农业农村污染、重点区域重金属污染问题，结合《农业法》《土壤污染防治法》等要求，提出相应条款。

水生态修复方面，水生生物多样性保护充分参考《野生动物保护法》、国家自然保护区、国家种质自然保护区等有关规定，对三场一通道、水利工程过鱼设施等提出相应条款。河湖管理范围有关条款充分衔接《河道管理条例》《水法》等要求，基于水利部河长制工作要求、河湖管理范围划定等工作，对岸线利用等进行了规定。河湖缓冲带制度充分衔接《水污染防治法》《水污染防治行动计划》，突出生态优先，设计相应条款。同时，针对沙湖、乌梁素海、红碱淖等具有重要生态功能的重要湖泊提出生态保护条款。

对煤化工等行业空间管控制度充分衔接国土空间规划、生态保护红线及环境准入等方面的法律法规相衔接，参考《长江保护法》提出相应条款。

第九章

黄河文化保护专题*

一、 本专题的研究意义

习近平总书记在黄河流域生态保护和高质量发展座谈会上指出:"深入挖掘黄河文化蕴含的时代价值,讲好'黄河故事',延续历史文脉,坚定文化自信,为实现中华民族伟大复兴的中国梦凝聚精神力量。"黄河作为滋养中华民族的母亲河,是华夏文明的摇篮和发祥地,是中华民族的象征。可以说,黄河文化是由古至今黄河及其流经区域衍生的文化集合,是炎黄五千年文明史的主体文化,作为中华民族的根与魂,黄河文化的保护、传承与弘扬事关中华文脉的绵延赓续。推进黄河文化保护立法工作也是实现黄河流域生态保护和高质量发展的特色内容和必然要求。

长期以来,黄河文化的系统性、全方位保护与展示仍显不足,所承载的文化价值和精神内涵尚待挖掘,其影响力和吸引力较为有限。同时,黄河沿线省市是我国人口密集区和重要的经济承载区,经济社会发展需求与各类遗产资源保护矛盾突出,生态修复与环境保护迫在眉睫。黄河流域跨东西中 9 省区,沿线区域发展不平衡,沿线部分区县处于所在省经济社会发展的相对洼地,以文化为引领推动区域高质量发展任务艰巨。推进黄河文化的研究、挖掘、保护、传承和融合,讲好黄河故事,推动黄河文化迈入新时代,增强中华民族的文化自信和凝聚力,是时代

* 本章作者:杨　越:清华大学公共管理学院博士后,清华大学产业发展与环境治理研究中心助理研究员。
　　　　　李　瑶:清华大学公共管理学院硕士研究生。
　　　　　毛恩慧:清华大学公共管理学院博士研究生。
　　　　　董　靖:清华大学环境学院博士研究生。

赋予当代人的光荣使命和历史课题。[1]

现有体制机制难以解决黄河文化保护的特色问题,将文化保护纳入黄河保护立法势在必行。一方面,国内外现有法律法规与治理经验中,流域治理往往缺少文化方面的重点保护,而针对线性遗产、大遗址等跨地域、规模化遗产保护又少有对自然资源方面的考虑;另一方面,我国文化保护工作体制机制尚待完善,现有区域式、分段式、单元式的文化保护模式不仅造成黄河文化保护内容上的割裂,还极易造成保护和管理部门各自为政、分散经营和同质竞争等问题。[2]因此,关于黄河文化保护部分的立法,首先要立足于黄河文化的现实特征,识别出黄河文化保护、传承与弘扬的特殊需求;其次要对照已有保护体系和保护模式,总结黄河流域文化保护的现状与不足;最后要挖掘黄河文化保护、传承与弘扬的历史使命和时代价值,提出流域文化保护体系的创新思路,探索出与流域文化特征相匹配、与流域发展需求相适应的"黄河文化保护模式"和对策建议,为今后其他大流域的文化保护、传承与弘扬提供现实参考。

二、 黄河文化保护、传承与弘扬的特殊需求

1. 坚持时空统一、 区域联动,讲好黄河故事

黄河文化的时空演变规律是流域文化系统性的重要纽带。要想将宏大复杂的黄河文化转化为老百姓听得懂、讲得清的"黄河故事",有必要形成特色鲜明的、统一凝练的、高度认同的黄河文化符号,通过上中下游、不同历史时期的文化体系综合梳理,构建一个以流域空间和历史演变为线索,内涵丰富、形式多样、结构有序的黄河文化体系。树立"大黄河"的发展观念,落实全线"一盘棋"思想,打破行政壁垒,形成具有流域特色的黄河文化组团,并通过特色旅游线路等形式展开空间串联和区域联动。同时,在黄河流域整体战略部署的引导下,结合当地具体条件进行调整,把握政策的一致性与连贯性,统筹规划、协调配合、协同开发,实现整体一张图式的发展,合力推动沿黄地区文化、生态、经济的高质量发展。具体而

---

[1] 牛建强:《抓住保护、传承和弘扬黄河文化新的历史机遇》,载《人民黄河》2019 年第 10 期,第 156 页。
[2] 杨越、李瑶、陈玲:《讲好"黄河故事":黄河文化保护的创新思路》,载《中国人口·资源与环境》2020 年第 12 期,第 8—16 页。

言,要从时间、空间、遗产本体、生态环境等方面挖掘区域文化遗产的整体价值,做好遗产摸底工作,搭建统一信息平台,实现黄河文化遗产的信息整合与资源共享,为遗产的保护管理提供依据。在此基础上,开展跨行政区的合作,设立黄河文化联合发展机构,加强统一规划,设立联合基金,建立区域协同的文化遗产保护工作机制,推进区域文化遗产连片、成线保护利用。

2. 关注自然环境、系统保护,讲实黄河故事

黄河文化并非独立产生存在,其文化精神形成发展于自然环境,并与之难以分割。对流域自然环境的关注与保护,是将黄河故事讲精准的基础条件。有机整合黄河自然遗产资源,凝练黄河文化性格,建设黄河自然遗产风景区,是坚持"绿水青山就是金山银山"的理念,推进黄河流域生态保护和高质量发展的重要手段。同时,对黄河自然遗产的集中保护开发,有利于通过生态环境的整体性串联起黄河流域内水文化遗产,将其所包含的精神、制度等印刻在自然环境中,构建具有整体性结构化的黄河流域自然生态遗产格局,进一步推进流域生态资源、文化要素的协调保护和发展。具体而言,在强调黄河自然属性及其生态功能的同时,保护其所孕育的文明形态及其所展现的文化价值。以自然流域为基础,因地制宜发展特色文化,体现高质量发展理念,积极鼓励并大力发展绿色文化,坚定不移走生态健康的文明发展之路。

3. 把握人水关系、指导实践,讲精黄河故事

自古以来,尊重自然、保护自然就是黄河流域人民处理人与自然关系的重要原则。在长期的劳动实践中,人水和谐的观念深深扎根在沿黄地区劳动人民的心中,形成黄河流域"靠水治水,治水利水"的共同观念。而这种人与自然和谐相处的观念既是保护黄河自然资源、解决水治理问题的关键,也是培植黄河流域共同体理念,促进黄河流域区域协同发展,实现黄河文化保护和振兴的关键。保护自然资源的共同认识需要以文化的形式固定下来并切实投入实践。面对日益复杂的生态环境问题,完全靠技术是难以解决黄河流域水资源管理问题的,水实际上具有强大的文化功能,某种程度上说,水资源管理与利用本身就体现着一种文化进程。[1]自大禹治水的神话,水生万物的思想一直存在于沿黄地区的居民心中,

---

〔1〕 靳怀堾:《漫谈水文化内涵》,载《中国水利》2016 年第 11 期,第 60—64 页。

并随着对自然认知的深化而发生着变化。从人敬畏自然受水支配,到人征服水的观念,最终形成和谐共处的人水观,这种尊重规律、人水和谐的绿色基因已经深深印刻在沿黄地区的百姓心中。现今黄河流域所修建的众多水利工程都是沿黄地区人民在长期的实践中,在遵循自然规律的基础上,利用自然、改造自然、人水和谐的体现。面对依旧紧张的生态状况,必须重视人与自然和谐发展的理念在当代的现实指导意义。具体而言,我们必须科学对待人水关系,转变对水的认识,从人定胜天、向大自然无节制的索取转变为按自然规律办事、以水为伴、以水为友,人水和谐共处。认真研究探索水规律,不断提高水资源的利用效率,提高水资源的承载能力,努力建设形成人水和谐、人与自然和谐发展的新格局,以水文化凝聚绿色高质量发展的民族力量,在新时代讲精黄河故事。

4. 依托遗产资源、融合创新,讲活黄河故事

遗产资源是黄河文化保护、传承与发展的重要载体。习近平总书记《在黄河流域生态保护和高质量发展座谈会上的讲话》强调要推进黄河文化遗产的系统保护,守好老祖宗留给我们的宝贵遗产。[1] 综合利用黄河流域内的遗产资源,将遗产资源优势转化为经济社会发展优势,努力实现统一协调的工作统筹力和联合开发力。具体而言,充分发挥政府政策引导、企业资源整合、社会广泛参与的多方合力作用,促进资源共享、市场共享和品牌共享等目标的实现。通过遗产资源网络的建设,打破遗产分布的分散性、"政区分割"的限制性,以及各地区出现各自为政、分散经营和同质竞争等问题。通过发展黄河文化产业,使黄河文化在继承中发展,在发展中创新,让黄河文化"活"起来,实现黄河文化价值的创造性转化和创新性发展。

三、 立法基础与立法思路

1. 国际文化保护经验借鉴

国际社会十分重视历史文化遗产和非物质文化遗产保护的立法工作,法国、日本及美国等国家根据本国实际情况形成了差异化的保护模式,并颁布了相应的

---

[1] 习近平:《在黄河流域生态保护和高质量发展座谈会上的讲话》,载《中国水利》2019 年第 20 期,第 1—3 页。

法律制度予以保障,其有益经验值得学习与借鉴。

(1) 法国

作为世界上第一个制定现代遗产保护法的国家,法国是文化遗产保护领域当之无愧的先驱。1810 年,时任内政部长的蒙特利维拨划专款设立了有史以来第一笔保护古建筑的基金。[1]此后,法国的自然文化遗产保护体系不断完善,文化遗产的内涵从孤立的某座文物建筑,逐渐扩展到多样的自然景观、承载历史记忆和文化传统的城市区域及各类人类活动场所,并以法律的形式固定下来。法国搭建了文化遗产管理从国家到地方的层级体系,并积极鼓励公众的参与,各司其职、彼此协作。

在法律制度上,法国遗产保护相关法律法规则主要针对历史建筑、历史街区及历史遗迹、自然景观等,对无形文化遗产的保护规定有所欠缺。但有形文化遗产法历经修改,文化遗产概念趋于完善。1913 年,法国颁布了《历史纪念物法》,强调了文化遗产的公共利益属性,阐明历史建筑是公民的公共财富,为当今法国的历史遗迹保护奠定了基础。1930 年,法国颁布了《景观地法令》,首次明确应当限制人类活动以保护自然和资源地,将遗产保护范围由历史遗迹扩大到周边"景观地"区域。[2]1983 年,法国《分权法》的颁布,遗产保护领域新诞生了"建筑、城市与景观遗产保护区"(ZPPAUP)的概念,将不存在具体历史建筑的文化景观保护区纳入保护范围,引入城市更新中的"美学利益"概念,[3]促进了无形文化遗产的保护,强调与联系当地的文化历史背景,塑造具有地方特色的文化意象。

文化遗产保护体系方面,法国同样实行国家机构统筹,地方政府进行日常具体管理的模式。在国家层面上,法国文化部下设遗产总司,是文化部的四大职能部门之一。其主要职能较为全面且具有时代特征,包括:用现代化的手段保护、保存丰富的文化遗产;加强技术方面、法律法规的监督;面向公众普及多样的艺术形式;提高保护区域内建筑质量,鼓励建筑创新;从战略、行政、财政层面进行监管,主导文化遗产公共政策等。除了中央遗产保护机构,法国在地方也派驻了强大的机构进行日常管理,即省级建筑与遗产局。两者之间的大区文化事务厅(DRAC)

---

[1] 叶秋华、孔德超:《论法国文化遗产的法律保护及其对中国的借鉴意义》,载《中国人民大学学报》2011 年第 25 期,第 10—19 页。

[2] 彭峰:《法国文化遗产法的历史与现实:兼论对中国的借鉴意义》,载《中国政法大学学报》2016 年第 1 期,第 5—12 页。

[3] Phillippe, Ch.-A. *Guillot. Droit du patrimoine Culturel et naturel*. Paris: ellipse. 2006.

主要负责协调管理的工作。省级建筑与遗产局最主要的职责就是保证中央和地方之间的对话，协调城市规划和建成遗产保护的政策。

鼓励公众参与的方式上，法国政府积极发挥民间组织的影响力，鼓励民众参与文化遗产保护。在每座城市均设立了文化遗产义务宣传员，要求其通过撰文、科普等形式多样的活动，引导民众了解文化遗产，营造全民参与文化遗产保护的良好社会氛围。此外，法国政府意识到仅凭政府力量不足以覆盖文化遗产保护的诸多方面，因此鼓励民间组织不断壮大。法国政府文化部下属的历史纪念物基金会、文化艺术遗产委员会等非政府组织，在文化遗产保护的具体落实上同样扮演着不可或缺的角色。目前，全法国共有 352 个文化遗产保护基金会，其中规模最大的是"文化遗产基金会"。该基金会由欧莱雅、米其林等 16 家法国知名企业于1996 年成立，致力于保护那些价值尚未得到国家认可且濒临灭绝危险的文化遗产，抢救这些未进入国家保护范围内的"边缘遗产"。这些非政府组织对国家的文化遗产保护体系起到重要的补充作用，有效地解决了政府在文化遗产保护领域资金和精力不足的困境。

特色保护模式方面，以位于法国南部埃罗省的魔鬼桥遗产点为例，法国遗产保护强调以点带面，关注周边区域的连带保护，并且文化遗产的旅游创意开发和宣传，使其受到更多关注。魔鬼桥(Le Pont du Diable)位于埃罗省圣让德福镇的峭壁之上，是法国中世纪时期桥梁艺术的瑰宝，距今已有 600 多年的历史。[1]基于法国文化遗产整体保护理念，使魔鬼桥遗产本体以及周边的自然景观和环境风貌被纳入一个整体的景观保护区之内。同时，当地政府也注重无形文化遗产的保护，当地村民的一些民俗活动和民间技艺等也被完整地传承下来。此外，当地政府以恰当、适宜的方式开发魔鬼桥景观保护区，打造魔鬼桥的旅游品牌和产业。当地政府以魔鬼桥遗产点为中心设立沙滩排球、漂流等游客体验项目；借助周边的葡萄种植园开展田园观光业务和葡萄酒品鉴工艺；传承陶艺技术，兴建陶艺博物馆，开发具有地方特色的陶艺香水瓶，结合法国香水的品牌效应，产品出口意大利等国。在当地政府的保护和发展之下，"魔鬼桥"的文化遗产不仅得到了妥善地保存和传承，更助力地方产业发展，带来新的活力。

---

〔1〕 胡鹏程：《法国文化遗产保护管理利用管窥——以魔鬼桥遗产点为例》，载《文博学刊》2019 年第 1期，第 117—124 页。

（2）日本

日本是世界上最早开始重视非物质文化遗产保护的国家，也是全球公认的非物质文化遗产保护较为成功的国家之一。在立法、遗产保护体系、实践等方面都卓有成效，尤其重视无形文化遗产的保护，形成了完善的文化遗产概念范围，对于国际社会文化遗产的保护产生了深远影响。

立法方面，日本首创"无形文化财"概念，结合经过多次完善概念内涵，将日本国内所有类型的非物质文化遗产覆盖在内，并且强调人对于无形遗产的传承作用。日本于 1950 年颁布《文化财保护法》，是世界上首个关注本国的无形文化遗产的国家。《文化财保护法》以法律形式规定了无形文化遗产的范畴，对后来的世界社会文化遗产保护、文化遗产观念的更新都有着重要影响。《文化财保护法》将文化遗产保护范围扩展到"无形文化财"，囊括艺术、传统技艺，乃至民俗文化等无形遗产。[1]此外，《文化财保护法》格外关注"人"对于无形遗产的传承和保护作用。日本清晰地规定了文化遗产传承人的认定方法，包括个人认定、综合认定和团体认定。拥有"个人认定"荣誉的大师被称为"人间国宝"，日本政府对"人间国宝"给予经济上必要的补助和税收等制度上的优惠，以激励他们不断创新和提高无形文化遗产的技艺。值得注意的是，《文化财保护法》不仅赋予了文化遗产持有者崇高的社会地位，同时也强调了他们传承和发展文化遗产的责任。例如，"人间国宝"必须有师徒承袭，将自己的技艺传承下去，否则即使其技艺超群，也会被剥夺"人间国宝"的称号。这一举措激励了日本传统无形遗产的延续和传承，在抢救和保护日本无形文化遗产方面取得了显著成效。

在遗产保护体系上，日本采取平行的遗产保护体制，由文化保护行政管理部门和城市规划管理部门两个相对独立的组织组成。文化保护部门的中央主管机构为文化厅，地方主管机构为地方教育委员会；城市规划部门的中央主管机构为建设省城市局，地方主管机构为地方城市规划局。前者主要负责文物的保护工作，后者主要负责古都及历史景观的保全和管理。此外，日本积极参与世界非物质文化遗产的保护工作，截至 2020 年，日本共有 22 个项目入选"人类非物质文化遗产代表作"，位列全世界第二。[2]

---

〔1〕 顾军：《文化遗产报告世界文化遗产保护运动的理论与实践》，社会科学文献出版社 2005 年版，第 218 页。

〔2〕 UNESCO. *List for Intangible Heritage*，https://ich.unesco.org/en/lists.

公众参与方面,日本鼓励和引导民众主动参与文化遗产保护,文化遗产保护意识渗透到民众教育、娱乐等方面。日本明确强调各级地方政府、民间组织以及个人在无形文化遗产保护中的参与,明确规定了各方的权利与义务;民间组织方面,日本建立了覆盖全国的无形文化财产保护专业协会,将千万个文化艺术传承人汇集起来从事传承活动,并规定民俗等非物质文化遗产保护的主体是当地生活的居民,当地民众需自愿、自觉地来维持和保护相关文化。[1]例如,日本各个地区每年都会有称为"祭"的传统节日,期间活动包括彩车巡游、民族艺能展示等,既为民俗传承提供舞台,也吸引了大批游客前往观看,有利于民俗进一步得到关注。此外,日本的无形文化遗产不仅停留在简单的"保护"层面上,更积极推动非遗在日常生活中焕发生机和影响力,即在妥善保护的同时,向社会和民众公开,走入国民教育和文化交流等方面。日本最负盛名的祭奠活动、世界非物质文化遗产项目京都"祇园祭"每年在 7 月举办,活动包括山鉾巡行、花笠巡游,舞蹈和大鼓等表演,让非物质文化遗产进入民众娱乐生活,吸引世界各地超百万人前往观赏。[2]

特色保护模式方面,日本的非物质文化遗产传承注重"活用",不仅仅对于非遗进行保存,更推动非遗走入现代民众的生活,传承形式多样化,使其焕发新的生机。以"丹波筱山"的非遗保护和传承为例,丹波筱山位于兵库县中东部,该区域内既有"安间家旧宅"历史景观,又有酿酒坊"凤鸣酒造"、歌曲"丹波筱山调"等无形遗产。[3]"丹波筱山"的非遗传承以"丹波筱山调"为载体,编写民谣传唱家乡故事,将筱山城的文化遗产及黑豆、栗子等物产融入歌词,展现了筱山城的变迁历史,强化地区的群体记忆,也加强了大众对筱山城的了解和认同感。正是这一独创的民谣故事,让"筱山城"的记忆被年轻人所知晓,也走入日本大众心中,2015 年"丹波筱山故事"入选"日本遗产项目"。当地的"丹波筱山祭"成为居民庆祝的节日和年轻人分享艺术成果的舞台,当地还成立了"丹波筱山祭保存会",传唱"丹波筱山调",保存会向会员提供艺能训练,吸引全年龄层民众加入保存会,更好地传承非遗文化。

---

〔1〕 顾军:《文化遗产报告世界文化遗产保护运动的理论与实践》,社会科学文献出版社 2005 年版,第218 页。

〔2〕 叶涛:《作为传统信仰文化载体的祇园祭——日本京都祇园祭考察札记》,载《民俗研究》2018 年,第 148—153 页。

〔3〕 胡亮、朱海滨:《日本文化遗产活用策略》,载《东北亚学刊》2020 年第 1 期,第 110—119 页。

(3) 美国

美国的文化保护立法工作内容重点则集中于历史遗迹和自然遗产的结合,保护体制上充分发挥了民间社团组织的力量,形成了政府引导、服务,社会广泛参与的特点。

在法律制度上,美国文化保护法律经过多次修订,不断明晰完善了文化保护范围和标准。美国遗产保护法律制度体系涵盖了文化遗产保护法、自然遗产保护法、环境政策法以及无形文化遗产保护法等。其自然遗产保护法尤其突出,尤其是美国"国家公园"建设内涵丰富、体系完善,既有"国家湖滨""国家景观大道"等自然景观,也有"国家纪念战场""国家历史街区"等人文景观。并且,美国重视及时修订法律法规,不断完善历史文化遗产保护的涵盖范围和标准。1906 年美国公布的《联邦文物保护法》旨在保护"政府拥有或掌管的历史或史前的遗址、古迹或古物";1935 年公布的《历史遗址与古迹法》则将范围扩大到了"对国家有重大历史文化意义的古迹、建筑和构建等文化遗产",将私人拥有的文化遗产包括在内;而1966 年公布的《国家历史遗产保护法》推出了国家文化遗产登录制度,根据文化遗产的重要性、保存完整性来逐一认定文化遗产,确保国土范围内的所有历史文化遗产全部得到保护。[1]

在遗产管理方面,美国遗产保护形成联邦政府、地方机构和社会团体互相协作的体系,层级分明,分工明确。设有专门机构从事遗产管理和保护事务,大致可分为国家、联邦州及地方县市这样三个组织层面,各层级权责相当,职责明确。美国文化遗产保护基本采用的是中央政府指导下的地方政府负责制,设史迹保护联邦理事会和国家公园司为文化遗产保护最高权力机构。前者主要负责制定文化遗产保护系列方案;后者主要负责文化及自然遗产,特别是国家公园内文化及自然遗产保护的实施。基于联邦制,文化及自然遗产的保护工作主要通过各州政府加以实施,在各州设立了史迹保护办公室、历史街区委员会,负责当地文化遗产的保护。[2]

在公众参与度方面,美国遗产保护信息公开化,有效开辟了民众参与遗产保护的通道。美国拥有独立于政府外的民间组织,且具有高度组织化、专业化的特点,这

---

〔1〕 顾军:《文化遗产报告世界文化遗产保护运动的理论与实践》,社会科学文献出版社 2005 年版,第84—85 页。

〔2〕 顾军:《文化遗产报告世界文化遗产保护运动的理论与实践》,社会科学文献出版社 2005 年版,第78—79 页。

有利于充分发挥公众在参与文化遗产保护工作的主动性,汇集个人保护遗产的需求,保持其客观中立的立场。比如具有全国范围内统一的文化遗产保护团体全国史迹理事会(National Council for Historic Sites and Buildings)。这些民间社会组织在文化遗产保护的法律制定、政策落实中,有着举足轻重的作用。在美国的文化遗产保护工作中,许多文化遗产保护法都是由有关民间社团组织的发声呼吁催发制定,如约翰·缪尔及其所属协会就曾推动美国《国家公园系统组织法》(*The National Park System Organic Act* , 1916)的通过,《历史遗址与古迹法》也是在市民组织——美国历史建筑调查组织(Historic American Building Survey,HABS)以及平民保护组织(Civilian Conservation Corps,CCC)的共同推动下通过的。此外,政府对民众参与文化遗产保护的鼓励和引导至关重要。美国推行遗产信息公开透明化,国家公园管理局除了完成国家遗产管理的职能,同样是遗产信息公开的政府主管机构,兼具遗产信息传播的重要职责。例如,每一个国家公园在执行规划前,国家公园管理局都会公开会议信息,开通网站收集民众意见,以此打通向民众传播和反馈遗产信息的渠道。美国还出台税收优惠激励政策,包括"投资税额减免"及"加速成本返还"两个方面,用以激励民众自主修缮或改建具有历史意义的文化遗产。

美国国家公园是其典型且具有极大影响力的文化保护模式。国家公园设置种类丰富,且其在有效保护中开发人类有形和无形文化遗产。美国首创"国家公园"模式,重视自然遗产和文化遗产的整体保护。美国国家公园最初指"在一个区域内,所包含的生态系统没有受到人类开发,保存原有的自然景观,具有教育、休憩等功能"[1]。之后,其内涵不断丰富。19世纪80年代,美国开始关注考古遗址的保护,将18个国家古迹遗址纳入保护范围,防止人为破坏。[2]随着国家公园和古迹遗址数量的增多,美国逐渐形成了"国家公园体系",设立美国国家公园管理局,兼顾文化遗产保护和历史文化遗迹的保护。此外,由于美国战后爆发性的人口增长带来了大量旅游休憩的需求,美国在国家公园内修建休憩设施,并建立不同类型的国家公园,如"国家滨海""国家游憩区"。如今,美国已建立国家公园379处,占美国国土总面积的3.64%。[3]美国的国家公园种类多样,既包括"国家

---

[1] *Guidelines for Applying Protected Area Management Categories* . IUCN,2013.

[2] Cari Goetcheus and Nora J. Mitchell and Brenda Barrett. Evolving Values and How They Have Shaped the United States National Park System. *Built Heritage* ,2018,2,27—38.

[3] 杨锐:《美国国家公园体系的发展历程及其经验教训》,载《中国园林》2001年第1期,第62—64页。

景观大道"等自然景观,又涵盖"国家纪念战场"等历史景观。虽然这些公园的种类不同,但其具有内在相关性,即保存人类和环境互动过程中所产生的有形和无形遗产,为现代社会提供智慧启迪。因此,美国国家公园管理局将自己定位为国家公园体系的"管家",而不是"业主"的角色。[1]国家公园管理局认为国家遗产的所有者应为当代及后代的全部美国公民,因此管理局应尽力起到维护遗产价值延续的作用。在此观念指导之下,美国国家公园的管理和开发非常克制,除了修建必要设施外,严禁在公园内进行开发性项目,并且严格限制门票等费用的征收,防止公园为谋取经济利益而造成对文化遗产的破坏。

2. 国内文化保护体制机制现状

我国文化保护的体制机制设计主要遵循《世界文化遗产保护公约》及其框架,基本形成以《文物保护法》《环境保护法》《自然保护区条例》《风景名胜区条例》为核心,以《世界文化遗产保护公约》为指导,以地方性法规、规章为支撑的法律法规体系,形成以文物部门牵头,其他相关部门响应,权力分立与制衡的文物保护格局。由于黄河流域内各地区长期的行政分割,文化遗产保护工作各自为政,各地区之间缺乏对区域文化脉络的整体认识,导致各地文化遗产的展示利用也相对碎片化,缺少对同类型遗产或跨行政区线性遗产整体展示与联合保护的工作方法。一方面导致共性的问题没有及时地展开研究找出解决办法,另一方面,一些好的保护经验和手段未能在全流域得到充分的宣传和推广,文化遗产的社会经济效益未能有效发挥。

（1）法律保障机制

依法行政的前提是完善立法。法律和法规具有规范性、权威性、稳定性和科学性等特点,是法制建设的基础。黄河文化保护法制建设,是黄河文化保护能力建设的重要组成部分,也是其文化保护最有力和最有效的基础保障。

从法律保障机制来看,如表9-1所示,我国尚未形成专门针对自然和文化遗产整体保护的综合性法律和行政法规,[2]缺乏针对"历史文化街区""大遗址""乡土建筑"等保护方面的专项法规、技术规范、管理制度等,针对类似黄河流域文化保护的大尺度线性遗产的专门性法制建设滞后。我国现行的法律法规中涉及文化

〔1〕　Nobel, John H. National Parks for a New Generation. *The Conservation Foundation*. 1985.

〔2〕　王云霞:《文化遗产法学:框架与使命》,中国环境出版社2013年版,第92页。

遗产保护的法律、法规主要是围绕文物保护的。对于区域性保护项目来说，大多是一些相关法律、法规，如《环境保护法》《中华人民共和国非物质文化遗产法》。这些法律更适用于古迹、遗址类遗产，对线性遗产的文化、环境资源客观上起到了一定的保护作用，但对跨地域、跨学科的大型线性遗产来说其适用性并不强，造成了针对大尺度线性遗产的专门性法律缺位。

在立法内容上，对于自然和文化遗产保护存在保护理念落后、法律责任较轻、震慑力不足、内容简单及可操作性较差等问题；内容间缺乏连续性整体性，重复立法严重，既浪费了立法资源，又往往协调性不足，不利于法规的统一遵守和执行。即使联系比较紧密的法律，如《文物保护法》的保护对象也存在范围较窄的问题，大量未能达到文物标准、散落于各地的历史建筑物、历史聚落、历史构筑物等未被纳入法律保护的范围；以保护为主兼顾合理利用的二元化工作方针致使实践中文物被不当利用现象时有发生。此外，立法实效和时效上，文化遗产相关立法始终处于"说起来重要，做起来次要，忙起来不要"的尴尬境地，部分文化遗产在被纳入世界遗产名录后很多年才出台地方性法规规章，即使出台较早的法规规章，也未能根据国际条约及上位法及时进行更新与修订，在时效性上大打折扣。针对上述情况，我们应不断加快黄河保护立法进程，提高立法时效性；提高立法质量，增强其立法实效性、内部统一性及部门协调性并通过法定程序公布保护规划。

表 9-1 我国目前文化保护相关法律体系

性　　质	文　件　名　称	备　　　注
法律、行政法规	《中华人民共和国宪法(2018 修正)》	第 9 条、第 22 条第 2 款
	《中华人民共和国环境保护法(2014 修订)》	第 2 条、第 29 条
	《中华人民共和国刑法(2020 修正)》	第 324 条
	《中华人民共和国文物保护法(2017 修正)》	对中国境内按一定标准认定的文物进行保护
	《中华人民共和国非物质文化遗产法》(2011)	加强非物质文化遗产保护、保存工作
	《中华人民共和国城乡规划法(2019 修正)》	第 4 条、第 17 条、第 18 条
	《中华人民共和国旅游法(2018 修正)》	第 13 条、第 19 条、第 21 条
	《中华人民共和国森林法(2019 修订)》	第 31 条
	《中华人民共和国海洋环境保护法(2017 修订)》	第 22 条、第 23 条
	《中华人民共和国自然保护区条例(2017 修订)》	保护对象中包括有特殊意义的自然遗迹所在的陆地、陆地水体或者海域

（续表）

性 质		文 件 名 称	备 注
法律、行政法规		《风景名胜区条例(2016修订)》	保护对象包括自然景观、人文景观比较集中并可供人们游览或者进行科学、文化活动的区域
		《历史文化名城名镇名村保护条例(2017修订)》	保护对象为历史文化名城、名镇、明村,目的为继承中华民族优秀历史文化遗产
		《长城保护条例》(2006)	保护对象为国家文物部门认定的长城段落
		《博物馆条例》(2015)	主要对博物馆在收藏、保护并向公众展示人类活动和自然环境的见证物工作进行规范
		《中华人民共和国文物保护法实施条例(2017第二次修订)》	根据《文物保护法》规定
部门规章		《大运河遗产保护管理办法》(2012)	保护对象为大运河遗产
		《世界文化遗产保护管理办法》(2006)	保护对象为列入联合国教科文组织《世界遗产名录》的世界文化遗产、文化与自然双重遗产中的文化遗产部分
		《森林公园管理办法(2016修改)》	第6条、第10条
		《文物保护工程管理办法》(2003)	规范文物保护工程的管理,根据《文物保护法》和《建筑法》规定
		《文物认定管理暂行办法》(2009)	规范文物认定管理工作,根据《文物保护法》制定
		《文物行政处罚程序暂行规定》(2005)	规范文物部门的行政处罚行为,根据《文物保护法》《行政处罚法》规定
		《地质遗迹保护管理规定》(1995)	主要规范地质遗迹的保护管理,根据《环境保护法》《矿产资源法》及《自然保护区条例》制定
地方性法规、规章	以世界自然和文化遗产为保护对象	《陕西省秦始皇陵保护条例(2012修正)》	保护对象为世界文化遗产"秦始皇陵"
		《甘肃敦煌莫高窟保护条例》(2002)	保护对象为世界文化遗产"莫高窟"
		《泰山风景名胜区保护管理条例(2020修正)》	保护对象为世界文化和自然双重遗产"泰山"
		《泰山风景名胜区生态保护条例》(2018年)	保护对象为世界文化和自然双重遗产"泰山"
		《四川省世界遗产保护条例(2015修订)》	保护对象为四川省境内除都江堰之外的世界文化与自然遗产
		《山西省平遥古城保护条例(2018修订)》	保护对象为世界文化遗产"平遥古城"
		《四川省都江堰水利工程管理条例(2019修订)》	保护对象为世界文化遗产"青城山与都江堰"之"都江堰"部分
		《洛阳市龙门石窟保护管理条例(2012修订)》	保护对象为世界文化遗产"龙门石窟"

（续表）

性 质		文 件 名 称	备 注
地方性法规、规章	以世界自然和文化遗产为保护对象	《云冈石窟保护条例》(2018)	保护对象为世界文化遗产"云冈石窟"
		《河南省安阳殷墟保护管理条例》(2001)	保护对象为世界文化遗产"殷墟"
		《四川省世界遗产保护条例(2015 修订)》	保护对象为自治州境内的世界文化与自然遗产
		《包头市长城保护条例》(2017)	保护对象为世界文化遗产"长城"包头段
		《西安市丝绸之路历史文化遗产保护管理办法》(2008)	保护对象为世界文化遗产"丝绸之路：长安—天山廊道路网"西安部分
		《山东省大运河遗产山东段保护管理办法》(2013)	保护对象为世界文化遗产"中国大运河"山东部分
		《洛阳市大运河遗产保护管理办法》(2012)	保护对象为世界文化遗产"中国大运河"洛阳部分
		《三江源国家公园条例(试行)》(2017)	主要规范三江源国家公园保护、建设和管理活动，三江源包括长江源(可可西里)、黄河源、澜沧江源

（2）行政管理机制

从行政管理体制来看，如表 9-2 所示，针对黄河流域及周边地区的文化遗产实行以属地管理为主的保护模式，无统一的部门直接管理，文化与旅游部、国家文物局、教育部、林业局、建设部等多个政府部门均分别有文化（遗产）保护的职能，形成了横纵交错的遗产管理体系，而具有文化遗产保护职能的部门之间责任主体、划分界限模糊不够明确，职责分散导致政策协调性相对较弱，极易导致因单纯追求部门利益而产生横向的管理分散、纵向的利益分割等问题。同时，现有黄河流域保护和治理的专门性机构，如黄河流域生态环境监督管理局和黄河水利委员会，其职责范围和工作内容主要侧重于生态环境和水利工程建设等，涉及黄河文化保护的内容极少，而文化保护是黄河保护中不可或缺的一环，专门性的流域管理机构缺少承担相应文化保护责任的能力。

3. 立法总体思路和原则

（1）深入挖掘黄河文化的时代价值

几千年来，黄河文化生生不息、不断融合、与时俱进，逐渐形成新时期黄河文化的核心价值，不但造就了中华民族"尊重规律、人水和谐的绿色基因"，"自强不

表 9-2　我国文化保护相关部门及其职能

部　门	主要职责	涉及文化(遗产)保护的下设机构	涉及文化(遗产)保护相关职能
文化与旅游部	统筹规划文艺事业、文化产业和旅游产业的发展,包括引导文艺事业创作和国内公共文化产业的发展和建设、对外的文化事业建设等职能	产业发展司、资源开发司、非物质文化遗产司、市场管理司、文化市场综合执法监督局等	文化(遗产)保护在旅游业发展意义上的开发与保护;非物质文化遗产的传承和创作;管理国家文物局
国家文物局	拟订文物和博物馆事业发展规划,拟订文物认定、博物馆管理的标准和办法,组织文物资源调查;协调和指导文物保护工作,履行文物行政执法督察职责;组织审核世界文化遗产申报;组织指导文物保护宣传工作等职能	文物保护与考古司、博物馆与社会文物司、革命文物司、政策法规司、督查司等	统筹物质文化遗产(文物)的保护与修复;负责申报世界性文化遗产
教育部	拟订教育改革与发展方针、政策和规划;负责推进义务教育均衡发展和促进教育公平;指导各级各类学校的思想政治工作、德育工作、体育卫生与艺术教育工作及国防教育工作	思想政治工作司、发展规划司、综合改革司、基础教育司、高等教育司、民族教育司、社会科学司、语言文字信息管理司等	从思想政治工作入手,开展文化保护相关教育;建立文化保护的社会科学档案,保存和发展文化遗产;以教育为基建设文化遗产传承人才队伍
林业局	负责林业和草原及其生态保护修复的监督管理;组织林业和草原生态保护修复和造林绿化工作;负责监督管理各类自然保护地。拟订各类自然保护地规划和相关国家标准;负责国家公园设立、规划、建设和特许经营等	生态保护修复司、森林资源管理司、草原管理司、自然保护地管理司、荒漠化防治司、野生动植物管理司等	提出新建、调整各类国家级自然保护地的审核建议并按程序报批,组织审核世界自然遗产的申报,会同有关部门审核世界自然与文化双重遗产的申报
建设部	负责规划住房与城乡建设,拟定住房保障相关政策;监督规范房地产开发市场;研究拟订城市建设的政策、规划并指导实施,指导城市市政公用设施建设、安全和应急管理	住房改革与发展司、住房保障司、城乡规划司、住房改革与发展司、房地产市场监管司、建筑市场监管司等	拟订全国风景名胜区的发展规划、政策并指导实施,负责国家级风景名胜区的审查报批和监督管理,组织审核世界自然遗产的申报,会同文物等有关主管部门审核世界自然与文化双重遗产的申报,会同文物主管部门负责历史文化名城(镇、村)的保护和监督管理工作

息、艰苦奋斗的红色基因",更呈现出"日益进取、坚忍不拔的开拓精神"和"海纳百川、开放包容的融合精神"。人水和谐的绿色基因历经多年,现今依然指导着沿黄地区人民在遵循自然规律的基础上,利用自然、改造自然。而黄河又是流淌着光荣革命传统的红色之河,黄河文化中的红色基因形成于中国革命的伟大实践,随着社会的进步与经济的发展,在一代代领导人的带领下,中国在时代的潮流中不

断前进,正是华夏儿女身上的艰苦奋斗的红色基因的体现。同时,沿黄地区的华夏儿女在不断地奋斗中取得了一定的成功后并没有因此坐享其成,反而是认识到了天道酬勤、勤劳务实方能成功的真理,并且形成了日益进取、坚忍不拔的开拓精神。同时,黄河作为华夏儿女的"母亲河",在发展中不断汲取其他文化营养,完善并形成了具有开放、包容气质的中华文明。如今的中华儿女依然秉持着"和而不同""协和万邦""亲仁善邻"的思想,不仅为社会经济的发展带来了催化剂,更是推动了全球化的进程。

(2) 准确把握文化与保护、发展之间的关系

高度认同的黄河文化是流域发展共识形成的基础,依托黄河文化强大的生命力和凝聚力引导黄河区域生态环境和文化保护,需要将黄河文化蕴含的传统智慧和时代精神内化于整个流域管理的实践中,为流域生态保护和高质量发展的整体统筹和区域协同提供思想基础和智力源泉。

树立黄河文化保护"一盘棋"的发展理念,才能使其在宣传保护和发展中打破行政壁垒,统筹规划、协调配合、协同开发,合力推动沿黄地区文化、生态、经济的高质量发展。坚定黄河流域内区域协同发展的大原则,促进建立各省份各部门的动态对话平台,时刻保持政策的协调性和一致性,展开经济、生态环境等多方位合作,杜绝地区之间割裂发展导致的恶性竞争、资源浪费等现象。

同时,要树立"幸福河"的流域发展共识,一方面,要充分实现沿黄地带文化遗产资源的整合与提升,强化品牌效应,为解决经济发展建设与遗产资源保护间的矛盾提供一个合理的途径。另一方面,深入挖掘沿黄文化遗产的核心遗产价值,激发其内生动力与活力,增强公众的文化自信心和民族自豪感,满足人民日益增长的美好生活需要。黄河文化的保护绝不能以牺牲当地居民生活为代价,黄河文化保护规划应充分考虑当地居民的生活保障,以引导保护替代强制搬迁。

(3) 形成政府引领、市场主导、社会参与的文化保护新格局

立法需要充分发挥政府引领、市场主导和社会参与的多方合力作用,形成文化保护新格局。黄河文化保护立法中,要切实发挥政府引领作用,健全黄河文化保护体系,明确黄河文化保护的主体,加大激励约束机制,落实地方各级政府对本行政区域的黄河保护责任;要进一步保障市场主导力量,发挥市场机制作用,推动黄河文化的市场价值转化,真正把黄河文化保护内化为企业和各类社会组织的内

在要求,激活黄河文化资源的时代价值;要广泛动员社会参与黄河文化保护,鼓励民间非政府保护组织的成立,激励民众自觉、自愿地参与到黄河文化大保护中来,提高民众对黄河文化保护的认知度和参与度,健全黄河保护过程中的公众参与决策和监督机制,形成政府引领、市场主导、社会参与的保护格局,形成全民参与黄河大保护的良好氛围。

四、 期待通过立法解决的突出问题

黄河文化的保护、传承和弘扬是落实黄河流域保护的重要内容,也是当前黄河高质量发展事业中亟待解决的欠缺之处,其法律保障体系也需要不断补充完善以适应新形势。近年来,我国文化保护制度不断完善,经过多方发力已经取得了较大发展,但目前我国专项法规、技术规范、管理制度等方面仍缺失较多。因此,要及时总结国内外文化保护事业发展的现状与经验,深化对黄河文化遗产保护状况的调查研究,避免"说起来重要,做起来次要,忙起来不要"的尴尬境地。

1. 黄河文化内涵界定不清晰,保护对象和范围模糊

保护传承弘扬黄河文化,首先需要明确界定黄河文化内涵,从而限定保护范围。关于黄河文化核心内涵,至今没有成说,一直停留在"博大精深""只可意会不可言传"的认知层面。学界通常将黄河文化分为广义和狭义的两种,广义上的黄河文化是指黄河流域的广大劳动人民在黄河水事及其相关实践活动中创造的全部物质财富和精神财富的总和;[1]狭义上的黄河文化是指黄河流域广大劳动人民及黄河水利工作者所具有的精神诉求、价值取向、基本理论以及行为方式的综合,主要包括精神、理念、价值观、制度等文化现象。[2]大跨度的时空演变造就了庞大繁杂的黄河文化体系,即使按照后者对黄河文化的内涵进行界定,依旧庞杂且缺乏核心与条理,增加了保护对象与边界识别的难度,不易于黄河文化的综合性保护和传播推广。

黄河作为中华民族的"母亲河",其面积广袤、历史悠久、自然和人文环境复

---

[1] 李立新:《深刻理解黄河文化的内涵与特征》,载《中国社会科学报》2020年9月21日,第4版。
[2] 牛建强、姬明明:《源远流长:黄河文化概说》,载《黄河报》2017年7月11日,第4版。

杂,参考现有《世界遗产保护公约》[1],可以将流域文化保护对象划定为文化遗产、自然遗产和自然与文化双重遗产在内的常规类型遗产,以及由文化景观、文化线路、历史城镇等特定类型遗产,如图9-1所示。这些遗产作为黄河文化的重要组成和核心载体,已是黄河高质量发展过程中不可或缺的资源。由于尚未形成明确界定黄河自然和文化遗产整体保护的专门性、综合性法律和行政法规,缺乏针对"历史文化街区""大遗址""乡土建筑""工业遗产""非物质文化遗产"等保护方面的专项法规、技术规范、管理制度等。对于自然和文化遗产保护存在保护理念落后、法律责任较轻、震慑力不足、内容简单及可操作性较差等问题,如《文物保护法》的保护对象也存在范围较窄的问题,大量未能达到文物标准、散落于各地的历史建筑物、历史聚落、历史构筑物等未被纳入法律保护的范围。

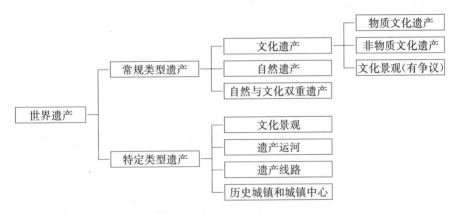

图9-1 世界遗产体系及其主要分类展示

资料来源:依据实施《世界遗产保护公约》操作指南(2017)整理。

2. 黄河文化保护模式不匹配,保护内容割裂缺乏系统性

近几年,随着世界遗产保护的研究发展与演变,遗产保护范围不断扩大,保护措施逐渐由单体文物的保护发展至遗产区域、历史文化名城的整体保护等。针对运河、绿道、文化线路等线性文化遗产的保护模式在国外早已积累较为丰富的实

---

〔1〕 1972年,联合国教科文组织通过了《保护世界文化和自然遗产公约》(即《世界遗产公约》)。公约要求各缔约国要承认确定、保护、保存、展出本国领土内的文化遗产和自然遗产,并将它传给后代,主要是本国的责任,要尽力而为。在40余年的发展中,逐渐衍生划分出三级遗产体系,基本涵盖现有主要遗产类型。

践经验,出台了相应的保护纲要文件等,并随着实践发展内容不断深化。由于尚未形成统一定义及判定标准,"文化线路""遗产廊道""线性文化遗产"等多个概念间存在着交叉、混淆的现象。通过对现有保护措施方法的梳理,探讨其相互间关系,并总结出现有遗产保护措施框架,如表 9-3 所示。

表 9-3　线性遗产保护模式、保护对象及保护措施梳理

	文化线路	遗产廊道	线性文化遗产
概念提出	1998 年文化线路科学委员会(CIIC)成立;2008 年通过《文化线路宪章》	1987 年美国户外空间总统委员会首次使用了"绿色通道"的概念,并于同年发起了美国绿色通道计划,将绿色通道根据功能划分为生态绿道、休闲绿道和遗产廊道等三种类型	2006 年单霁翔在文化线路基础上,对其概念、内容和内涵进行了拓展,提出线性文化遗产概念
内涵界定	一种交流线路,应当具有明确的界限、独特的历史功能、特殊的服务对象,但其形式不限于陆地、海上或者其他形式	拥有特殊文化资源集合的线性景观。通常带有明显的经济中心、蓬勃发展的旅游、老建筑的适应性再利用、娱乐及环境改善	拥有特殊文化资源集合的线状或带状区域内的物质或非物质文化遗产族群
保护对象	交通线路本身和基本衍生要素,包括有形遗产资源和无形遗产要素(无形要素:必须是赋予不同的文化线路组成要素意义和内涵);文化线路与环境背景密切相关,是其环境背景不可分割的一个组成部分	包括废弃煤田和采矿地等近代乃至现代的遗迹	线性文化遗产的形式和内容多样,其中河流峡谷、运河、道路以及铁路线等都是重要表现形式,大多代表了早期人类的运动路线,并体现着地区文化的发展历程。如从早期的利用河渠运输,逐步发展到修建运河、公路及铁路。带状绵延的长城及其周边的附属建筑、城堡、关塞等,也属线性文化遗产
保护措施		通过精心设计的游道把自然和文化资源串联起来形成绿色通道,逐渐发展形成遗产廊道	1. 进行资源调查,开展科学研究 2. 编制保护规划,实施整体保护战略 3. 完善法律法规,加强法制建设 4. 健全机制,加强管理 5. 确定阐释方法,突出展示 6. 回复线性文化遗产的原真性和完整性 7. 鼓励公众和社区参与线性文化遗产保护
典型案例	圣地亚哥·德卡姆波斯拉朝圣之路	伊利诺斯和密歇根运河国家遗产廊道	长城

我国对于大尺度线性文化遗产的保护研究起步较晚,王志芳和孙鹏首次将美国"遗产廊道"的概念、选择标准、保护的体制机制等引入国内,[1]单霁翔指出线性文化遗产来源于文化线路,是对其概念、内容和内涵的拓展,并对线性文化遗产的概念进行了界定。[2]在理论发展的基础上,我国已有部分实践实现了突破性进展,2006 年出台的《长城保护条例》、2012 年出台的《大运河遗产保护管理办法》及 2019 年出台的《大运河文化保护传承利用规划纲要》均为线性文化遗产的保护提供了一定参考,为黄河的大保护大治理提供了宝贵经验,但保护模式不足以完全匹配黄河文化保护的特殊需求。比如,当前脱胎于"绿道"概念的"遗产廊道"模式更加注重经济生态功能,更多是以经济振兴为目标,往往缺少文化方面的重点保护。而针对线性遗产、文化线路等跨地域、规模化遗产保护,又仅将生态环境作为文化遗产的周边环境背景,忽略了其文化思想价值。

3. 黄河文化保护理念陈旧,保护主体间利益存在冲突,合力不足

黄河文化产生于人类社会治理黄河、同黄河相处的实践之中,其保护治理亦需要依托于广大人民群众及其人水互动活动之中。当前由于尚未形成专门针对黄河自然和文化遗产保护的综合性法律和行政法规,在进行黄河文化保护时,难以明确保护主体及其责任划分,已有法律法规对除政府部门外的其他保护主体及权责没有进行强制性规定。

（1）主体间发力不均

黄河文化保护需要政府与社会主体共同发力。目前,我国遗产保护工作主要采取"自上而下"的保护方式,更多是由相关职能部门、专业科研单位进行,在吸纳民间力量,鼓励公众参与方面做得还远远不够,社会公众参与的不足也阻碍了黄河文化的高质量保护发展。近年来,公众参与情况虽有所好转,但参与的层次、深度都不够,形式也比较单一,一些决策性、核心层面的工作仍缺乏公众的参与。[3]公众参与形式多为在政府的引导或支持下进行一些政策传播和公众教育,或协助

---

[1] 王志芳、孙鹏:《遗产廊道——一种较新的遗产保护方法》,载《中国园林》2001 年第 5 期,第 86—89 页。

[2] 单霁翔:《大型线性文化遗产保护初论:突破与压力》,载《南方文物》2006 年第 3 期,第 2—5 页。

[3] 刘小蓓:《公众参与遗产保护的激励机制研究》,暨南大学出版社 2017 年版,第 5 页。

政府开展公众调查和征集活动,参与行为的系统性和可持续性相对较弱。[1]我国《文物保护法》虽然肯定了公众参与文物保护的做法,如在第 7 条规定"一切机关、组织和个人都有依法保护文物的义务",为广大公众参与文物保护提供了法律依据,但立法只是将参与文物保护作为公众应当履行的一项义务,而不是法律所赋予公众所享有的权利,也没有对公民参与更加难以用量化指标衡量的文化类保护做出规定。国家对公民参与文化保护还未给予足够的重视,即便公众具有保护文物的自觉性,但由于缺乏法律上的权利依据而无法激发公众参与文物保护和文化宣传的积极性。当前,黄河系统性文化保护战略地位日渐提升,对其保护工作也提出了新特点、高要求。在此背景下,强化政府对公众参与的政策支持力度,建设多元化保护队伍,公众的参与权的落实亟待解决。

（2）资金来源渠道单一

目前我国实行遗产属地管理,中央政府负责部分保护资金,而其余部分则由地方政府负责提供,来自遗产保护基金会的经费较少。而黄河流域流经区域主要以中西部地区为主,地方经济发展水平参差不齐,文化保护资金投入缺乏保障。虽然国家鼓励慈善组织团体及个人的多方配合辅助,但缺乏明确的引导性法律政策,如减免税收等方式。最重要的是资本来源无相关立法保障,致使资金来源不明确,来源途径不长久。诸如此类的问题使得黄河文化的保护资金难以获得稳定的供给渠道,保护工作难以长期有效开展。

4. 黄河文化保护机制不健全,制约遗产保护效果及效益转化

（1）专门机构缺失,管理部门交错分割

在我国现有文化遗产保护管理体制下,文化遗产保护行政执法主体主要包括四种类型。第一类是国务院以及省、自治区、直辖市人民政府。第二类是文物行政主管部门,包括负责全国和地方文物保护工作的国务院文物行政主管部门和县级以上地方人民政府文物主管部门。第三类是其他行政部门,如城乡建设规划和公安部门。第四类是依据法律授权或行政机关委托,获得行政执法权,成为行政执法主体的组织,如文物所在单位和文物管理处。针对黄河流域及周边地区的文化遗产实行属地管理与保护,无统一的部门直接管理,文化与旅游部、国家文物

---

〔1〕 王云霞:《文化遗产法学:框架与使命》,中国环境出版社 2013 年版,第 92 页。

局、教育部、林业局、建设部等多个政府部门均有文化（遗产）保护的职能,形成了横纵交错的文化管理机构,极可能因为单纯追求部门利益而导致横向的管理分散、纵向的利益分割等问题。专门机构缺失,管理部门交错分割的现状,往往导致重复执法和执法盲区等现象的出现,严重制约文化保护工作,黄河文化的高质量保护和发展受此缺陷掣肘。

（2）地区保护分割片段

由于黄河流域内各地区长期的行政分割,文化遗产保护工作各自为政,各地区之间缺乏对区域文化脉络的整体认识,导致各地文化遗产的展示利用也相对片段化,仅局限于本行政区范围,缺少对同类型遗产或跨行政区线性遗产整体展示与合作利用的工作方法。

近年来,黄河流域内的文化名人归属问题正是区域协调性差问题的突出体现。如陕西省和河南省就花木兰出生地问题的分歧。陕西省在延安建有"花木兰墓";在河南省商丘市虞城县同样有"花木兰之乡"的文化景区。而这样的分歧不仅造成了建设资源浪费和社会公众舆论的不解和批评,更削弱了花木兰作为历史文化名人所代表的文化意义,削弱了文化名人所代表的黄河文化的凝聚力。而黄河流域本身具有不可分割的整体性特征,其黄河文化保护难以进行明确的行政界限分割。以大汶口文化遗址的考古发掘与成果保护为例,"大汶口文化的空间分布以泰沂山为中心,包括黄、淮下游的山东全省、江苏和安徽北部以及河南东部等广大地区,面积超过20万平方公里"[1]。地域间文化协同的共识和统一保护开发机制的缺失,导致极易出现因不同地区分歧而造成文化资源无法被充分利用的情况,同时一些共性的问题没有及时的展开研究找出解决的办法,一些好的保护经验和手段也没能在全域得到充分的宣传和推广,导致文化遗产的社会经济效益未能有效发挥。

（3）文化价值的市场转化机制欠缺

我国文化遗产主要归国家所有,文物保护以政府为主体开展。但地方政府并不具备保护开发遗产资源的能力和条件,不仅缺乏必要的开发资金,更加缺乏懂经营会管理的专业人才。遗产资源的开发和景区建设工作的前期投入是相当巨大的,单纯依靠政府力量是十分有限的,尤其是黄河流域中西部地区的市县级地

〔1〕 栾丰实:《大汶口文化:黄河下游考古的重要收获》,载《人民日报》2021年3月20日,第5版。

方在遗产资源开发利用中的资金投入更是捉襟见肘。除了资金问题,缺乏市场转化机制同样为黄河文化的宣传和传承带来一定的问题。无论是博物馆还是一些考古遗址公园,对黄河文化遗产的展示方式仍然是以遗址遗迹和实物及图片为主,有的甚至为保护而保护,将一些文化本该展示和活化的文物锁起来甚至藏起来。造成社会大众对于黄河文化的内涵了解不够全面,更难参与到保护黄河文化、为黄河文化的发展注入新的时代内涵之中。从总体上看,黄河文化遗产在保护方法和展示方式都还比较单一。尚未实现充分调动市场力量,大力培育新兴文化业态,也没有实现黄河文化保护的创造性转化,建立文化经济化、经济文化化以及文化经济一体化的机制,没有通过市场充分发挥人民群众对于黄河文化在新时代新内涵的创造力。黄河文化的文化资源尚未被激活,一直处于沉睡状态,很难发挥出它的价值。

5. 黄河文化保护效果评价缺失,多方监督机制亟待增强

(1) 行政执法监督有待完善

我国文化遗产保护状况监督管理尚未建立起有效的监测信息管理机制,一般依靠日常巡视检查和经验分析判断,而未建立在科学的监测指标收集和数据技术分析之上。当前黄河流域生态环境较为脆弱,黄河文化遗产的保存环境依然存在大量风险。一方面,科学执法监督的缺失导致相关部门难以应对突发情况,另一方面,保护风险的预测、监督和责任追究也有较大阻碍。举例而言,隶属于新石器时代文化的龙山文化遗址位于黄河中下游,在缺少科学监测的情况下极易受到黄河决堤和泥沙淤积的威胁。如果统一的文化遗产保护状况监督管理机制和行政执法缺失的局面长期存在,黄河文化保护风险问题将日渐严峻。

(2) 缺少第三方评估机制

黄河文化的保护、传承与发展有助于丰富人民群众的精神文化生活,增强文化自信,对提高全民族文明素质具有重要作用。因此,如何评价公共文化服务质量的高低,如何评价相关工作任务是否落实到位,相关决策是否执行到位至关重要。当前最常规的做法是文化保护部门的自我检查、自我评价,但由于决策、执行和评估集中在同一部门,这种内部评估结果的公信力自然会被质疑,甚至引发自说自话的诟病。而第三方的独立性被认为是保证评估结果公正的起点,其专业性和权威性则被认为是保证评估结果公正的基础。在黄河文化保护、传承和弘扬的过程

中,由于缺少第三方机构评估的独立性、专业性和权威性评估,文化保护工作效果难以保证,文化管理部门也无法动态跟进黄河文化的保护,难以时刻把握现状、查找问题和解决问题。

(3) 社会监督机制亟待增强

随着推进城市化工业化的快速发展,文化保护与城市建设之间的矛盾也日趋激烈,文化遗产保护的任务愈益繁重,单纯依靠政府部门的力量以及传统的保护方式已经难以适应当前的文化保护需求。当前,在黄河流域盗掘古文化遗址古墓葬、盗窃田野石刻造像和文物建筑构件、倒卖文物等犯罪活动猖獗。同时,经济开发进程中文化遗址肆意破坏现象严重,文物管理秩序较混乱,文物安全督查与防控能力亟待增强,而加大文物犯罪的打击力度与侦破速度,除了强有力的专业队伍,同时也迫切需要更多的社会力量参与。相对于较为庞大的馆藏文物数量和不可移动文物(特别是田野文物)来说,文物保护专业力量相对薄弱。缺少社会公众的积极参与会导致文物部门难以及时发现、查处文物违法行为,缺乏社会监督机制,黄河文化的保护就缺失了来自人民群众的重要屏障。同时,不完善的社会监督机制也会抑制社会公众参与到黄河文化保护当中的积极性,不利于黄河文化在现代真正走到人民群众当中,发扬新的时代精神与内涵。

五、 立法内容说明及立法建议

1. 立法内容说明

长期以来,黄河文化保护存在着内涵界定不清晰,保护对象和范围模糊,保护模式与文化现状不匹配,保护内容割裂缺乏系统性;文化保护理念陈旧,保护主体间利益冲突合力不足;文化保护机制不健全制约遗产保护效果及效益转化等问题。当前急需建立与流域文化特征相匹配的,综合性专门法律,主要从以下四点展开:

针对黄河文化保护对象不清晰、保护边界模糊等问题,建议做好遗产摸底和发现工作,搭建统一信息平台,实现黄河文化遗产的信息整合与资源共享,为遗产保护、传承与弘扬的管理提供信息依据。为了强调黄河文化所独具的"自然与文化高度融合统一"的基础特征,明确将自然遗产纳入黄河文化保护范畴,并探索特色文化生态保护区的形式进行系统性保护。针对黄河文化保护主体责任不明确

的问题,分别从确立管理机构与明确各部门职责、培养社会组织、推动公众参与等
方面设计黄河保护法的相关条款,以确保形成黄河文化保护主体的多元化。针对
黄河文化保护效果评价机制薄弱的问题,分别从完善行政执法监督、引入第三方
评估机制、增强社会监督机制三个方面设计黄河保护法的相关条款,以明确加强
各相关主体对黄河文化保护效果评估。针对黄河文化价值创造性转化不足的问
题,分别从市场转化机制、资源活化等方面设计黄河保护法的相关条款,以激发文
化产业活力。

2. 立法建议

(1)划定文化保护的边界与范围,以保护规划为抓手实现系统保护

作为区别于大运河、长城等主要由人工建设的大型线性文化遗产,要把握住
黄河文化所独具的"自然与文化高度融合统一"的基础特征,使其历史悠久、尺度
巨大、类型多样的文化遗产能够依托自然环境的系统性串联起来,探索形成自然
生态资源和文化要素相协调的"大黄河"的文化保护模式。

建议开展广泛全面的自然遗产和文化遗产的调查发现工作,依托流域建立文
化遗产数据库和统一信息平台,构建完整的遗产体系,实现信息整合与资源共享。
在摸清黄河文化家底的基础上,编制全面完整的保护规划,探索文化遗产与自然
生态的整体保护策略及可行措施。

建议实行黄河文化保护规划制度。黄河文化保护规划由总体规划、省级规划
和市级规划构成。黄河文化保护总体规划,由国务院文化主管部门会同国务院有
关部门制订,经流域管理机构审定后报国务院批准公布。黄河文化保护总体规划
应当与国家国土空间、水利航运、生态环境、区域发展等规划相协调。黄河文化保
护省级规划和市级规划,分别由省级和市级文化主管部门会同同级有关部门制
订,报省级和市级人民政府批准公布,并报上级文化主管部门备案。在整体保护
规划编制的指导下,开展专项保护规划编制。尤其是流域内众多活态保存、依然
发挥着重要社会经济作用的活态遗产和具有生态涵养调节功能的自然保护区。

建设黄河水土保持与自然文化特色保护区,通过抢救、修缮有序推进保护工
作,搭建黄河自然与文化相融合的展示平台,实现黄河文化的集中保护与展示。
充分体现黄河流域自然与文化融合的特色,彰显中华民族治沙治黄过程中的传统
智慧和时代价值,结合上游生态涵养、中游"多沙粗沙区"长远水土保持、下游滩区

安全保障等现实需求,采取与之相符的河流、区域开发与发展方式,促进黄河流域长治久安、自然遗产保护和文化遗产保护传承的系统目标的实现。

(2)明确文化保护的主体及责任,以文化共识为牵引实现协同保护

只有通过立法明确了文化保护主体及相关方的权利责任,并建立与权利责任相匹配的奖惩措施,才能形成职责清晰、分工明确、奖惩分明、衔接有效的文化保护体系。建议由国务院文化主管部门负责黄河文化的保护工作,并与国务院文物保护、住房和城乡建设、自然资源、生态环境、水利、交通运输等主管部门合作,依法在各自的职责范围内开展相关工作。黄河沿线县级以上地方人民政府文化主管部门,负责本行政区域内的黄河文化保护工作,依法与其他相关主管部门合作开展工作,并将文化保护经费纳入本级财政预算。明确流域管理机构在黄河文化保护中的地位和作用,同时协调好流域管理机构与地方政府文化保护行政主管部门的职责权限分工,实现黄河文化流域管理与区域管理相协同。

高度认同的黄河文化是流域发展共识形成的基础,树立"幸福河"的流域发展共识,将黄河文化蕴含的传统智慧和时代精神内化于整个流域管理的实践中,为流域生态保护和高质量发展的整体统筹和区域协同提供思想基础和智力源泉。在此基础上,树立黄河文化保护"一盘棋"的发展理念,将黄河文化的保护服务于黄河流域生态保护与高质量发展的大局,做好沿线各区域的协作协调,避免黄河文化项目的重复开发和同质化竞争。积极探索以文化引领带动流域发展的新路径,统筹推进黄河文化传承、文物保护、文旅融合、生态保护、经济建设的工作开展。建议以文化共识为引领,成立黄河文化保护领导小组,推动沿线各省达成"流域共治"框架协议,联合编制跨界流域专项整治等行动方案,协同推进沿线的环境保护、资源开发与经济社会发展。充分实现沿黄地区文化遗产资源的整合与提升,强化品牌效应,为解决经济发展建设与遗产资源保护间的矛盾提供一个合理的途径,促进黄河全流域高质量发展,建设造福人民的幸福河。

建议创新文化保护、传承与弘扬主体,加强公众参与黄河文化保护的制度构建,培育社群组织,激发公众参与黄河文化保护。第一,完善黄河文化保护非政府组织(NGO)培育机制。一是完善注册登记制度。适当降低NGO的入门门槛,在注册登记过程中重点对公益性、非营利性作出要求,放宽对人员、场地、资金和业务主管单位等方面的要求。二是建立NGO发展支持机制。坚持政府扶持、社会参与、民间自愿的方针,推动社会组织健康、有序发展。积极为NGO开展各

类公益活动搭建平台,提供政策指导、信息支持等。引导 NGO 建立各项内部管理制度和工作机制,加强 NGO 人才培训。三是建立沟通、协调、合作制度。建立文化保护部门和 NGO 之间定期的沟通、协调与合作机制,在制定政策、行政处罚和行政许可时充分听取 NGO 的意见与建议,并自觉接受 NGO 的咨询和监督。

第二,完善决策过程的公众参与制度。一是明确公众参与环境决策的原则与范围。将利益均衡原则和相关性原则作为判断实行公众参与的标准,逐步制定环境保护决策公众参与目录,确保在政策法规制定、行政许可、重大项目建设等过程中实行公众参与。二是规范公众参与文化保护决策的程序和方式。完善行政决策和行政许可程序,对启动公众参与的条件、形式和程序等作出规范。探索建立公众咨询委员会制度,培育和发展环境公共政策咨询机构,通过第三方征询公众意见的方式,扩大行政决策的公众参与度。三是强化公众参与文化保护决策的有效性。采取公告公示、听证、问卷调查、专家咨询、民主恳谈等形式广泛听取专家和公众意见。建立健全公众参与文化保护的决策意见处理情况说明制度,及时公开公众参与行政决策的意见建议采纳情况。

(3) 完善文化保护效果评价机制,以信息公开和第三方评估实现监督落实

加大黄河保护规划、决策、执行过程中的信息公开力度,建立社会监督的渠道,保障社会监督的可行性和有效性。同时要建立社会监督与政府监管相配合的机制,使得社会监督既能对政府行为形成监督,又能使社会监督结果在政府监管中便捷地体现和落实。完善黄河文化保护公开监督和保障机制。保障公众知情权,提高公众对黄河文化保护的整体认知度和参与度,是公众参与、监督黄河文化保护的前提和基础。向公众普及行政法相关知识。注意权力机关监督、司法监督、行政监督、行政执法机关自我监督和社会监督的互相结合,发挥综合监督的促进效应。建立健全信息公开工作领导机制和推进机制,落实责任主体,明确任务分工。完善信息公开工作考核制度、社会评议制度和责任追究制度,定期对信息公开工作进行考核评议。

积极探索建立黄河文化保护效果第三方评估机制的总体思路和基本原则,引入、培育、规范社会第三方评估机构,推进社会组织第三方评估信息公开和结果运用,使第三方评估成为政府监管的重要抓手,成为社会监督的重要平台,成为社会组织加强自身建设的重要动力,促进社会组织在经济社会发展中发挥更大作用。

建立健全能够被群众普遍接受并行之有效的社会监督标准,强化建立具有独立运行系统的社会监督体系,主要以加强群众监督、舆论监督、社团协会监督为主要任务,使现有的社会监督方式发挥作用,理顺机制,从而增强社会群众在黄河文化保护效果评价体系中的参与程度。

完善违法行为的公众监督制度。一是丰富公众监督形式。健全完善文化保护听证、社会公示、信访、举报、市民检查团、文化保护义务监督员和热线电话等制度,鼓励社会各界依法有序监督文化保护工作。建立公众参与的文化保护后督察和后评估机制,加强黄河文化保护监督队伍建设。二是完善文化保护舆论监督制度。明确舆论监督的范围和内容,开设新闻媒体环境违法行为曝光栏目。健全环境舆论回应机制,认真、及时处理新闻媒体披露出来的问题。三是完善文化保护信访制度。建立文化保护信访预警机制和隐患排查制度,完善信访查处制度和积案化解制度。完善重大信访案件联席会议制度、重大信访案件督办检查制度和领导包案责任制度,加大重大案件督办力度。

(4) 挖掘文化保护时代价值,以市场机制实现价值转化

挖掘黄河文化的时代价值,使其成为塑造黄河文化灵魂,囊括黄河文化瑰宝,延续黄河历史文脉,构筑具有文化认同感和流域共识的黄河文化的精神内核。建立文化价值市场转化机制,将文化资源转化为产业资源和市场优势。结合时代需求,强化黄河文化保护和传承的品牌效应,激发市场力量整合流域内遗产资源,培育新兴文化业态,实现黄河文化保护的创造性转化,促进文化经济化、经济文化以及文化经济一体化,促进黄河文化价值与生态产品价值的联合实现。

完善特许经营、私人部门收藏、非遗传承人认定等制度,充分调动市场力量,激活文化资源,大力培育新兴文化业态,推动其市场价值的转化,弥补单纯政府开发利用的能力与资金缺失,弥补由于地方经济发展水平参差不齐,所导致的文化保护资金投入缺乏保障问题。

建立黄河文化遗产保护基金会,引入社会资金,拓宽资金渠道。加强黄河文化保护中的市场参与度,调动企业力量,吸引资本化投入,拓宽资金来源渠道,通过引导性政策鼓励慈善组织团体及个人的多方配合辅助,保障明确资金来源及稳定性。

第十章

黄河流域空间管控专题[*]

一、 本专题的研究意义

党的十八大以来,党中央对于黄河流域保护治理作出了新的战略部署,黄河流域生态保护治理工作迎来了新的历史契机。2019 年 9 月 18 日,习近平总书记在郑州主持召开的黄河流域生态保护和高质量发展座谈会上明确要求,要坚持绿水青山就是金山银山的理念,坚持生态优先、绿色发展,以水而定、量水而行,因地制宜、分类施策,上下游、干支流、左右岸统筹谋划,共同抓好大保护,协同推进大治理,着力加强生态保护治理、保障黄河长治久安、促进全流域高质量发展、改善人民群众生活、保护传承弘扬黄河文化,让黄河成为造福人民的幸福河。黄河流域生态保护和高质量发展,同京津冀协同发展、长江经济带发展、粤港澳大湾区建设、长三角一体化发展一样,上升为重大国家战略。

黄河流域覆盖 9 个省区,横跨东、中、西三大区域,蜿蜒 5 400 多公里,是青藏高原生态屏障、黄土高原—川滇生态屏障和北方防沙带的重要交汇区域,尤其是中上游流域共享一个生态单元,实行流域国土空间一体化保护和协同化治理,对于保障黄河生态安全具有重要作用。只有上下游、干支流、左右岸形成共抓生态大保护、协同环境大治理的局面,才能真正推动黄河流域高质量发展。坚持流域

＊ 本章作者:刘斯洋:生态环境部环境规划院助理研究员。
许开鹏:生态环境部环境规划院生态环境区划中心主任、研究员。
王晶晶:生态环境部环境规划院高级工程师。

国土空间一体化保护和协同化治理,保障区域生态安全、饮水安全、防洪安全,推动形成黄河流域生态保护和高质量发展的强大合力。

由于黄河流域自然资源禀赋与生态环境问题的特殊性、复杂性,迫切需要从流域整体性、系统性以及发展与保护的协调性出发,出台专门的法律,将国家有关法律制度与黄河的特点和实际紧密结合并使之具体化。考虑到黄河流域在我国生态安全格局中的重要性和其生态系统的脆弱性,黄河保护法立法的首要任务是加强空间管控,明确生产、生活、生态空间开发管制界限。

二、 立法基础与立法思路

1. 黄河流域主要相关法律
（1）水事相关法律

改革开放之后,特别是进入 20 世纪 80 年代以来,随着国家水利法制化建设的步伐,黄河流域的立法建设得到了快速的发展,初步形成了相对完整的关于水资源保护和利用开发的法律体系,现有黄河流域水事立法从法律位阶上可以分为法律、行政法规、部门规章、地方性法规和地方规章。

一是法律方面,是由全国人民代表大会常务委员会制定和颁布,散见于水事立法和水环境立法之中的、适应于各大流域管理需要的相关法律,主要有《水法》《水土保持法》等法律。

二是行政法规方面,是由国务院根据宪法和法律,按照法定程序制定,涉及水域管理的主要包括了《河道管理条例》《水土保持法实施条例》等相关法规。

三是部门规章方面,是由国务院各组成部门以及具有行政管理职能的直属机构根据法律和国务院的行政法规、决定、命令,在本部门权限内按照规定程序制定,涉及水域管理的主要包括了《河道管理范围内建设项目管理的有关规定》《入河排污口监督管理办法》等相关规定。

四是地方性法规方面,是由省、自治区、直辖市的人民代表大会及其常务委员会根据本行政区域的具体情况和实际需要,在不同宪法、法律、行政法规相抵触的前提下制定的法规,如《山西省汾河流域水污染防治条例》。

五是地方规章方面,是由省、自治区、直辖市以及较大的市的人民政府根据法律、行政法规、地方性法规所制定的普遍适用于本地区行政管理工作的规范性文件,如《河南省黄河河道管理办法》。

表 10-1　水事相关法律法规

法律	《水法》《水土保持法》《水污染防治法》《防洪法》《防沙治沙法》《渔业法》《土地管理法》等
行政法规	《河道管理条例》《水土保持法实施条例》《水库大坝安全管理条例》《取水许可管理办法》《蓄滞洪区运用补偿暂行办法》《黄河水量调度条例》《黄河水量调度条例实施细则》等
部门规章	《河道管理范围内建设项目管理的有关规定》《入河排污口监督管理办法》《取水许可管理办法》《水行政处罚实施办法》《建设项目水资源论证管理办法》《省际水事纠纷预防和处理办法》《黄河下游滩区运用财政补偿资金管理办法》《关于黄河水利委员会审查河道管理范围内建设项目权限的通知》《关于授予黄河水利委员会取水许可管理权限的通知》《黄河河口管理办法》《黑河干流水量调度管理办法》《黄河取水许可管理实施细则》《黄河水权转换管理实施办法(试行)》《黄河重大水污染事件报告办法(试行)》《黄河水利委员会实施〈入河排污口监督管理办法〉细则》《黄河下游河道清障管理办法》《黄河取水许可水质管理规定》《黄河水量调度突发事件应急处置规定》《黄河水权转让管理实施办法》《黄河流域省际边界水事协调工作规约》《黄河河道整治工程管理标准(试行)》等
地方性法规	《山西省汾河流域水污染防治条例》《河南省黄河防汛条例》《河南省黄河工程管理条例》《甘肃省河道管理条例》等
地方规章	《河南省黄河河道管理办法》《山东黄河三角洲国家级自然保护区管理办法》等

(2) 其他相关法律

黄河流域面积约为 79.5 万平方公里,包括土地、矿产、森林、草原、湿地、水等自然资源,涉及大量的其他法律,与黄河流域生态保护和高质量发展相关的法律主要分为资源法、环境法和产业相关法律三大类。

一是资源法,包括《土地管理法》《矿产资源法》《森林法》《草原法》《煤炭法》《节约能源法》《野生动物保护法》等法律,还有《土地管理法实施条例》《湿地保护管理规定》《自然保护区条例》《水生动植物自然保护区管理办法》等行政法规,各部委出台了大量的规章和规范性文件,如《建设项目用地预审管理办法》《建设用地审查报批管理办法》《土地复垦条例实施办法》《草原征占用审核审批管理规范》《占用征用林地审核审批管理规范》。

二是环境法,包括《环境保护法》《环境影响评价法》《固体废物污染环境防治法》《土壤污染防治法》《大气污染防治法》等,还包括《农用地土壤环境管理办法》《污染地块土壤环境管理办法》等部门规范性文件。

三是产业类法律,包括《农业法》《农村土地承包法》《资源税法》《循环经济促进法》《公路法》《铁路法》,此外,国务院和各部委出台了大量产业准入类的管理规定,如《国务院关于实行市场准入负面清单制度的意见》《限制用地项目目录》《禁止用地项目目录》《产业结构调整指导目录》《市场准入负面清单》《重点生态功能区产业准入负面清单编制实施办法》《环境保护综合名录》《建设项目环境影响评价分类管理名录》等。

2. 黄河流域管理法定部门权限

黄河流域包含了土地、矿产、森林、草原、湿地、水等各类自然资源和国土空间类型。按照现有法律,黄河流域管理从层级上看为国家和地方政府共同管理;从管理模式上看为各要素管理。国务院机构改革基本明确了黄河流域各相关部门的职能职责范围;《水法》《土地管理法》等法律法规赋予了相关部门行政审批事项。

表 10-2　黄河流域管理部门及其主要职能

部门	管理内容	主要职能
水利部	空中水、地表水、地下水、水土保持、水利工程、水利移民、防汛抗旱水文水环境	拟订水利战略规划和政策,起草有关法律法规草案,制定部门规章,组织编制重大水利规划;生活、生产经营和生态环境用水的统筹兼顾和保障;实施水资源统一监督管理;水资源保护、防治水旱灾害;指导节约用水、水文工作、水利设施、水域及其岸线的管理与保护防治水土流失、指导农村水利工作;重大涉水违法事件的查处、协调、仲裁;开展水利科技和外事工作
自然资源部	自然资源调查监测评价、确权登记、资产核算	制定自然资源调查监测评价的指标体系和统计标准,建立统一规范的自然资源调查监测评价制度,实施自然资源基础调查、专项调查和监测; 制定各类自然资源和不动产统一确权登记、权籍调查、不动产测绘、争议调处、成果应用的制度、标准、规范; 建立全民所有自然资源资产统计制度,负责全民所有自然资源资产核算;编制全民所有自然资源资产负债表,拟订考核标准;制定全民所有自然资源资产划拨、出让、租赁、作价出资和土地储备政策,合理配置全民所有自然资源资产;负责自然资源资产价值评估管理,依法收缴相关资产收益; 组织拟订自然资源发展规划和战略,制定自然资源开发利用标准并组织实施,建立政府公示自然资源价格体系,组织开展自然资源分等定级价格评估,开展自然资源利用评价考核,指导节约集约利用; 开展水、森林、草原、湿地资源和地理国情等专项调查监测评价工作; 监督管理地下水过量开采及引发的地面沉降等地质问题
生态环境部	水污染防治	拟订并组织实施国家水环境保护政策、规划,起草法律法规草案,制定部门规章;组织拟订并监督实施重点区域、流域污染防治规划和饮用水水源地环境保护规划;统筹协调国家重点流域、区域、海域污染防治工作,指导、协调和监督海洋环境保护工作;制定水体污染防治管理制度并组织实施,会同有关部门监督管理饮用水水源地环境保护工作;水环境监测、信息统计与水资源保护宣传

（续表）

部　门	管理内容	主　要　职　能
农业农村部	农业用水	推进农业节水、渔业水域生态环境保护工作
国家发展和改革委员会	建设节水型社会、水资源循环利用、水环境保护	推进可持续发展战略,负责节能节水工作,组织拟订节水与水资源循环利用战略、政策,参与编制生态建设、水资源环境保护规划,建设节水型社会,制定相关标准
交通运输部	管理水路交通,控制船舶污染	承担水上交通安全监管责任,负责水上交通管制、防止水上污染和船舶及相关水上设施污染事故的应急处置
国家卫生健康委员会	饮用水安全管理	负责饮用水安全监管,制定生活用水标准,建立饮用水安全与健康监测网络
科学技术部	科技支撑	制定国家中长期科技发展规划,其中包含水资源规划,建设科技创新体系
国家林业和草原局	防止水土流失,涵养水源	组织开展荒漠调查,组织拟订防沙治沙、石漠化防治及沙化土地封禁保护区建设规划,拟订相关国家标准,监督管理沙化土地的开发利用,组织沙尘暴灾害预测预报和应急处置

表 10-3　黄河流域行政审批部门及事项

审批部门	项目名称	设定依据
水利部	水工程建设规划同意书审核	《水法》第十九条、《防洪法》第十七条
	不同行政区域边界水工程批准	《水法》第四十五条、《河道管理条例》第十九条
	水利基建项目初步设计文件审批	《国务院对确需保留的行政审批项目设定行政许可的决定》(国务院令第 412 号)附件第 172 项
	取水许可	《水法》第七条、《取水许可和水资源费征收管理条例》第三条
	非防洪建设项目洪水影响评价报告审批	《防洪法》第三十三条
	河道管理范围内建设项目工程建设方案审批	《水法》第三十八条、《防洪法》第二十七条
	河道管理范围内有关活动(不含河道采砂)审批	《河道管理条例》第二十五条
	河道采砂许可	《水法》第三十九条、《河道管理条例》第二十五条
	生产建设项目水土保持方案审批	《水土保持法》第二十五条、第二十六条
自然资源部	建设项目用地预审与选址意见书核发	《土地管理法》第五十二条,《城乡规划法》第三十六条,《土地管理法实施条例》第二十二条、第二十三条,《国务院关于深化改革严格土地管理的决定》第二条第九款,《建设项目用地预审管理办法》《自然资源部关于以"多规合一"为基础推进规划用地"多审合一、多证合一"改革的通知》

（续表）

审批部门	项目名称	设定依据
自然资源部	开发未确定土地使用权的国有荒山、荒地、荒滩项目审核	《土地管理法》第四十一条、《土地管理法实施条例》第十七条
	新设采矿权登记、采矿权延续（变更、注销）登记	《矿产资源法》第三条第三款、《矿产资源开采登记管理办法》
	新设探矿权登记、探矿权延续（保留、注销、变更）登记	《矿产资源法》第三条第三款、《矿产资源勘查区块登记管理办法》
	建设项目压覆重要矿床（矿产资源）审批	《矿产资源法》第三十三条、《矿产资源法实施细则》第三十五条、《国土资源部关于进一步做好建设项目压覆重要矿产资源审批管理工作的通知》《国土资源部关于进一步改进建设用地审查报批工作提高审批效率有关问题的通知》
	勘查石油、天然气等流体矿产试采审批	《矿产资源勘查区块登记管理办法》第二十条
国家林业草原局	建设项目使用林地审核	《森林法》第十八条第一款、《中华人民共和国森林法实施条例》第十六条、《森林和野生动物类型自然保护区管理办法》《防沙治沙法》第二十二条第三款
	矿藏开采、工程建设征收、征用或者使用七十公顷以上草原审核	《草原法》第三十八条、《草原征占用审核审批管理规范》第六条
	在森林和野生动物类型国家级自然保护区修筑设施审批	《中华人民共和国森林法》第十八条第一款、《森林法实施条例》第十六条、《森林和野生动物类型自然保护区管理办法》第十一条、《防沙治沙法》第二十二条第三款
	采集林业部门管理的国家一级保护野生植物审批	《野生植物保护条例》第十六条
生态环境部	建设项目环境影响评价审批	《环境影响评价法》第三条、第二十三条、第二十五条，《建设项目环境影响评价分类管理名录》第二条，《建设项目环境影响评价文件分级审批规定》第二条、第三条，《环境保护部下放环境影响评价文件审批权限的建设项目目录》《环境保护部下放环境影响评价文件审批权限的建设项目目录》《建设项目环境保护管理条例》
	建设项目竣工环境保护验收	《环境保护法》第四十一条、《建设项目环境保护管理条例》第二十条、《建设项目竣工环境保护验收管理办法》第五条

3.《长江保护法》相关条款对比分析

研究《长江保护法》发现，"国土空间用途管控"章节共设置 10 条内容。主要分为制度建设;河湖、保护地、重要生态区等面上的保护要求;以及养殖、捕捞、采砂、通航等开发活动的要求三个方面。制度建设方面三条:一是"国土空间用途管控",明确建立实施流域规划体系的机制;二是流域禁止性活动要求,三是对历史遗留问题的有序退出要求。面上的保护要求三条:一是河道、湖泊的保护,二是自然保护地体系的建设和管理,三是中号生态区的保护。开发活动的要求方面四条:一是水产养殖要求,二是水产捕捞活动管理,三是河道采砂活动管理,四是航道管理。

参照《长江保护法》,黄河保护法国土空间管控拟从国土空间管控体制机制、生态城镇农业三大空间面上保护、微观层面重要典型生态地区保护三个方面设定条款。

三、 期待通过立法解决的突出问题

1. 资源空间分布与经济发展格局不匹配

流域水资源空间分布不均,上、中、下游用水效率差异较大。黄河流域上、中、下地区水资源分布状况差异巨大。黄河兰州以上河段和花园口以下河段水资源量相对比较丰富,而兰州至花园口的广大地区则相对比较贫乏,其中兰州以上河段流量约占黄河天然径流量的 60%,水资源天然禀赋与水土资源格局、经济发展格局不匹配加剧了区域间的水资源供需矛盾。同时,黄河流域用水效率具有明显的空间非均衡性,呈现出"东高西低"的空间分布特征,用水效率较高地区主要集中于山东、河南、山西和陕西等黄河流域的中下游地区,中上游地区用水效率亟待提升。

矿产资源分布与生态脆弱高度重合,资源开发导致区域环境风险集中。黄河流域又被称为"能源流域",煤炭、石油、天然气和有色金属资源丰富,是中国重要的能源、化工、原材料和基础工业基地。黄河流域大部分地市表现出较脆弱、较高脆弱及高度脆弱的生态本底特征,全流域 46 个矿区城市当中,仅有 3 个矿区城市的生态环境本底不脆弱,其余矿区城市均处于不同程度的生态环境脆弱区。流域生态环境高胁迫区域主要集中在黄河流域中游从银川—包头—呼和浩特—晋陕这一煤炭资源开采和加工的"黑金三角"地区,以及黄河中下游部分煤炭或建材产区。集中的矿产资源空间配置使得上中游地区煤化工行业集中分布,呈现污染集中、风险集中的特点,导致区域性生态与环境问题频繁发生。此外,资源分布与生产力布局存在错位现象,中上游地区能源开发与生态环境保护矛盾突出。

2. 经济发展布局与国土生态安全格局不匹配

改革开放以来,产业和就业人口不断向东部沿海地区集中,市场消费地与资源富集区空间错位,造成能源资源的长距离调运和产品、劳动力大规模跨地区流动,经济运行成本、社会稳定和生态环境风险加大。西北干旱区环境承载力相对较小,生态环境脆弱敏感,尽管经济活动强度总体较低,但一些粗放的经济发展模式和资源利用方式也有可能给当地生态系统带来巨大风险。随着城乡建设用地不断扩张,农业和生态用地空间受到挤压,城镇、农业、生态空间矛盾加剧。优质耕地分布与城镇化地区高度重叠,耕地保护压力持续增大,空间开发政策面临艰难抉择。城镇建设和工业活动挤占大量生态及农业空间,一些高污染、高能耗产业布局在生态功能重要区、生态环境敏感脆弱区,威胁区域生态环境安全。根据遥感调查,2000—2015 年间,自然生态空间占国土陆地面积的面积比例减少0.3%,农业空间减少 0.7%,城镇空间增加 1%。一些生物多样性保护优先区域受到人类活动威胁、局部地区森林和草原呈退化趋势,自然岸线及滨海湿地明显减少。

3. 现行规划中涉及国土空间开发保护内容统筹不足

黄河流域各类开发建设保护活动主要依据依法批复实施的相关城乡规划、土地利用总体规划以及水资源、生态环境保护、农业等专项规划开展。这些规划的有效实施对优化黄河流域国土空间开发保护格局、有序规范各类开发建设活动起到了积极促进作用。但与此同时,部分规划涉及空间的内容重叠,时有冲突,统筹协调不够,缺乏统一的数据基础和数据协同共享机制,规划管理职责交叉,严重制约空间利用质量和效率,对黄河流域国土空间开发保护造成一定程度困扰。

4. 黄河流域空间管控职责不清

黄河流域不同行政部门之间职能存在交叉与不明,如黄河下游滩区范围的界定,部门间并无共识,滩区内的部分耕地或林地,水利部按《河道管理条例》管制,自然资源部按照《土地管理法》管理耕地,矛盾较为突出。自然保护地等生态空间与水功能区、防洪区、河道等在空间上交叉重合,自然保护区的管理需求与河道防洪整治工程建设之间存在矛盾。黄河流域各类项目建设管理缺乏统筹,矿藏开采、工程建设、河道采砂、土地整治、生态修复等工程审批权限分属不同部门,各类项目建设的许可依据和许可条件缺乏基于流域系统治理的标准和要求。如通过自然资源部门审批的项目可能落在水土流失重点预防区却未考虑水土保持方案,水行政主管部门审批的项目可能未考虑耕地保护,项目分头审批和管理加剧黄河流域资源环境问题。

5. 国土空间生态环境治理体系和治理能力有待提高

生态文明体制改革顶层设计总体完成,但各项改革任务落地还不够,改革措施的系统性整体性协同性未充分有效发挥。生态环境治理更多依靠行政手段,相关责任主体内生动力尚未得到有效激发,市场化机制还需进一步建立和完善。生态环境治理投入不足和渠道单一,环境基础设施仍是突出短板,运行水平总体不高。环境信息化建设仍滞后于环境管理工作需要。各地生态环境部门在优化国土空间发展布局方面的配套政策措施和管理工具十分有限。经济下行压力下,一些地区对生态环境保护的重视程度减弱、保护意愿下降、行动要求放松、投入力度减小的风险有所增加。

四、 立法内容说明及立法建议

1. 立法内容说明

加强顶层设计,优化空间布局。编制统一的空间规划,明确黄河流域“三区”(城镇空间、农业空间、生态空间)和“三线”(生态保护红线、永久基本农田红线、城镇开发边界),明确上中下游生态空间布局、生态功能定位和生态保护目标。在划定的生态空间一体化保护区域内设定生态红线,严格落实岸线保护、河段利用、矿产开发和产业发展禁限入标准,确保黄河泥沙只减不增、黄河水质稳步提升、堤防防洪能力持续提高。上游要以三江源、祁连山、甘南黄河上游水源涵养区等为重点,推进实施一批重大生态保护修复和建设工程,提升水源涵养能力。中游要突出抓好水土保持和污染治理,有条件的地方要大力建设旱作梯田、淤地坝等,有的地方则要以自然恢复为主,减少人为干扰,对污染严重的支流,要下大气力推进治理。下游的黄河三角洲要做好保护工作，促进河流生态系统健康，提高生物多样性。

2. 建议在立法中重点考虑的内容

(1) 建立流域国土空间规划制度

建立黄河流域国土空间规划制度体系。黄河流域国土空间规划：国务院自然资源主管部门会同国务院其他有关部门组织编制，统领流域国土空间利用任务。黄河流域国土空间专项规划：应当与黄河流域国土空间规划相衔接，流域国土空间规划和相关专项规划经科学评估、论证，并报国务院批准后组织实施，未经前款规定的程序，不得随意修改或者调整流域国土空间规划。区域内国土空间规划：黄河流域县级以上地方人民政府组织制定本行政区域规划，应当落实黄河流域国土空间规划，并与专项规划相衔接。黄河流域协调机制负责组织国务院有关部门建立国土空间规划实施的监督、评估、预警、考核、问责和纠错体系，并组织制定实施办法。

(2) 推进国土空间规划立法

将党中央、国务院关于建立国土空间规划体系并监督实施的决策部署上升为法律制度，充分尊重国土空间开发保护的客观规律和国土空间规划工作的技术逻辑，充分体现规划以人民为中心的核心价值，凸显主体功能区战略的要求，落实深化"放管服"改革要求，简化规划许可程序，推动国土空间规划立法，统筹协调各类开发建设保护活动的规划管控和许可制度，提高国土空间规划权威性和严肃性。

(3) 加强国土空间用途管控

统领水资源利用、水污染防治、岸线使用、河道治理等方面的空间利用任务，促进经济社会发展格局、城镇空间布局、产业结构调整与资源环境承载能力相适应，确保形成整体顶层合力。立足黄河流域内不同地区生态环境及经济社会发展的区域差异性，统筹考虑主体功能区的功能定位，因地制宜实施差别化分类管控要求。完善国土空间规划体系，依照黄河流域国土空间规划，对所辖黄河流域国土空间实施分区、分类用途管制。明确优化开发、重点开发、限制开发、禁止开发的主体功能定位。提出国土空间开发利用活动应当符合国土空间管控要求，并依法取得用途许可。明确流域"生态—农业—城镇"空间规模布局，以资源环境承载能力和国土空间开发适宜性评价为依据进行相互转化。

(4) 健全生态环境分区管控配套政策

完善自然保护地、生态保护红线监管制度，建立生态保护修复成效评估、绩效考核、生态补偿等配套政策。健全生物多样性保护政策体系,针对重要濒危物种保护、外来物种入侵防治、生物遗传资源保护及惠益分享、传统知识保护等方面制定专门政策,为生物多样性保护提供依据。探索建立并不断完善"邻避效应"问题治理机制,在公众参与、利益协调、补偿问责、化解矛盾等方面完善配套政策制度。进一步完善主体功能区生态环境政策,分别针对城市化地区、农产品主产区和生态功能区,确定相应的生态环境控制目标、标准和管控要求,融合环境影响评价、排污许可、生态补偿、污染物排放标准、总量控制等制度,研究提出主体功能区生态环境保护政策。

(5) 严格区域生态环境准入要求和完善退出补偿机制

衔接落实生态环境部正在研究制定的"三线一单"工作中生态环境准入清单要求。禁止在黄河干支流岸线一公里范围内新建、扩建化工园区和化工项目,禁止在黄河干流岸线三公里范围内和重要支流岸线一公里范围内新建、改建、扩建尾矿库,禁止在生态保护红线进行开发建设活动。

退出机制主要解决黄河流域历史遗留下来的空间布局不合理的问题。对已经依法办理相关手续,但不符合国土空间用途管制要求或者已纳入负面清单的建设项目逐步有序退出。禁止非法侵占河湖水域,确保河湖水域面积不减少,已经侵占的,按照有关规定逐步退出。对依据规定退出的企业和个人的合法权益,依法予以保障。

(6) 完善流域三类空间监管

保护生态空间,构建生态安全屏障。针对黄河流域资源环境超载、林草覆盖率减少、牧区牲畜超量、能源重化工基地分布集中耗水大、废弃矿山损毁土地大、地质灾害风险高等生态空间特征,提出针对性保护措施。在黄河流域重要典型生态系统的完整分布区、生态与环境敏感区以及珍稀野生动植物天然集中分布区和重要栖息地、重要自然遗迹分布区,依法设立国家公园、自然保护区、自然公园等自然保护地。

严格保护耕地和基本农田,积极开展土地开发整理,实现占补平衡,增加有效耕地面积。加强农业污染治理。优先保护耕地土壤环境,开展农村环境连片综合整治。完善农业基础设施。建设灌区配套水利设施,开展小流域综合治理,强化农业防灾减灾能力建设。

引导城市集约紧凑、绿色低碳发展,推动形成分工协作的城镇体系。优化产

业空间布局,推动产业结构调整。加强城市生态环境管理,推动建立基于环境承
载能力的城市环境功能分区管理制度。推进重点地区污染治理,以汾渭平原为重
点加大大气污染防治。

(7)完善流域重要空间生态环境监管

黄河流域的重要空间包括水域、沙洲、滩地、滞洪区、库区、两岸堤防及护堤
地、河口等,这类用地牵一发而动全身,应在结合黄河流域特点,根据不同区域功
能定位,明确管控的法律要求。

加强河湖保护,严格水产养殖、捕捞管理;加强水产养殖活动的管理,退捕渔
民实施补偿,引导渔民退捕转产。在维护河势稳定,保障防洪安全、航运安全和供
水安全,满足生态环境保护要求的前提下,划定黄河砂石禁采区、可采区和保留
区,明确采砂控制总量、禁采区范围、可采区范围、可采区控制开采高程、禁采期、
采砂作业条件、保留区范围、保留区转化条件等采砂管理控制性指标。正确处理
黄河防洪与滩区开发间的矛盾,合理保护和利用滩区,有序搬迁滩区居民。对河
道管理范围内已建、在建岸线利用项目(包括跨河、穿河、穿堤、临河的桥梁、码头、
道路、渡口、管道、缆线、取水、排水等工程设施)进行清理整治,保护黄河岸线,保
障防洪安全,长治久安。加强河口综合治理,强化黄河入海口新淤出的土地管理,
提高河口近岸海域生物多样性保护水平。

3. 如何与现有法规规章衔接

中共中央政治局 2020 年 8 月 31 日召开会议,审议《黄河流域生态保护和高质
量发展规划纲要》,强调要因地制宜、分类施策、尊重规律,改善黄河流域生态环
境;要大力推进黄河水资源集约节约利用,把水资源作为最大的刚性约束,以节约
用水扩大发展空间;要着眼长远减少黄河水旱灾害,加强科学研究,完善防灾减灾
体系,提高应对各类灾害能力;要采取有效举措推动黄河流域高质量发展,加快新
旧动能转换,建设特色优势现代产业体系,优化城市发展格局,推进乡村振兴;要
大力保护和弘扬黄河文化,延续历史文脉,挖掘时代价值,坚定文化自信;要加强
统筹协调,落实沿黄各省区和有关部门主体责任,加快制定实施具体规划、实施方
案和政策体系,努力在"十四五"期间取得明显进展。《黄河流域生态保护和高质
量发展规划纲要》将从水资源集约节约利用、完善防灾减灾体系、推动黄河流域高
质量发展、保护和弘扬黄河文化等方面规划"十四五"期间重点任务与举措。

第十一章

黄河流域管理与协调机制专题*

一、本专题的研究意义

1. 黄河流域生态保护协调管理的问题

（1）生态保护与经济社会发展的不协调

黄河流域目前存在较突出的生态环境脆弱、水沙关系失调、水资源匮乏等环境、资源和生态问题。黄河流域人均水资源占有量仅为全国平均水平的27%，水资源开发利用率却高达80%，远超一般流域40%生态警戒线。黄河流域上中下游都存在较大污染问题，2018年黄河137个水质断面中，劣Ⅴ类水占比达12.4%，明显高于全国6.7%的平均水平。黄河流域土壤侵蚀强度大，水土流失严重，水沙关系复杂，水少沙多、水沙异源、水沙关系不协调，是黄河复杂难治的症结所在。同时，黄河流域地质和洪涝干旱灾害严重，为经济社会发展及人民生活带来了严峻挑战。表象上看这些问题都发生在自然界，是自然和生态环境的危机，但实质上是人与自然、人与人之间的关系出现了问题，必须在制度上规范人的活动与行为。解决这些问题，离不开法律、政策和制度的刚性约束。

（2）现有法律制度协调性不足

黄河流经9个省区，各地生态环境和经济发展的特点和任务有所不同，但各地开展的相关法律制度建设局限于局部和区域发展的视角，尚未形成全局观和整

---

* 本章作者：杜　群：北京航空航天大学法学院教授、博导。
　　　　　　任文莶：北京航空航天大学法学院博士研究生。

体发展理念指导下的综合协调治理。黄河流域各地区地方立法和制度建设的统一性、协调性有待加强，不同地区之间的发展决策沟通不畅，合作与联动封闭，利益冲突和发展掣肘现象时有出现。

（3）流域发展水平参差、区域利益平衡缺乏协调机制

黄河流域在我国经济社会发展中具有十分重要的地位，既是农产品主产区，又是重要的能源、化工、原材料和基础工业基地，但黄河流域经济发展不充分、不协调问题十分突出。黄河流域城市经济发展水平的不均衡性比长江经济带较大，黄河流域上中下游城市发展也不平衡。全国城市 GDP 总量前 10 的城市没有位于黄河流域的，进入前 20 的仅有黄河下游三座城市——郑州、济南和青岛。全国 14 个集中连片特困地区，黄河流域就涉及 5 个。黄河流域发展需要兼顾黄河生态价值、经济价值、资源价值、文化价值等价值体现和实现，而流域立法则要关注协调这些生态利益、经济利益、区域利益和国家利益等流域综合利益。

2. 黄河保护立法中流域协调的重要性

习近平总书记在郑州主持召开黄河流域生态保护和高质量发展座谈会并发表重要讲话，强调："要坚持绿水青山就是金山银山的理念，坚持生态优先、绿色发展，以水而定、量水而行，因地制宜、分类施策，上下游、干支流、左右岸统筹谋划，共同抓好大保护，协同推进大治理，着力加强生态保护治理、保障黄河长治久安、促进全流域高质量发展、改善人民群众生活、保护传承弘扬黄河文化，让黄河成为造福人民的幸福河。"

习近平总书记的重要讲话精神在于把黄河流域生态保护和高质量发展上升为国家战略，为有效协调黄河流域生态保护和经济发展关系做出了科学抉择，为新时代黄河保护立法明确了基本方向，突出了流域协调和协作在保护中的重要性。首先，提出处理生态保护和经济发展协调问题的大略方针，结合流域生态、经济和社会发展状况，确定了黄河流域生态保护和高质量发展两大可持续发展任务。黄河流域的可持续发展定位为生态保护和高质量发展，转变过去以要素聚集、产业聚集、城市群聚集的规模化经济发展方式，改为以水定人，以水定城，以水定产。这一发展战略在立法原则的表达是生态底线原则、生态恢复力原则和生态优先原则，在管理体制上则要求经济发展应与生态环境保护相协调。其次，强调追求人民福祉是黄河流域高质量发展的人文目标，为流域各区域的生态保护和区

域经济发展,全流域的均衡发展和利益平衡提出了法律规制要求,成为创新流域协调管理制度的立法指导思想。再次,强调"因地制宜、分类施策,上下游、干支流、左右岸统筹谋划,共同抓好大保护,协同推进大治理",反映了综合生态系统管理的原则,对现有制度、机构、体制的协调和关系理顺提出了流域协调和协作管理的革新要求。

二、 国外流域管理体制的典型模式

典型模式有美国田纳西流域管理模式和澳大利亚墨累—达令流域管理模式。

1. 集权型模式: 美国田纳西流域管理体制

（1）概述

美国田纳西河位于美国的东南部,属于亚热带季风性湿润气候,是密西西比河的二级支流,全长约 1 050 公里,流域跨越 7 个州,总流域面积约 10.6 万平方公里。[1]田纳西河的流域开发开始于 20 世纪 30 年代,当时的田纳西河流域由于掠夺性的开发,土地退化、植被遭到严重破坏,暴雨频发,洪水频发,是美国最落后的地区之一,年人均收入仅 100 多美元,约为全国平均值的 45%。[2]时任美国总统罗斯福为了走出当时的经济危机,开始推动公共基础设施建设,田纳西河被作为一个试点,通过一种新的管理机制,来进行流域的综合治理和开发,实现振兴经济和保护环境的目的。

1933 年,美国国会通过了《田纳西流域管理法》,该法案对田纳西流域水资源的综合开发、治理和区域经济发展起了决定性作用。田纳西管理局（Tennessee Valley Authority,以下简称 TVA）正是据此成立。它既是一个联邦政府部一级的机构,又是一个经济实体,具有高度独立性和自主权,是高度集权的流域管理模式。

经过 70 年的发展,TVA 已经发展成美国最大的公共电力公司。作为一个区域发展机构,TVA 提供低成本的、可靠的电力,支持一个兴旺的流域,促进流域经济的可持续发展。田纳西河已建成各类发电站 68 座,其中燃煤发电厂 11 座、燃

---

〔1〕 李烨、余猛:《国外流域地区开发与治理经验借鉴》,载《中国土地》2020 年第 4 期,第 50—52 页。

〔2〕 谈国良、万军:《美国田纳西河的流域管理》,载《中国水利》2002 年第 10 期,第 157—159 页。

气轮机厂6个、核电厂3个、水电站29座、抽水蓄能厂1个、太阳能电站16座、风力发电站1个、甲烷发电站1个;煤电供应占全局电力供应的三分之二;建有27 357.60千米输电线路、11 700个输电设施,涉及全流域7个州。几年来,发电保证率为99.99%,处于美国同行领先地位。[1]TVA拥有火电、原子能和水电等电厂多个,现在已经开始利用可再生资源来制造能源。TVA主要职责是管理41 000平方英里的流域内的事务,减少洪水、改善航道、保持水质及提供休闲设施等。[2]

TVA的管理主要通过TVA董事会和具有咨询性质的机构——地区资源管理理事会来实施。TVA董事会由三人组成,该成员由总统提名,经国会通过后任命,直接向总统和国会负责。董事会下设一个由15名高级管理人员成立的"执行委员会",委员会的各成员分别主管某一方面的业务。

美国田纳西流域管理模式通常被认为是集权型流域管理模式的典型案例,这集中体现在流域管理体制的架构和职责、职权的设计之中。

(2)TVA的机构形式

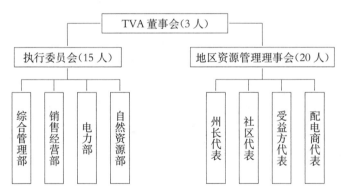

图11-1 TVA组织结构

TVA按公司形式设置,成立TVA董事会。董事由总统提名,经参议、众议两院通过后任命。董事会掌管并行使TVA的一切权力,人员由3人组成,每位董事任期9年,第3年更换一位董事,董事长由3名董事轮流担任,董事会直接向总统

〔1〕 谭辉、张俊洁等:《美国田纳西河流域环境保护特点分析》,载《水利建设与管理》2016年第7期,第58—60页。
〔2〕 李颖、陈林生:《美国田纳西河流域的开发对我国区域政策的启示》,载《四川大学学报(哲学社会科学版)》2003年第5期,第27—29页。

和国会负责。TVA的组织结构,由董事会按照明确的职责和提高效率的原则自主设置。"执行委员会"的各成员分别主管某一方面的业务。下设4个职能部门,即综合管理部、电力部、自然资源部及销售经营部,在这些部门之下,根据管理需要又下设一些相应的职能部门,其组织结构层次清晰,责任明确(见图11-1)。

"地区资源管理理事会"则是根据《田纳西流域管理局法》和《联邦咨询委员会法》建立的,对田纳西流域的自然资源管理提供咨询性意见。地区资源管理理事会的成员构成则体现了广泛的代表性,有州长代表、社区代表、受益方代表和配电商代表等,其中"执行委员会"中主管河流系统调度和环境的执行副主席被指定为联邦政府的代表参加理事会。理事会每届任期2年,每年至少举行两次会议。每次会议的议程提前公告,并记录在案,公众可以列席会议。会议的决议以民主投票的方式进行表决,获得通过的决议和少数派的意见一起都被送交给TVA"地区资源管理理事会",成员构成的代表性为TVA与流域内各地区提供了协调沟通的渠道,也促进了公众参与流域管理的积极性。

(3)TVA职责

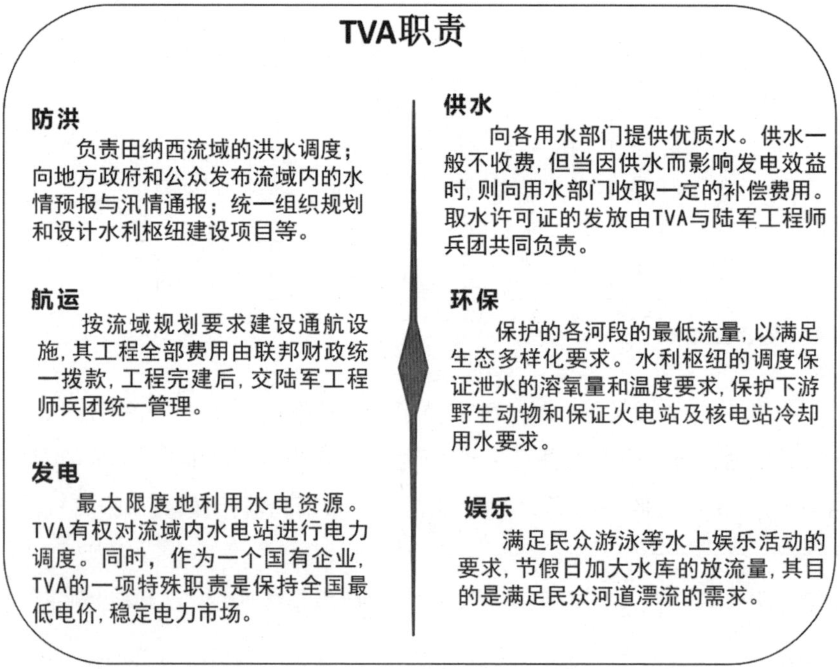

TVA职责

防洪

负责田纳西流域的洪水调度;向地方政府和公众发布流域内的水情预报与汛情通报;统一组织规划和设计水利枢纽建设项目等。

航运

按流域规划要求建设通航设施,其工程全部费用由联邦财政统一拨款,工程完建后,交陆军工程师兵团统一管理。

发电

最大限度地利用水电资源。TVA有权对流域内水电站进行电力调度。同时,作为一个国有企业,TVA的一项特殊职责是保持全国最低电价,稳定电力市场。

供水

向各用水部门提供优质水。供水一般不收费,但当因供水而影响发电效益时,则向用水部门收取一定的补偿费用。取水许可证的发放由TVA与陆军工程师兵团共同负责。

环保

保护的各河段的最低流量,以满足生态多样化要求。水利枢纽的调度保证泄水的溶氧量和温度要求,保护下游野生动物和保证火电站及核电站冷却用水要求。

娱乐

满足民众游泳等水上娱乐活动的要求,节假日加大水库的放流量,其目的是满足民众河道漂流的需求。

图 11-2　TVA职责

（4）TVA职权

TVA职权

1、独立行使人事权。董事会有权自主选择官员和雇员；有权不按照美国公务法中有关美国政府官员、雇员的相关条款，来聘用、解雇官员、雇员和代理人，以便开展业务；有权调整报酬，明确职责，以确保TVA组织系统高效、负责。

2、对土地具有征用权。有权以美国政府名义行使土地征用权，以征用或购买方式占用不动产，在法律许可的情况下，有权将其所有或管辖的不动产予以转让或出租。

3、作为联邦政府机构行使流域内经济发展、综合治理和管理职能。

4、建设项目的开发权。有权在田纳西干、支流上修造水库、大坝，以满足航运、防洪等的需求。有权在田纳西流域范围内修建水电站、火电站、核电站输变电设施、通航工程，并建立区域电网。

面向多领域投资开发。在企业资金的筹措方面，操作方式灵活。TVA成立初期，水利水电项目建设资金全部由政府拨款，1945年以后，在进行火、核电项目开发建设中，资金筹措全部以出售企业债券方式解决。

图11-3　TVA职权

2. 协议型模式：澳大利亚墨累—达令流域管理体制

澳大利亚墨累—达令流域管理模式是协议型流域管理的典型，2015年以后协议型的多元主体向国家统一管理转变。

（1）机构改革历程

澳大利亚墨累—达令流域管理体制经过四个历史阶段的发展。

阶段一：墨累河委员会。1914年，经过长达15年的谈判，澳大利亚联邦政府、新南威尔士州政府、维多利亚州政府以及南澳大利亚州政府共同签署了《墨累河水协议》，关注墨累河干流水资源分配和调控。根据该协议，1917年成立了墨累河委员会，由联邦政府及3个州政府代表组成，主要是协调机构，很多职能由州政府实际执行，各州政府拥有决策权。

阶段二：墨累—达令河流域委员会。20世纪70年代后，消除水质下降的威胁是当务之急。3个州和联邦政府对《墨累河水协议》进行重新磋商修订。1985年，《墨累—达令河流域协议》诞生，并于1987年获得批准，作为《墨累河水协议》的修订稿。1992年，全新的《墨累—达令河流域协议》产生，1993年联邦政府和3个州政府颁布了关于墨累—达令河流域的具体法律,明确了《墨累—达令河流域协议》的法律地位。按照该协议成立了墨累—达令河流域委员会,以取代墨累河管理机构,该机构是执行机构,其宗旨是提出并协调有效的计划管理,实现墨累—达令河流域水土资源及其他环境资源公平、高效、可持续利用。

阶段三:墨累—达令河流域管理局。2008年,联邦政府与新南威尔士州、维多利亚州、昆士兰州、南澳大利亚州的州政府以及首都直辖区政府签署了《墨累—达令河流域改革谅解备忘录》和《墨累—达令河流域改革的政府间合作协议》,要求签约方恪守承诺,实施必要的改革,以满足流域当前需求,从长远角度保护和促进流域的社会、环境和经济价值。将墨累—达令河流域委员会的权力和职能移交给墨累—达令河流域管理局。墨累—达令河流域管理局是独立的澳大利亚政府机构,向环境、水、遗产和艺术部部长报告,负责规划和管理墨累—达令河流域水资源(地表水与地下水),协调和维护与其他澳大利亚政府部门、流域所在州与领地政府,以及当地机构的长期合作战略关系。墨累—达令河流域的水管理权由原来的州政府所有收为联邦政府所有。

阶段四:报告部门变更。2008—2015年间,环境、水、遗产和艺术部于2010年改组为可持续发展、环境、水、人口和社区部,2013年改组为环境部。其间,该部门继续负责水利用职能。由于部门职能的调整,墨累—达令河流域管理局开始向农业和水资源部部长报告政策和水资源的事务。随着农业的蓬勃发展,农业对水的需求不断增加,尤其是墨累—达令河流域对农业灌溉起着重要作用,2015年9月农业部更名为农业和水资源部,水政策和水资源职能从环境部调整到农业和水资源部,环境部保留联邦环境水持有者相关的环境水资源管理职能(见图11-4)。

	阶段一	阶段二	阶段三	阶段四
改革时间	1917年	1993年	2008年	2015年
管理机构	墨累河委员会	墨累—达令河流域委员会	墨累—达令河流域管理局	
机构性质	咨询机构	部级理事会的执行机构	政府决策机构	
管理内容	水量分配	水、土、资源要素的流域综合管理	流域生态系统社会、经济、环境价值的综合管理	
管理权属	州政府自治	州政府协商	国家统一管理	
法律依据	墨累河水协议	墨累—达令河流域协议	水法、水法修正案	
报告部门			环境、水、遗产和艺术部	农业和水资源部

图11-4　墨累—达令河流域管理体制改革历程

（2）机构设置

流域部长级理事会
由联邦政府、流域内 4 个州的负责土地、水利及环境的部长组成,主要负责:
● 与流域计划有关的咨询
● 考虑并确定流域计划中未涉及的重大政策问题的结果和目标,以管理流域的水和其他自然资源
● 处理流域官方委员会管理与交付存在的重大问题
● 部长理事会将负责国家水份额分配
● 决定流域管理局年度公司计划和预算

流域官方委员会
主要负责:
● 根据《水法》的规定,在流域计划方面对管理局起咨询作用;
● 向部长理事会就流域计划中未涉及的重大政策问题的成果和目标提建议;
● 实施流域官员委员会的部长理事会的任何政策或决定;
● 设定管理局所管辖墨累河有关的目标和产出;
● 负责解决应用流域计划与国家水权、分配权(包括国家水份额)之间出现的运营不一致的情况,最大程度地提高效率和灵活性,并最大程度减少未来的冲突;
● 负责与墨累河系统有关高层进行决策;
● 负责监督由部长理事会批准并由管理局实施的资产管理计划。

流域管理局
独立的澳大利亚政府机构,主要负责:
● 向联邦农业和水资源部门报告
● 规划和管理墨累—达令河流域水资源(地表水与地下水)
● 协调和维护与其他澳大利亚政府部门、流域所在州与领地政府,以及当地机构的长期合作战略关系
● 按照《水法》的规定,准备,实施,监督和执行流域计划,包括环境灌溉计划。
● 执行部长理事会和流域官员委员会所作决定的责任。

流域社区咨询委员会
成员来自流域内 4 个州、12 个地方流域机构和 4 个特殊组织,主要负责:
● 主要负责广泛收集各方面的意见和建议,进行调查研究,对相关问题进行协调咨询,确保各方面信息的顺畅交流,并及时发布最新的研究成果

图 11-5　墨累—达令河流域管理机构设置

（3）管理运行和机构职责

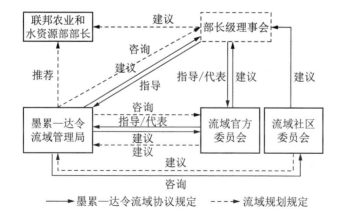

图 11-6　墨累—达令河流域管理局治理框架

　　联邦层面:合作,获得信息、建议与支持。根据《水法》的规定,墨累—达令河流域管理局向农业和水资源部报告,其他合作治理的机构包括墨累—达令河流域

部长级理事会、流域官方委员会、流域社区委员会。同时,成立联邦水环境办公室,管理联邦的环境水;将水价和水市场规则相关职能赋予竞争与消费者委员会;将水信息相关职能赋予气象局。其他咨询机构还包括社会、经济和环境科学咨询委员会,北部流域咨询委员会和流域规划实施委员会。

州层面:签订协议。签订协议的目的是通过执行各州制定的水资源规划来实施流域规划。各州水机构负责管理水库、河流和水输送。根据流域规划,墨累—达令河流域管理局与各州签订了实施协议。基于实施墨累—达令河流域水改革的政府间协议(2013),各州得到联邦财政支持,作为回应,各州执行流域规划。

地方层面:保持紧密沟通与联系。墨累—达令流域河管理局定期与流域内的各州和地区委员与机构联系,包括 13 个流域管理局,8 个地方土地管理局和自然资源管理局。这些流域管理局、地方土地管理局和自然资源管理局直接与当地社区合作,恢复和改善自然资源。墨累—达令河流域管理局保持着与墨累—达令河协会的沟通联系,除了直接合作的地方议会,该协会代表流域内超过 90 个地方政府直辖市。

三、 我国立法与实践中流域保护协调管理体制的表现形式

1. 地方性立法中出现的主要形式

地方性立法规定的跨区域性流域协调机构行使,可以归纳为协调机制、联席会议、流域管理委员会、流域管理机构等类型,列举如下:

(1) 指定统筹管理机构

云南省阳宗海为云南第三大深水高原湖泊。早在 1997 年,云南省就制定了《云南省阳宗海保护条例》,但随着经济社会的发展,原条例在管理体制、保护范围、法律责任等方面已不适应,在立法层面对条例进行调整迫在眉睫。

2019 年 11 月 28 日发布了修订的《云南省阳宗海保护条例》,于 2020 年 1 月 1 日正式施行。

该条例的流域管理机构条款位于第九条,云南省人民政府统筹领导阳宗海保护和管理工作,将阳宗海保护工作纳入国民经济和社会发展规划,将保护经费列入财政预算,建立阳宗海保护的综合协调机制和生态补偿机制,处理有关阳宗海保护和管理的重大问题,做好监督检查工作。昆明市人民政府全面负责阳宗海的

保护和管理工作;昆明阳宗海风景名胜区管理委员会,由昆明市人民政府直接领导和管理,对阳宗海保护区实行统一保护、统一规划、统一管理、统一开发。

根据昆明阳宗海风景名胜区管理委员会 2020 年政府报告,管委会严格按照条例规定,设置阳宗海二级保护区界桩 30 块,加大执法监管力度,取缔关闭企业 2 家,办理环境违法案件 8 件,阳宗海湖体水质持续稳定保持在Ⅲ类水标准。2008 年,阳宗海因为砷污染事件,水质从Ⅱ类急剧下降为劣Ⅴ类,砷浓度一度高达 0.128 毫克/升,湖泊一度丧失饮用、灌溉等功能。到 2020 年 8 月,经过两期治理项目,阳宗海走出"砷污染"阴影,水质恢复并长期稳定在Ⅱ至Ⅲ类,解决了在大型农灌和饮用水功能的水体中进行低砷污染治理的国际性难题。

下一步将做好绿色发展,加大阳宗海保护治理力度,推进"河(湖)长制"工作,力争"十四五"期间,让阳宗海水质达到Ⅱ类水标准。建立健全水质监测预警机制、湖泊岸线管控机制、流域自然生态修复机制、保护治理成效评估机制等配套机制,推动依法治湖制度化常态化。

(2)建立联席会议制度

贵州省㵲阳河是长江流域洞庭湖水系沅江支流,发源于贵州瓮安县,进入黔东南苗族侗族自治州境内后由西向东流经黄平、施秉、镇远、岑巩 4 县,是该州的母亲河,对流域沿线经济社会可持续发展、生态文明建设、脱贫攻坚意义重大。

《黔东南苗族侗族自治州㵲阳河流域保护条例》于 2019 年 12 月 16 日发布,2020 年 3 月 1 日起施行。该条例的颁布,使㵲阳河流域生态环境保护有法可依,是围绕"大生态"战略行动开展的重点领域地方立法创举。黔东南苗族侗族自治州通过与其他行政区的联席会议,推动㵲阳河流域的保护与发展。

该条例的流域管理机构条款是:

第五条:州人民政府应当建立流域管理保护工作联席会议制度,强化与邻市(州)、县的行政跨区域工作协调,及时协调解决流域管理保护重大问题,督促落实管理保护措施。

在 2020 年 6 月,省级河长和㵲阳河流域 6 个县的各级河长、河长办、相关责任部门负责人参加㵲阳河巡河活动,指出流域各级党政机关和行政管理部门要认真学习贯彻宣传《黔东南苗族侗族自治州㵲阳河流域保护条例》,通过开展联合执法、依法行政、公益诉讼等手段,让㵲阳河河长制工作有法可依,做到依法治水。2020 年 11 月 5 日,㵲阳河州级河长罗强到㵲阳河镇远段开展巡河活动,并召开

2020年潍阳河州级河长制工作会议。会议提出各有关部门要建立定期协商、信息互通、联合执法、案件移送等制度,形成上下联动、互相配合的工作格局。

(3)设立流域管理委员会

广州市流溪河是国家级水产种质资源保护区,是广州市最早开发利用的一条河流,也是广州市重要饮用水源保护地和生态屏障。

《广州市流溪河流域保护条例》,2013年12月25日由广州市第十四届人民代表大会常务委员会第二十三次会议通过,自2014年6月1日起施行,为流溪河流域保护工作提供了法律保障。其中流溪河流域管理委员会是推动该流域可持续发展的重要力量。

该条例的流域管理机构条款是:

第六条:流溪河流域管理机构履行本条例规定的职责,协助市水务行政主管部门组织实施本条例。

第七条:流溪河流域管理委员会是市人民政府设立的保护和管理流溪河流域的议事协调机构,由市水务、环境保护、建设、国土、规划、城市管理、农业、林业和园林、交通、公安、旅游等行政管理部门,城市管理综合执法机关和海事、港务、电力、电信等单位以及流溪河流域内区人民政府组成,主任由市人民政府负责人担任。

流溪河流域管理委员会负责组织、协调、指导和督促市有关行政管理部门和区人民政府做好流溪河流域的保护和管理工作,履行下列职责:指导流溪河流域综合规划和干流河道岸线利用管理规划的编制;指导、协调跨部门、跨区域的综合执法行动;协调重大的破坏流溪河流域生态环境等案件的查处;协调流溪河干支流河道管理范围内村庄和不符合功能区规划的大型项目的搬迁等重大问题;督促市有关行政管理部门和区人民政府依法履行保护流溪河流域的职责;市人民政府交办的其他事项;流溪河流域管理委员会的日常工作由市水务行政主管部门承担。

2017年7月13日,广州市委办公厅、市政府办公厅正式印发通知,批准市流溪河流域管理委员会为新设市级议事协调机构。《广州市流溪河流域保护条例》已实施三年,才成立流溪河流域管理委员会,存在工作机制建立不及时,协调工作力度不够等问题。

但在2018年以来,广州市河长办共印发8道总河长令,全面推进落实河长制湖长制有名有实,创新性地设立了九大流域河长,其中流溪河流域河长由市人大常委会主任亲自担当,统筹干支流、上下游、左右岸综合治理及"厂网河"一体化管理,大力推进流域内控源截污、巡河拆违等各项工作。

经过上下游共同努力,流溪河治水已取得了成效,流溪河流域从化段流经的 3 个国省考断面长期稳定在Ⅱ类以上水质,温泉镇以上 30 条一级支流基本达到Ⅱ类以上水质。通过系统治理以及碧道建设,流溪河流域沿线已形成"水清岸绿、鱼翔浅底、水草丰美、白鹭成群"的生态廊道,成为了老百姓美好生活的好去处,"绿水青山就是金山银山"的好样板。

结合近年来实施具体情况,以及开展与《中华人民共和国民法典》相关地方性法规专项清理、广州市机构改革等要求,广州市水务局 2020 年着手开展《广州市流溪河流域保护条例》修正工作。

(4)建立"流域管理局＋流域管理委员会"的流域管理机制

石羊河是甘肃省河西走廊三大内陆河水系之一,发源于祁连山冷龙岭,终于民勤绿洲,是民勤绿洲唯一的地表河流。保护石羊河是事关河西走廊大通道安全、西北地区发展与稳定以及国家生态文明建设的全局性问题。

为遏制流域生态恶化趋势,拯救民勤绿洲,甘肃省人大常委会于 2007 年 7 月 27 日通过《甘肃省石羊河流域水资源管理条例》。这是甘肃省首次为一条河流的水资源管理单独立法。石羊河流域管理委员会与其办事机构——石羊河流域管理局的设立,是石羊河治理取得重大突破的重要因素。

该条例的流域管理机构条款是:

第四条:省人民政府设立的石羊河流域管理委员会统一管理流域内的水资源工作。其主要职责是:审核流域综合规划和专业规则;指导和监督流域水资源的保护、开发、节约和利用工作;协调跨流域调水有关事宜;审批流域年度水量调度方案;决定流域综合治理的相关政策和其他重大事项。

甘肃省水利厅石羊河流域管理局是石羊河流域管理委员会的办事机构,负责流域水资源统一管理的具体工作。

石羊河流域重点治理被评为 2020 年全国基层治水十大经验之一。经过 10 多年持续努力,石羊河流域生态恶化趋势得到遏制,阻击了腾格里沙漠与巴丹吉林沙漠的合拢趋势,避免了民勤绿洲成为第二个罗布泊。2019 年,石羊河民勤段蔡旗断面过水量和民勤盆地地下水开采量分别连续 10 年和连续 8 年达到《石羊河流域重点治理规划》约束性指标。干涸 51 年的下游青土湖自 2010 年重现水面以来,水面连年扩大,如今已达 26.7 平方公里,形成旱区湿地 106 平方公里。作为极度缺水地区,石羊河流域生态治理为内陆河流域治理和生态文明建设提供了宝贵经验。

石羊河流域管理将从完善责任体系、规范管理保护、严格水域岸线空间管控、提升河湖管护成效等 6 个方面,推进石羊河示范河湖建设,确保各项治理工作落实到位。

(5)建立专门流域管理机构

考察赤水河和渭河两个流域管理和保护的立法案例。

首先是赤水河流域管理条例。赤水河发源于云南,流经云南、贵州、四川的 13 个县市,是长江目前唯一没有筑坝并且污染较轻的一级干流。赤水河流域是以茅台为代表的中国优质白酒生产基地,同时也是贵州经济重要的增长极。因此,加强赤水河流域保护,对于防止长江流域水污染,保护赤水河流域独特的自然、生态和人文环境,保障以茅台为重点的名优白酒生产环境安全,促进赤水河流域经济社会全面、协调和可持续发展,具有十分重要的意义。

《贵州省赤水河流域保护条例》,是全国省级层面最早颁布的一部针对长江一级支流保护的地方性法规,于 2011 年颁布施行,又于 2018 年 11 月 29 日通过修正版。

该条例的流域管理机构条款是:

第五条 赤水河流域保护实行流域管理与行政区域管理相结合的管理体制,行政区域管理应当服从流域管理。

省人民政府应当建立健全赤水河流域管理协调机制,统筹协调赤水河流域管理中的重大事项,加强与邻省的沟通协调。

省人民政府根据需要设立赤水河流域管理机构,负责赤水河流域管理的具体工作。

贵州省投巨资对赤水河进行生态治理,将赤水河作为全省生态文明体制机制改革试验田。赤水河共布设手工水质监测断面 16 个,目前除望乡河断面按每季度 1 次开展监测外,其余断面均按每月 1 次开展监测。赤水河水质已发生根本性好转,干流稳定达到 II 类水质,径流断面水质优良率 100%,鱼类达到 149 种,实现了社会、经济、生态的共赢。

其次是渭河流域管理条例。渭河是黄河的最大支流,干流在陕西境内,流长502.4公里,是陕西的母亲河。集中了全省64%的人口、65%的经济总量。渭河生态的好坏不仅关系到陕西的生态环境,也关系到整个黄河中下游的发展。

《陕西省渭河流域管理条例》于2012年11月29日经陕西省第十一届人民代表大会常务委员会第三十二次会议通过,自2013年1月1日起施行。

根据该条例第六条,省渭河流域管理机构依照本条例规定和受黄河流域管理机构、省水行政主管部门委托,负责渭河全段的综合协调、管理监督和行政执法,对设区的市、县(市、区)的流域管理实施业务指导,根据需要设置河务管理派出机构。

压茬开展渭河流域污染防治三年行动,渭河干流水质由2015年的轻度污染提升到优良,实现根本性好转。渭河干流水质改善明显,今年入黄潼关吊桥断面水质提升至Ⅱ类。

在2020年11月,审议《陕西省渭河流域保护治理条例(修订草案修改稿)》及省人大法制委员会修改情况的汇报时,组成人员认为,渭河流域保护治理应当遵循保护优先、绿色发展的方针。建议建立陕甘河流保护联席机制;条例应当坚持节水优先、合理分配水资源;树立科学用水观念,增强节水意识的持续性教育普及等。

2. 中央层面的黄河流域管理机构

(1) 水利部所属黄河水利委员会

1949年治黄以来,黄河水利委员会是全国七大流域管理机构中唯一担负全河水资源统一管理、水量统一调度,并直接管理下游河道和防洪工程的流域管理机构。1988年《水法》颁布实施后,流域管理和区域管理相结合的体制初步建立,黄河水利委员会作为流域管理机构具有了水行政管理职能。2002年《水法》修订,按照"统一管理与分级、分部门管理相结合"的管理体制原则,基本建立了流域管理与区域管理相结合的管理体制。同时,国家先后在黄河流域设立了一些协调管理机构,如1964年设立的中游水土保持委员会、1968年设立的上中游水量调度委员会、2007年设立的黄河防汛抗旱总指挥部等。

黄河水利委员会作为水利部派出的流域管理机构,是一个具有行政职能的事业单位,在黄河流域和新疆、青海、内蒙古内陆河区域内依法行使水行政管理职责。

黄河水利委员会主要包括委机关、直属事业单位、单列机构、直属企业等部门，其主要职能是：负责保障流域水资源的合理开发利用，管理和监督、保护；负责防治流域内的水旱灾害，承担流域防汛抗旱总指挥部的具体工作；指导流域内水文工作、水土流失防治工作；负责职权范围内水政监察和水行政执法工作；水利工程的国有资产监管，以及其他水利部交办事项等。

多年以来，黄河流域的水源、水量、水质、供水、排水、治污等相关管理职能分散在水利、交通、生态环境、农业、自然资源等部门，部门分散化的管理导致利益的争夺和责任的推诿时有发生。

各级政府以部门利益为导向，针对黄河流域水资源的不同价值（如水产养殖、航运、水力发电、农田灌溉、旅游娱乐等）进行开发利用，而对开发过程中产生的与本部门权责无关的负效置之不顾，从而形成"管水量的不管水质、管水源的不管供水、管供水的不管排水、管排水的不管治污"的局面。黄河水利委员会作为黄河的最高管理机构，行使黄河流域内的水行政主管职责，在某种程度上打破了部门和行政区的界限，但黄河水利委员会隶属于水利部，扎根在各地方，在颁布和运用政策工具上，缺乏权限和自主性，导致黄河流域治理的碎片化问题仍然没有得到根本解决。

（2）生态环境部所属黄河流域生态环境监督管理局

黄河流域生态环境监督管理局为生态环境部正局级派出行政机构，在所辖黄河入海断面以上流域和西北诸河，依据法律、行政法规的规定和生态环境部的授权或委托，负责水资源、水生态、水环境方面的生态环境监管工作。主要承担以下职责：

① 负责编制流域生态环境规划、水功能区划，参与编制生态保护补偿方案，并监督实施；

② 提出流域水功能区纳污能力和限制排污总量方案建议；

③ 建立有跨省影响的重大规划、标准、环评文件审批、排污许可证核发会商机制，并组织监督管理；

④ 参与流域涉水规划环评文件和重大建设项目环评文件审查，承担规划环评、重大建设项目环评事中事后监管；

⑤ 指导流域内入河排污口设置，承办授权范围内入河排污口设置的审批和监

督管理；

⑥ 指导协调流域饮用水水源地生态环境保护、水生态保护、地下水污染防治有关工作；

⑦ 组织开展河湖与岸线开发的生态环境监管、河湖生态流量水量监管，参与指导协调河湖长制实施、河湖水生态保护与修复；

⑧ 组织协调南水北调等重大工程项目区水质保障；

⑨ 组织开展流域生态环境监测、科学研究、信息化建设、信息发布等工作；

⑩ 组织拟订流域生态环境政策、法律、法规、标准、技术规范和突发生态环境事件应急预案等；

⑪ 承担流域生态环境执法、重要生态环境案件调查、重大水污染纠纷调处、重特大突发水污染事件应急处置的指导协调等工作；

⑫ 指导协调监督流域内生态环境保护工作，协助开展体制流域内中央生态环境保护督察工作；

⑬ 承担生态环境部交办的其他工作。

3. 省级层面的黄河流域管理机制——以陕西省为例

（1）陕西黄河水利委员会管理机构

在陕西的黄河水利委员会管理机构主要有二：①黄河上中游管理局（正局级，陕西省西安市凤城三路 200 号）；②陕西黄河河务局（副局级，陕西省渭南市朝阳大街中段 14 号）。

陕西黄河流域范围主要在：陕西省黄河流域主要涵盖关中 8 市（区）和陕北 2 市，流域面积占全省总面积的 65%，分布着全省 85% 以上的工业和 76% 的人口。流域内生态环境要素地位重要，秦岭北麓是主要水源涵养区，供给了关中地区 51% 的饮用水；渭河、延河和无定河是黄河一级支流，其中，渭河是黄河最大支流；黄土高坡是世界黄土覆盖面积最大的高原，也是我国重点土壤保持生态功能区。流域面积 1 000 平方公里以上河流共有 41 处。流域内共有自然保护地 153 处，其中，自然保护区 34 处，风景名胜区 20 处，地质公园 10 处，森林公园 59 处，国家湿地公园 30 处。

（2）陕西省黄河流域地方管理机制

① 成立黄河流域生态保护和高质量发展专门领导小组。省、各地市级层面均

成立了黄河流域生态保护和高质量发展领导小组和办公室,省级层面还建立了省领导小组成员单位、地市联络员制度,及时掌握推进黄河流域生态保护和高质量发展工作动态。

② 建立服务保障黄河流域生态保护的"行政执法 + 检察监督 + 司法审判"的综合治理模式。2020 年 9 月,省人民法院、省人民检察院、省公安厅、省生态环境厅、省自然资源厅、省水利厅、省林业局联合印发了《关于加强协作推动陕西省黄河流域生态环境保护的意见》,将行政执法、刑事侦查、刑事检察、司法审判和检察监督进行有效衔接,突出行政、检察、审判机关共同促进黄河流域生态环境保护的基本理念。

③ 设立秦岭北麓生态环境保护专门工作体制机制。西安市设立了专门的秦岭北麓生态环境保护工作体制机制。在市层面设立了西安市秦岭生态环境保护管理局,在秦岭北麓所在的区县层面设立了区县秦岭生态环境保护和综合执法局。最具典型意义的是,鄠邑区近年来探索形成了"1551N + 12315"数字秦岭的鄠邑模式。建立了 1 个总站、5 个镇街站、51 个分站和依托网格员、护林员、救援队员等的 N 个流动站;在区秦岭保护总站监控指挥中心,利用一张图电子沙盘,静态、动态 2 态结合,人防、物防、技防 3 防并举,红黄绿 3 色管控全域 15 个峪口峪道,从而综合运用大数据、智慧化手段,实现全覆盖、立体化、数字化管护秦岭。

4. 《长江保护法》的流域管理和协调机制

(1) 长江流域协调管理概述

为了破解长期以来流域"九龙治水"的碎片化体制,中央政府在总结江苏、福建、云南等地经验基础上全面推广河长制,旨在建立健全党政领导负责制为核心的流域属地管理责任体系。省级行政区内的区域性流域均由相应层级的地方政府官员担任河长,承担"负责组织领导相应河湖的管理和保护工作,包括水资源保护、水域岸线管理、水污染防治、水环境治理等",统筹行政区涉水部门。

近年来,我国充分发挥党中央集中统一领导责任分工,强化流域属地管理和自然要素协同管理和社会主义集中办大事的制度优势,实施长江经济带发展战略,谋划黄河流域生态保护与高质量发展思路,形成了"中央统筹、省负总责、市县抓落实"的管理体制,强化了江河流域的统一规划、行政分包治理的格局。国家发改委、生态环境部等有关部委共同制定了《长江经济带发展规划》《长江经济带生态环境保护规划》《长江生态保护攻坚行动计划》等专项规划和行动计划，为长江流域系统协同发展提供了纲领性文件和行动指南，也为其他全国性流域治理提供了鲜活的样本和可资借鉴的经验。

（2）《长江保护法（征求意见稿）》中的协调管理体制规定

《长江保护法（征求意见稿）》首次出现创设长江流域协调管理机制，对其进行了职责规定，虽然正式颁布的法案对长江流域协调管理机制职责的规定进行了缩减，但是征求意见稿对协调机制的职责进行了比较全面的规定。

第一，国务院长江流域协调机制总体职责，包括：

① 统筹协调、指导、监督长江保护工作；

② 统筹协调、协商国务院有关部门及长江流域省级人民政府之间的管理工作；

③ 组织协调联合执法；

④ 组织建立完善长江流域相关标准、监测、风险预警、评估评价、信息共享等体系，并负责对各体系运行的统筹协调。

第二，国务院长江流域协调机制具体职责，包括：

① 组织建立国土空间规划实施的监督、评估、预警、考核、问责和纠错体系，并组织制定实施办法；

② 督促国务院有关部门根据各自职责加快长江流域相关标准和规范的制定，建立健全长江流域生态标准体系；

③ 组织国务院有关部门建立健全长江流域相关生态、环境、资源、水文、航运、自然灾害等监测网络体系，统筹各相关监测管理工作的协调、协作，并建立统一的长江流域监测信息共享机制，组织国务院有关部门制定具体办法；

④ 统筹协调各生态环境预警机制之间的协商、协作，建立长江流域生态环境风险预警体系，接收国务院有关部门和长江流域县级以上地方人民政府有关部门对各自生态环境风险预警机制发现的重大隐患和问题及时预警报告；

⑤ 组织国务院部门制定国家加强对长江流域船舶、化工厂、尾矿库等突发事件的应急管理的具体办法；

⑥ 组织国务院有关部门和省级人民政府建立长江流域信息共享系统；

⑦ 组织国务院有关部门统一发布有关长江流域生态环境总体状况和重大风

险预警、资源利用、水文情况等信息;

⑧ 设立科学技术咨询委员会,负责组织专业技术机构和人员对长江流域重大发展战略、政策、规划、重大工程、重大生态系统修复和其他重要生态环境保护项目开展科学技术咨询;

⑨ 组织国务院部门会同长江流域省级人民政府划定长江流域水域岸线保护范围,制定岸线修复规范,确定岸线修复相应指标;

⑩ 统筹协调国务院有关部门和长江流域相关省级人民政府加强长江流域国家重要饮用水水源保护工作;

⑪ 组织国务院有关部门和省级人民政府加强对城乡居民绿色消费意识的宣传、教育,并采取有效措施保证人民群众养成绿色消费习惯。

(3)《长江保护法》一审稿和二审稿中的协调管理条款

通过一、二审稿的比较,一个大体的判断是,长江流域协调机制由实体机构变为协调程序,权力呈现收缩趋势,从类似于决策机构转化为协调委员会机制,从相对国务院部门的较高定位向平级转化。虽然《长江保护法》(二审稿基础上的法案)已经颁布,但是一二审稿关于监督管理体制条款的拟制过程和演化,以及下表针对二审稿所提出的问题讨论和建议——这些问题在正式法案中仍然没有得到应有的回答,对黄河保护法的制定仍具有参考意义。

表 11-1 《长江保护法》一、二审稿监督管理体制条款比较

一　审　稿	二　审　稿	讨论和建议
第四条 国家建立长江流域统筹协调机制下的分部门管理体制,长江流域协调机制由国务院建立。国务院长江流域协调机制负责统筹协调、指导、监督长江保护工作;统筹协调、统商国务院有关部门及长江流域省级人民政府之间的管理工作;组织协调联合执法;组织建立完善长江流域相关标准、监测、风险预警、评估评价、信息共享等体系,并负责对各体系运行的统筹协调。 　　根据《中华人民共和国水污染防治法》规定的河长制,长江流域市、县级河长,负责落实长江流域协调机制决定的相关工作任务。	**第四条** 国务院建立长江流域协调机制,负责统筹协调,指导、监督长江保护工作,统筹协调长江保护重大政策、重大规划、重大事项,督促、检查长江保护重要工作的落实情况。	① 应该是统筹协调机制还是协调机制? ② 草案的"名""实"不副,"名"是流域协调机制,"实"是统筹协调,如何发挥统筹功能? 如何理解统筹与协调的关系?

（续表）

一 审 稿	二 审 稿	讨论和建议
第五条 国务院有关部门和长江流域省级人民政府负责落实国务院长江流域协调机制有关决定，根据职责分工依法加强长江流域相关管理工作。 长江流域县级以上地方人民政府按照职责分工落实生态系统修复和环境治理、促进资源高效合理利用、优化产业结构和布局、维护长江流域生态安全的管理责任。 长江流域建设单位和生产企业对因生产造成的环境污染和生态破坏依法承担责任。	**第五条** 国务院有关部门和长江流域省级人民政府负责落实国务院长江流域协调机制的决策，按照职责分工负责长江保护相关工作。 长江流域地方各级人民政府应当落实本行政区域内生态环境保护和修复、促进资源高效合理利用、优化产业结构和布局、维护长江流域生态安全的责任。 长江流域各级河长负责长江保护相关工作。	① 如何理解协调机制的定位？从现有的条款来看，可认为流域协调机制是决策机构。 ② 协调和决策的关系是怎么样的？协调的手段是什么？什么情况下、对哪些事项需要协调？ ③ 协调机制与黄河水利委员会等流域机构的关系如何？ ④ 协调机制的建制如何，如果与省部级平级，没有更高级的权力配置如何实现协调与决策？
第十条 第三款 长江流域协调机制负责组织国务院有关部门建立国土空间规划实施的监督、评估、预警、考核、问责和纠错体系，并组织制定实施办法。	删除	结合二审稿第四条、第十条，二审稿协调机制对于空间规划仅剩咨询权，弱化了协调机制对规划这个总抓手的控制。
第十一条 长江流域协调机制负责督促国务院有关部门根据各自职责，加快长江流域水生生物、生态流量、自然岸线保有率、物种保护、水产养殖、自然资源科学合理开发和利用等相关标准和规范的制定，建立健全长江流域生态标准体系。	**第六条** 国务院生态环境、水行政、农业农村和标准化等有关主管部门按照职责分工，制定、完善长江流域水环境质量和污染物排放、水资源节约集约利用、生态流量、生物多样性保护、水产养殖等标准，建立健全长江流域生态标准体系。	删除了协调机制对于标准的督促职责。协调机制应当继续对标准的制定行使决策、监督、协调的作用。
第十六条 国家建立长江流域监测体系。国务院有关部门和县级以上地方人民政府有关部门根据各自职责承担相关监测管理工作。长江流域协调机制应当组织国务院有关部门在已经建立的相关台站和监测项目基础上，建立健全长江流域相关生态、环境、资源、水文、航运、自然灾害等监测网络体系，统筹各相关监测管理工作的协调、协作，并建立统一的长江流域监测信息共享机制。具体办法由长江流域协调机制组织国务院有关部门制定。	**第八条** 国务院长江流域协调机制应当统筹协调国务院有关部门在已经建立的台站和监测项目基础上，健全长江流域生态、环境、资源、水文、气象、航运、自然灾害等监测网络体系和监测信息共享机制。 国务院有关部门和长江流域县级以上地方人民政府及其有关部门按照职责分工组织完善生态环境风险报告和预警机制。	如何统筹协调？
第十七条 第二款 国务院长江流域协调机制负责统筹协调各生态环境预警机制之间的协商、协作，建立长江流域生态环境风险预警体系。	删除	

（续表）

一　审　稿	二　审　稿	讨论和建议
第十八条　国家加强对长江流域船舶、化工厂、尾矿库等突发事件的应急管理。具体办法由国务院长江流域协调机制组织国务院应急管理、交通运输、生态环境、自然资源、工业和信息化等部门制定。 　　国务院生态环境主管部门会同国务院其他有关部门和长江流域相关省级人民政府及其有关部门组织建立长江流域生态环境突发事件应急体系，与国家突发事件应急体系相衔接。	**第九条**　国务院长江流域协调机制统筹协调国务院有关部门和长江流域省级人民政府建立健全长江流域突发生态环境事件应急联动工作机制，与国家突发事件应急体系相衔接，加强对长江流域船舶、化工厂、尾矿库等发生的突发生态环境事件的应急管理。	如何统筹协调？
第二十五条　国家加强对长江流域保护的科学技术咨询能力建设。国务院长江流域协调机制设立科学技术咨询委员会，负责组织专业技术机构和人员对长江流域重大发展战略、政策、规划、重大工程、重大生态系统修复和其他重要生态环境保护项目开展科学技术咨询。 　　国务院有关部门、省级地方人民政府及其有关部门根据职责分工，负责组织开展长江流域建设工程、项目以及涉及重要基础设施建设及产业布局的相关规划等对长江流域生态系统影响的第三方评估、分析、论证等技术咨询服务工作。	**第十条**　国务院长江流域协调机制设立科学技术咨询委员会，组织专业技术机构和人员对长江流域重大发展战略、政策、规划、重大工程、重大生态环境保护和修复项目开展科学技术咨询。 　　国务院有关部门、长江流域省级人民政府及其有关部门按照职责分工，负责组织开展长江流域建设项目、重要基础设施和产业布局相关规划等对长江流域生态系统影响的第三方评估、分析、论证等技术咨询服务工作。	协调机制所设立机构具有咨询权。什么主体在什么条件下需要向委员会进行咨询？
第二十条　长江流域协调机制负责组织国务院有关部门和省级人民政府建立长江流域信息共享系统。国务院有关部门、省级人民政府及其有关部门应当根据长江流域协调机制的规定，将各自掌握的长江流域自然、管理、执法的数据、资料、报告、图表等信息及时汇入长江流域信息共享系统，实现信息共享。	**第十一条**　国务院长江流域协调机制统筹协调国务院有关部门和长江流域省级人民政府建立长江流域信息共享系统。国务院有关部门和长江流域省级人民政府及其有关部门应当按照规定，将长江流域自然资源、生态环境以及管理执法等信息，及时汇入长江流域信息共享系统。	由组织负责变为统筹协调。由协调机制的规定，变为按照规定。
第二十一条　国务院长江流域协调机制根据长江流域生态环境保护的实际需要，组织国务院有关部门统一发布有关长江流域生态环境总体状况和重大风险预警、资源利用、水文情况等信息。 　　任何公民、法人和非法人组织不得编造、散布长江流域虚假信息。	删除	

（续表）

一　审　稿	二　审　稿	讨论和建议
第二十七条　第四款　国家对长江流域岸线实施特殊管制，严格控制岸线开发建设，促进岸线高效利用。 　　**第二十八条**　禁止在长江干支流岸线一公里范围内新建、扩建化工园区和化工项目。 　　禁止在长江干流岸线三公里范围内和重要支流岸线一公里范围内新建、改建、扩建尾矿库。但以提升安全、生态环境保护水平为目的的除外。 　　禁止重污染企业和项目向长江中上游转移。	**第二十三条**　国家对长江流域河湖岸线实施特殊管制。国务院长江流域协调机制组织协调国务院自然资源、水行政、生态环境、住房和城乡建设、渔业、交通运输、林业和草原等部门和长江流域省级人民政府划定河湖岸线保护范围，严格控制岸线开发建设，促进岸线高效利用。 　　禁止在长江干流岸线一公里范围内新建、扩建化工园区和化工项目。 　　禁止在长江干流岸线三公里范围内和重要支流岸线一公里范围内新建、改建、扩建尾矿库；但是以提升安全、生态环境保护水平为目的的除外。	增加了协调机制对岸线保护范围的组织协调权力。
第三十九条　长江流域协调机制组织国务院自然资源、水行政、生态环境、住房和城乡建设、渔业、交通运输、林业和草原等部门会同长江流域省级人民政府划定长江流域水域岸线保护范围，制定岸线修复规范，确定岸线修复相应指标。县级以上地方人民政府有关部门根据职责分工，按照长江流域岸线修复规范和指标要求，制定并实施修复计划，保障自然岸线比例，清退非法利用、占用岸线，恢复河湖岸线生态功能。 　　禁止违法利用、占用长江流域岸线。禁止破坏长江流域自然岸线。	**第五十二条**　国务院长江流域协调机制组织协调国务院自然资源、水行政、生态环境、住房和城乡建设、渔业、交通运输、林业和草原等部门和长江流域省级人民政府制定长江流域河湖岸线修复规范，确定岸线修复指标。 　　长江流域县级以上地方人民政府按照长江流域河湖岸线修复规范和指标要求，制定并组织实施河湖岸线修复计划，保障自然岸线比例，恢复河湖岸线生态功能。 　　禁止违法利用、占用长江流域河湖岸线。	由组织变为组织协调。
第四十八条　长江流域协调机制应当统筹协调国务院有关部门和长江流域相关省级人民政府加强长江流域国家重要饮用水水源保护工作。 　　跨行政区域的饮用水水源保护，受益一方应当承担相应饮用水水源保护规范化建设费用，并配合开展水源规范化整治和保护工作。 　　有关饮用水水源保护区的管理，适用《中华人民共和国水污染防治法》的有关规定。	**第三十一条**　国家加强长江流域饮用水水源地保护。国务院水行政主管部门会同国务院有关部门制定长江流域饮用水水源地名录。长江流域省级人民政府水行政主管部门会同同级有关部门制定本行政区域内其他饮用水水源地名录。 　　长江流域省级人民政府组织划定饮用水水源保护区，加强饮用水水源保护，保障饮用水安全。	删除了协调机制的关于饮用水的统筹协调作用。

（续表）

一 审 稿	二 审 稿	讨论和建议
第七十条　国家鼓励城乡居民绿色消费。长江流域协调机制负责组织国务院有关部门和省级人民政府加强对城乡居民绿色消费意识的宣传、教育，并采取有效措施保证人民群众养成绿色消费习惯。 国家提倡简约适度、绿色低碳的生活方式，按照系统推进、广泛参与、突出重点、分类施策的原则，建立完善回收押金、限制易污染不易降解塑料用品、绿色设计、发展公共交通等相关制度措施，推动绿色消费，促进绿色发展。	**第七十条**　长江流域地方各级人民政府加强对城乡居民绿色消费的宣传教育，并采取有效措施，支持、引导居民绿色消费。 长江流域地方各级人民政府按照系统推进、广泛参与、突出重点、分类施策的原则，采取回收押金、限制使用易污染不易降解塑料用品、绿色设计、发展公共交通等措施，提倡简约适度、绿色低碳的生活方式，促进绿色发展。	删除了协调机制的绿色消费的组织职能。

（4）《长江保护法》中的管理和协调机制条款

《长江保护法》于 2020 年 12 月 26 日第十三届全国人民代表大会常务委员会第二十四次会议通过。该法 96 个条款中，有 8 个条款涉及管理体制和协调机制，

表 11-2　《长江保护法》中关于流域管理和协调机构的主要条款

条　款	内　容
第一章"总则" 6 条	**第四条**　国家建立长江流域协调机制，统一指导、统筹协调长江保护工作，审议长江保护重大政策、重大规划，协调跨地区跨部门重大事项，督促检查长江保护重要工作的落实情况。 **第五条**　国务院有关部门和长江流域省级人民政府负责落实国家长江流域协调机制的决策，按照职责分工负责长江保护相关工作。 长江流域地方各级人民政府应当落实本行政区域的生态环境保护和修复、促进资源合理高效利用、优化产业结构和布局、维护长江流域生态安全的责任。 长江流域各级河湖长负责长江保护相关工作。 **第六条**　长江流域相关地方根据需要在地方性法规和政府规章制定、规划编制、监督执法等方面建立协作机制，协同推进长江流域生态环境保护和修复。 **第九条**　国家长江流域协调机制应当统筹协调国务院有关部门在已经建立的台站和监测项目基础上，健全长江流域生态环境、资源、水文、气象、航运、自然灾害等监测网络体系和监测信息共享机制。 国务院有关部门和长江流域县级以上地方人民政府及其有关部门按照职责分工，组织完善生态环境风险报告和预警机制。 **第十二条**　国家长江流域协调机制设立专家咨询委员会，组织专业机构和人员对长江流域重大发展战略、政策、规划等开展科学技术等专业咨询。 国务院有关部门和长江流域省级人民政府及其有关部门按照职责分工，组织开展长江流域建设项目、重要基础设施和产业布局相关规划等对长江流域生态系统影响的第三方评估、分析、论证等工作。 **第十三条**　国家长江流域协调机制统筹协调国务院有关部门和长江流域省级人民政府建立健全长江流域信息共享系统。国务院有关部门和长江流域省级人民政府及其有关部门应当按照规定，共享长江流域生态环境、自然资源以及管理执法等信息。

（续表）

条　款	内　　容
第二章"规划与管控"1条	**第二十六条**　国家对长江流域河湖岸线实施特殊管制。国家长江流域协调机制统筹协调国务院自然资源、水行政、生态环境、住房和城乡建设、农业农村、交通运输、林业和草原等部门和长江流域省级人民政府划定河湖岸线保护范围，制定河湖岸线保护规划，严格控制岸线开发建设，促进岸线合理高效利用。
第五章"生态环境修复"1条	**第五十五条**　国家长江流域协调机制统筹协调国务院自然资源、水行政、生态环境、住房和城乡建设、农业农村、交通运输、林业和草原等部门和长江流域省级人民政府制定长江流域河湖岸线修复规范，确定岸线修复指标。

主要规定在第一章"总则"6条，第二章"规划与管控"1条，第五章"生态环境修复"1条，其他六章没有规定。正式通过的法律，相比讨论稿，条文和内容均受到缩减。

四、"黄河保护法"中流域协调管理机制的讨论

显而易见，《长江保护法》确立了流域管理协调和协作机制的立法，将会成为后续国家流域立法，主要是"黄河保护法"延续的立法体例。从长江保护法立法过程不断缩减流域管理和协作的条款和职能的现状来看，协调和协作机制仍是一个未明确的法律制度安排，缺乏具体的内容，例如协调机制的定位、日常办事机构、协调决策程序，以及与国务院有关组成部门的关系。这些内容的缺失，是立法者协商未决的结果。这一情形将可能再次出现在《黄河保护法》的立法过程，这是立法的现实困境。当然，就理论而言，这一协调机制的设置可以有多个可选方案：其一，依托于或直接重组水利部黄河水利委员会或生态环境保护部黄河流域管理局；其二，依托于国务院国家发展与改革委员会；其三，依托于国务院西部开发领导小组；其四，在国务院下成立新的协调机制。上述最后一种方案，是对现状冲击最少，却更能赋予新职能的方案，是本章下文建议的方案。而从现实困境分析可知，协调管理完全依靠组织协调机制不可能完成立法目标，应当采取多元的协调管理路径，建立程序与实体交融的协调管理模式，其包括机构协调、制度协调和利益协调制度。

1. 机构协调

黄河流域生态环境和资源协调监管体制一方面需解决区域间利益协调与部

门间权力交叉重叠问题,实现区域利益参与决策、部门间权力能够形成合力;另一方面需要在有法可依的前提下发挥行政区划立法权与执法权的优势。黄河保护法应当建立高级别的利益协调机制,并通过协调机制将区域利益、部门合作融入黄河保护综合决策。具体内容包括:

(1)在国务院下设黄河流域协调机构,由国务院副总理、国务院相关部门负责人、黄河流域省、自治区、直辖市首长组成"黄河流域协调委员会",协调、协商部门间、省级政府间关系,协调委员会应当包括黄河流域省份代表,否则将导致在顶层决策中地方利益代表的缺位,不利于决策的地方执行。

(2)黄河流域协调机构内部组成为若干专门委员会,包括黄河流域规划与标准委员会、政策实施与监督委员会、生态环境技术评估和鉴定委员会等。

黄河流域规划与标准委员会由国务院相关部门、省级人民政府相关部门、相关领域专家构成,专司黄河流域保护决策的科学性,组织协调黄河流域空间规划体系、黄河流域环境标准体系与监测体系建立,协调部门间、政府间的信息共享。

政策实施与监督委员会由国务院相关执法部门代表、省级人民政府有关执法部门代表组成,负责对黄河流域的执法情况进行评估以及整合地方政府的执法活动以形成合力,组织建立黄河流域空间规划的实施、监督、评估体系,组织协调联合执法。

生态环境技术评估和鉴定委员会则是协调机构所属的科学决策技术辅助机构,对流域开发、利用和保护中所涉的水资源、水环境和水生态的科学技术问题进行评估和鉴定。

2. 制度协调

立法应关注以下措施和制度,协调管理水资源、水环境和水生态利用、管控活动:

(1)建立黄河流域统一空间规划,以统一空间规划核定和描绘黄河流域空间利用和资源开发的总体蓝图,这和《长江保护法》相同。

(2)确定可用水量,以可用水量确定区域发展的规模、速度和数量是促进水资源可持续利用的刚性要求。习近平总书记强调将水资源作为最大的刚性约束,指出了黄河流域生态保护和经济社会高质量发展的关键,可用水量包括自产水和外调水。按照实行最严格水资源管理制度的要求,各流域、各地区要明晰可用水量,全面加强水资源管理"三条红线"控制,强化取用水总量监管,对达到或超过取用水总量管控指标的流域区域,严格实施取水许可限批,完善管控台账,抓好最严格水资源管理考核,解决水资源过度开发、超量用水、无序取用水等问题,促进水资源合理配置和经济发展方式转变。

（3）制定用水定额标准,实行用水定额目标控制。用水定额,即单位时间内,单位产品、单位面积或人均生活所需要的用水量,是实现水资源合理开发利用的重要基础。用水实行定额目标控制可有效提高用水和节水管理水平。根据流域、地区特点,结合水资源利用状况,综合、统筹跨省江河水量分配,合理明晰用水定额,坚持指标内用水,规范取用水。

（4）对黄河干流和重要支流开展水量和水质的综合管理,确定与管控河流生态流量,通过有效配置水资源、严格水资源监管,促进用水方式转变,倒逼经济社会发展规模、发展结构、发展布局优化。

此外,黄河流域立法需要兼顾黄河生态价值、经济价值、资源价值、文化价值等价值体现和实现,这些价值元素可归总为生态利益、经济利益、区域利益和国家利益等流域综合利益。因此黄河流域立法规范不仅包括水资源合理利用的规定,重要生态功能保护区及其生态保护和治理的规定,还应当包括产业和城市群绿色发展、黄河文化创新保护和流域生态保护利益补偿等规定。

第十二章

黄河流域生态环境监管专题[*]

一、本专题的研究意义

推进黄河保护立法工作是贯彻中央依法治国方略的必然要求,是生态文明建设的必然要求,也是实现黄河流域生态保护和高质量发展目标、着力解决流域保护重大问题的必然要求。党中央、国务院高度重视黄河保护立法工作,2020 年 8 月 31 日,中共中央政治局召开会议审议《黄河流域生态保护和高质量发展规划纲要》,明确提出"系统梳理与黄河流域生态保护与高质量发展相关的法律法规,深入开展黄河立法基础性研究工作,适时启动《黄河保护法》立法工作,在生态保护优先的前提下,以法律形式界定各方权责边界、明确保护治理制度体系,规范各类影响黄河保护治理行为,将黄河保护治理中行之有效的普遍性政策、机制、制度等予以立法确认"。

制定黄河流域生态环境监管方面的法条具有重要意义。一是有助于实现黄河流域生态保护和高质量发展国家战略目标法治化,将党的十九大以来党中央、国务院确立的资源利用、环境保护和综合协调理念提升到法律层面,完善最严格的生态文明制度体系建设,按照生态优先、绿色发展的战略定位,以黄河流域为基

---

* 本章作者:迟妍妍:生态环境部环境规划院副研究员。

付　乐:生态环境部环境规划院助理研究员。

张丽苹:生态环境部环境规划院助理研究员。

张　信:生态环境部环境规划院助理研究员。

本立足点和切入点,以流域立法引导规范黄河流域发展,探索在黄河流域实现国家战略目标的法治路径,使黄河流域国家战略发展落地。[1]二是有助于黄河流域建立"统一标准制定、统一监测评估、统一监督执法、统一应急预警"的上、中、下游生态环境监管联动机制,形成"共同抓好大保护,协同推进大治理"的格局。三是有助于协调黄河流域日趋复杂的功能冲突与多元利益诉求间的矛盾,强化流域综合管理,统筹黄河的生态保护和高质量发展,协调水资源的经济功能和生态功能的关系,明确各种功能利用的优先顺序,提出系统的制度性解决方案。[2]四是有助于摒除流域多头管理的弊端,按照"中央统筹、省级负责、市县落实"的原则,通过在国家层面建立议事协调机构,统筹、协调、指导黄河保护管理工作,明确其日常办事机构的事权。按照分级、分部门管理的原则,分别明确国务院有关部门、流域内地方人民政府及其有关部门的黄河保护职责,并与河湖长制有效衔接,推动黄河生态保护修复和高质量发展形成合力。

二、立法基础与立法思路

1. 已有法律规章中生态环境监管相关内容

黄河流域现有法律基础已涵盖国家、流域、地方三个层面,对流域内生态环境质量标准、环境监测制度、污染防治要求、生态保护补偿制度、调查和风险评估制度、行政执法监督等方面做出了规定与指导,但现有法规体系无法充分适应黄河流域大保护大治理的特征需求。[3]黄河流域生态环境保护的现行立法仅仅就黄河流域保护和治理的某些方面和要素分别规范,各项立法之间缺少协调性、系统性和统一性,对流域上下游、干支流、行业间等各方整体性保护和治理考虑不足。我国现行涉水相关法律均是针对全国普遍情况制定,尚未根据特定流域特点开展专门性立法,且现行法律的原则性较强,对黄河流域治理保护调控功能不足。黄

---

〔1〕　董战峰、邱秋等:《〈黄河保护法〉立法思路与框架研究》,载《生态经济》2020年第36期,第22—28页。

〔2〕　陈晓红、蔡思佳等:《我国生态环境监管体系的制度变迁逻辑与启示》,载《管理世界》2020年第36期,第160—172页。

〔3〕　张建伟、王艳玲、包万平:《制定〈黄河法〉的若干法律问题研究》,中国法学会环境资源法学研究会论文,2008年5月。

河流域地方性生态环境法规政策、规划、标准规范缺失较多,黄河流域管理的部门职责分工尚不明确,流域上下游各行政区针对省界水体监测、引水蓄水等也有不同标准,其发展更多考虑的是区划体制及经济社会等因素,缺乏从宏观角度对黄河流域自然属性和生态系统的充分考量,导致流域生态环境保护与监测监管难以协调,难以确保各项治理保护措施充分落实。

(1)《中华人民共和国环境保护法》

《环境保护法》中涉及生态环境监管的相关法条主要是国家环境质量标准和污染物排放标准;环境监测制度;跨行政区域的重点区域、流域环境污染和生态破坏联合防治协调机制;环境保护目标责任制和考核评价制度;生态保护补偿制度;调查、监测、评估和修复制度;环境与健康监测;调查和风险评估制度;重点污染物排放总量控制制度;重大环境信息统一发布制度;环境保护科学技术研究等方面内容。

《环境保护法》虽然提出制定国家和地方环境质量标准,但是环境质量标准不能完全适用于黄河流域的生态环境保护和治理。对生态补偿制度的规定过于简单,黄河保护法应在此基础上进行深化完善,提出横向上下游生态补偿机制和多元化生态保护修复措施。对科学技术咨询能力的规定都是国家鼓励和支持加强环境保护科学技术研究和先进适用技术的推广应用,培养科学技术人才。这一说法比较温和,对成立专门的科学技术咨询机构,加大对生态环境问题的研究,完善科技成果转化路径等具体措施,没有详细的表述。

(2)《中华人民共和国水法》

《水法》中涉及生态环境监管的相关法条主要是取水许可制度和有偿使用制度;管理体制;饮用水水源保护区制度;河道采砂许可制度;总量控制和定额管理相结合的制度等。

《水法》明确了我国水资源管理采用流域与区域管理相结合的管理体制,授予了流域机构一定的管理职权,但并未对黄河流域管理与区域管理的关系、黄河流域监管职权的具体实施建立可操作的机制,也未明确黄河流域不同层级管理部门的权限,导致各地"三定"方案规定职责权限差异较大。

(3)《中华人民共和国水污染防治法》

《水污染防治法》中涉及生态环境监管的相关法条主要是河长制;水环境保护目标责任和考核评价制度;科学技术推广应用;水环境生态保护补偿机制;水环

境质量标准;水污染物排放标准;重点水污染物排放总量控制制度;水环境质量监测和水污染物排放监测制度;饮用水水源保护区制度等。

《水污染防治法》中的统一监督管理、分工负责相结合的监督管理体制与《水法》中的流域管理与行政区域管理相结合的管理体制,实际上都是统一监督管理与分级、分部门管理相结合,并以地方行政区域管理为主的监督管理体制。地方各级政府将水资源保护和水污染防治工作分属水利、生态环境、住建等不同的政府职能部门。这种以行政区域管理为主的现行管理体制导致流域管理失控,以及地方和部门为了各自利益进行恶性竞争。《水污染防治法》虽然对流域水生态环境保护做出了相应规定,但与《水法》在水资源保护管理职能界定上存在一些冲突,两部法律就如何解决流域水污染治理纠纷分别规定了不同的纠纷解决程序与效力,导致黄河流域水污染治理纠纷,尤其是省际水污染治理纠纷协商解决机制难以高效开展。

(4)《黄河水量调度条例》

《黄河水量调度条例》中涉及生态环境监管的相关法条主要是国家对黄河水量实行统一调度,遵循总量控制、断面流量控制、分级管理、分级负责的原则。

实施黄河水量调度,应当首先满足城乡居民生活用水的需要,合理安排农业、工业、生态环境用水,防止黄河断流。黄河水量调度计划、调度方案和调度指令的执行,实行地方人民政府行政首长负责制和黄河水利委员会及其所属管理机构以及水库主管部门或者单位主要领导负责制。

《黄河水量调度条例》是国务院制定的行政法规,主要针对黄河水量的调度协调,对黄河流域水资源管理有重要作用,但未对流域水资源管理给以统一明确规定,水资源费用征收、水资源管理等缺乏法律保障。另外,其立法层次较低,属于单项及局部立法,不足以在流域层面解决法律之间长期存在的冲突、空白与重叠,也无法在黄河流域生态系统十分脆弱的背景下解决全流域上、中、下游的综合性治理问题。由水利部及黄河水利委员会制定并发布的《黄河水量调度条例实施细则(试行)》《黄河流域省际边界水事协调工作规约》等对黄河流域水资源分配、流域跨区域管理等做出了一定规范,但并未明确赋予流域机构在跨区域水资源管理及调度上的职权层次及范围,也未解决因各行政区毗邻边界水环境功能、水质、水耗等标准存在较大差异而造成的各地在治理措施及监管要求上的矛盾,也未能建立上下游之间的生态利益补偿机制。[1]

(5) 黄河部分省份法律法规

黄河流域部分地区针对防洪、河道治理、水环境保护、水污染防治、水环境保护目标责任制和考核评价制度、科学技术研究推广应用,出台了地方层面的法律法规,主要有《宁夏回族自治区水污染防治条例(草案)》《内蒙古自治区境内黄河流域水污染防治条例》《陕西省渭河流域管理条例》《汾河水污染防治条例》《山东省黄河防汛条例》《山东省黄河河道管理条例》。

以上这些地方性立法虽然分别对各行政区域内黄河生态环境保护提供了立法规范和制度保障,但分散性较强、覆盖范围较窄、重复性立法较多,只体现了上下游各地方的治理责任与利益调节,是分段管理状态,难以形成合力,地方各自为政的立法无法解决流域整体生态系统脆弱、流域管理行政分割及职能交叉等问题。[2]黄河流域尚未建立系统性、整体性、全覆盖、统一的流域生态补偿制度。黄河流域干支流生态环境问题情况复杂,流域上下游缺乏协调,水资源、水环境、水生态统筹不足,流域水治理和地区发展协调不足,流域整体缺乏体现生态环境保护改善与经济利益的调节机制,流域上下游共建共享治水效益难以形成内在动力机制,沿黄9省区生态利益、经济利益难以平衡,影响黄河流域治理成效。

(6) 与《长江保护法》相关条款对比分析

《长江保护法》突出体现了流域立法和特别立法的特征,草案聚焦流域层面的突出问题、重点问题和全局性问题,做好制度设计和措施规定。《长江保护法》对已有的法律规定不再做重复规定,同时针对长江流域特殊性的问题,对已有的制度进行了细化和完善,有的还突破了一些现行的法律制度,体现了特别法的性质。《长江保护法》共九章96条,从规划与管控、资源保护、水污染防治、生态环境修复、绿色发展、保障与监督、法律责任等方面作出了系统规定,不仅为长江流域保护奠定了坚实的法治基础,也为我国其他流域的依法治理提供了良好的经验借鉴。

《长江保护法》对长江流域标准体系、监测网络体系、风险预警机制、突发事件

〔1〕 巨文慧、孙宏亮等:《关于流域生态补偿中央财政资金分配的思考》,载《环境与可持续发展》2020年第45期,第170—173页。
〔2〕 何文盛、岳晓:《黄河流域高质量发展中的跨区域政府协同治理》,载《水利发展研究》2021年第21期,第15—19页。

应急体系、污染物排放总量控制制度、生态保护补偿制度、生态环境保护修复财政投入、宣传教育和科技支撑等内容进行了详细规定。《长江保护法》坚持把保护和修复长江流域生态环境放在压倒性位置。法律通过规定更高的保护标准、更严格的保护措施,加强山水林田湖草整体保护、系统修复。

2. 立法总体思路

全面贯彻落实习近平总书记在黄河流域生态保护和高质量发展座谈会上的重要讲话精神和中央财经委员会会第六次会议有关要求,坚持问题导向、目标导向,开展黄河流域生态环境监管相关法律法规研究。将已有法律一般性要求与黄河流域生态环境监管的实际情形结合,提出更为细化、针对性更强的要求。[1]探索建立"统一标准制定、统一监测评估、统一监督执法、统一应急预警"的黄河流域上、中、下游生态环境监管联动机制,以及完善黄河流域生态环境保护制度体系、加强黄河流域宣传教育和科学技术咨询能力,形成"共同抓好大保护,协同推进大治理"的格局。

三、 黄河流域生态环境监管现状

1. 黄河流域生态环境监测监管体系逐步加强

(1) 部分省份出台污染物排放标准

沿黄9省区地方人民政府根据本地区污染状况的轻重及污染源分布等特征,逐步建立严于国家标准同时兼顾地区实际情况的标准体系。河南省发布《造纸工业水污染物排放标准》《合成氨工业水污染物排放标准》,强化氨氮浓度控制力度,降低造纸废水排放。山东省发布《流域水污染物综合排放标准》,按照流域特点和环境管理需求重新设置环境控制要求,将总氮、全盐量纳入控制因子。陕西省从实际环境管理需求出发,将水质改善的目标要求与污染控制措施的技术、经济、社会可行性分析有效结合,制定《黄河流域(陕西段)污水综合排放标准》,将COD等主要水污染物工业排放标准与城镇污水处理厂一级A标准相统一,改善黄河上游

---

〔1〕 李景豹:《论黄河流域生态环境的司法协同治理》,载《青海社会科学》2020年第6期,第94—103页。

生态缺水,减少入水污染负荷,充分发挥地方标准引领和约束作用。

(2) 开展生态环境监测网络建设工作

生态环境部贯彻落实《生态环境监测网络建设方案》(国办发〔2015〕56号)要求,不断完善黄河流域生态环境监测网络建设。"十三五"期间,生态环境部在地表水监测方面,黄河流域共设置国控断面282个,基本实现黄河干流、主要支流、重要水功能区和跨省市界全覆盖,建成国控水质自动监测站122个,监测预警能力明显提升;在环境空气质量监测方面,黄河流域各地区共设置国控城市点位552个,背景点位5个,区域点位25个,在汾渭平原4个城市(运城、临汾、西安、洛阳4个监测点位)开展了颗粒物组分自动监测;在土壤监测方面,黄河流域共设置土壤环境质量监测点位6 880个,覆盖主要县域、土壤类型和粮食主产区;在生态质量监测方面,黄河流域共设置地面生态监测站4个,覆盖三江源地区和甘肃、四川及内蒙古部分草原生态系统;在海洋监测方面,在黄河口开展水质、沉积物、海洋生物多样性、生态系统健康状况监测;同时,利用卫星遥感技术开展重点城市黑臭水体、断流、沙尘、生态质量,湖库蓝藻水华、滨海湿地岸线变迁等方面监测。2020年,生态环境部组织编制《黄河流域水生态环境监测体系建设方案》,围绕黄河上、中、下游突出环境问题,整合各方资源力量补短板、强弱项,谋划黄河流域生态环境监测信息化平台建设,着力实现黄河流域生态环境监测体系与监测能力现代化。

(3) 推进生态环境风险应急管理

近年来,黄河流域各省区在生态环境风险评估和源头防控、企业和政府突发生态环境事件风险应急预案编制、各级环境应急管理机构建设以及物资装备储备等方面取得了一定进展。一是生态环境风险评估和源头防控持续推进,青海、甘肃、河南、山东等地相继开展环境安全隐患排查治理专项行动;甘肃、河南等地开展流域环境风险调查评估,针对干流及主要支流编制了环境风险防控方案和"一河一图一策"。二是应急预案管理不断加强,黄河流域省、市级政府突发环境事件应急预案覆盖率达到100%,县级预案覆盖率超过95%,各地区通过实战演练、桌面推演等多种形式开展环境应急演练,预案编制、备案、评估、演练的规范性日益提高。三是应急联动机制建设持续深化,甘肃、陕西、四川、青海和宁夏5省区生态环境部门签订《黄河长江中上游五省(区)环保厅应对流域突发环境事件联动协议》,内蒙古、宁夏、甘肃3省区建立黄河甘宁蒙跨界突发环境污染应急联动合作机制,甘肃、河南、山东等地不断深化生态环境、应急管理、交通运输、公安等跨部门应急联动工作机制建设。四是应急能力稳步提高,除青海外的8个黄河流域大部分省份均成立了省级专职环境应急管理机构,近一半地市级成立了专职机构,配备应急物资和装备不断加强,沿黄9省现已汇总统计环境应急物资储备库1 700余个,汇总各类环境应急物资信息25 000余条。

（4）开展中央生态环境保护督察

2016—2017年,国家对沿黄9省区开展了第一轮中央生态环境保护督察;2018年对山西、河南等7省区开展中央生态环境保护督察"回头看";2019年对青海和甘肃开展了第二轮督察。宁夏、内蒙古、陕西和河南等地相继成立由省区政府主要领导负责的中央环保督察"回头看"整改工作领导小组,针对意见逐条逐项梳理分解,制定贯彻落实中央环境保护督察反馈意见整改方案,明确整改目标、整改措施、责任领导、责任单位和完成时限,建立整改台账,挂账督办、跟踪问效,整改一个、销号一个。部分省份成立省级生态环境保护督察巡查工作领导小组,深挖细查完成省内各市（区）的生态环境保护督察工作,实现省级生态环境保护督察"全覆盖",通过督察督办有效促进了党中央、国务院决策部署在地方落地见效。

（5）深入打好污染防治攻坚战

近年来,黄河流域各省区深入不断开展了多项生态环境保护专项污染防治行动,生态环境质量得到了显著改善。黄河流域各级人民政府坚决向污染宣战,制定实施大气、水、土壤污染防治行动计划。一是铁腕推进蓝天保卫战,黄河流域各省区大气污染治理成效显著,环境空气质量明显改善,细颗粒物浓度明显下降,重污染天气明显减少。山西、陕西联合建立汾渭平原大气污染防治协作机制,修订重污染天气应急预案,加强预警应急,及时启动应急措施。二是深入推进碧水保卫战,黄河流域水污染防治工作全面推进,饮用水水源地问题整改数大幅度提高,地级及以上城市建成区黑臭水体基本消除。三是扎实推进青山保卫战,生态环境部等七部门联合部署"绿盾行动"自然保护区监督检查专项行动,分赴黄河9省区国家级自然保护区和省级自然保护区进行全面排查,摸清底数,建立问题台账,实行建档立卡、拉条挂账,精准解决突出问题,推动地方各级自然保护区提升管理水平。四是全面推进净土保卫战,黄河流域各省区开展土壤污染风险防控和治理修复相关工作,其中宁夏回族自治区制定《宁夏回族自治区污染地块环境管理暂行办法》,严格管控污染地块环境风险。青海省完成沿湟流域历史遗留铬渣无害化处置,重点实施原海北化工厂等铬污染场地治理并取得显著成效。陕西省强化土壤污染风险管控和治理修复,建立建设用地准入管理制度,制订全省疑似污染地块目录,保障土壤环境安全;制订涉重金属行业污染防控工作方案,确定涉镉重点排查企业清单。

2. 黄河流域生态环境保护制度体系逐步完善

(1)不断强化环评源头预防措施

内蒙古自治区深入开展重点行业清洁化改造,从源头减少废水及污染物排放。大力推进工业企业节水设施配套建设,不断提高企业及园区污水处理厂中水回用率。宁夏回族自治区不断化解水泥、铁合金、造纸、兰炭等 9 个重点工业行业过剩产能和落后产能,新能源发电总装机占全区电力装机比重不断提高;开展重污染企业退城搬迁行动,推动传统产业改造提升,对多家重点企业开展强制性清洁生产,积极培育发展新兴产业、环保产业,努力从源头上为生态环境减负。山东省委、省政府出台《山东省加强污染源头防治 推进"四减四增"三年行动方案(2018—2020 年)》文件,出台 8 个标志性重大战役作战方案,将黄河流域作为重点区域,明确了具体措施、责任单位和完成时限,全力确保黄河流域生态环境质量。陕西省出台《关于环境倒逼产业结构调整优化经济增长的指导意见》,把保护优先和绿色发展等要求贯彻到各类开发建设中的空间布局和产业发展上。充分发挥规划环评参与综合决策的指导作用,建立规划环评与项目环评的联动机制,从源头上减轻布局性和结构性环境风险。

(2)积极推进排污许可证制度

青海省按照生态环境部统一部署,将全省已完成排污许可证核发任务的火电、造纸等 33 个行业,全部纳入固定污染源清理整顿。截至 2020 年底,全省所有排污单位都依法取得排污许可证或填报排污登记表。甘肃省生态环境厅印发《甘肃省生态环境厅关于加强排污许可证后管理工作的通知》(甘环评发〔2019〕8 号)文件,要求各市(州)生态环境部门建立排污许可证后管理工作机制,明确责任主体。截至 2020 年底,宁夏回族自治区已完成全区固定污染源的排污许可全覆盖。陕西省生态环境厅为实现对污染物排放的"一证式"管理,推动排污许可制有效落实,出台《关于推进排污许可证后执法工作的通知》(陕环函〔2019〕291 号)文件,要求各市、县（区）生态环境执法部门要制定排污许可证后管理执法计划。截至2020年底，陕西省完成全省所有固定污染源的排污许可证登记工作。

（3）探索建立生态补偿机制

青海省人民政府印发《关于探索建立三江源生态补偿机制的若干意见》，明确建立生态补偿机制的指导思想和基本原则、科学确定生态补偿的范围及重点、多渠道筹措生态补偿资金。青海省人民政府办公室印发了《三江源生态补偿机制试行办法》，标志着三江源生态补偿机制的正式建立。青海省财政厅积极配合省级相关部门出台实施了生态环境监测评估、草原生态管护机制两项补偿政策，启动专项资金，主要对各地开展对植被覆盖率、河流水质、空气质量等指标进行监测与评估工作给予必要的设备购置经费，同时从农牧民群众中招募近万名生态管护员进行草场日常管护。这两项补偿机制的建立和实施，使青海省重点生态功能区环境监测和草原日常管护工作步入常态化、规范化管理。山东省实施空气质量生态补偿机制，推行市场化生态补偿机制。山东省政府办公厅发布了《关于印发山东省环境空气质量生态补偿暂行办法的通知》，环境空气质量生态补偿机制为全国首例。山东省十二届人大常委会第二十二次会议通过《山东省大气污染防治条例》，大气环境生态补偿制度以地方法规的形式确定下来。河南在全国率先实施月度生态补偿。河南省人民政府发布《河南省城市环境空气质量生态补偿暂行办法》和《河南省水环境质量生态补偿暂行办法》，以经济奖惩推进环境污染防治工作。

（4）推进生态环境损害赔偿制度改革

山东省作为全国7个试点省份之一，全面推进生态环境损害赔偿制度。山东省组织开展了生态环境损害赔偿制度改革试点工作，印发了《山东省生态环境损害赔偿制度改革试点工作实施方案》，并将济南市章丘区"10·21"重大非法倾倒危险废物事件作为山东省首例生态环境损害赔偿制度改革试点的典型案例，开展生态环境损害赔偿与修复。山东省委办公厅、省政府办公厅印发《山东省生态环境损害赔偿制度改革实施方案》。甘肃省全面推进生态环境损害赔偿制度改革，甘肃省生态环境厅等5部门印发了《甘肃省生态环境损害调查实施办法（试行）》《甘肃省生态环境损害鉴定评估管理办法（试行）》《甘肃省生态环境损害赔偿磋商办法（试行）》《甘肃省生态环境损害修复管理办法（试行）》《甘肃省生态环境损害修复效果评估管理办法（试行）》《甘肃省生态环境损害赔偿公众参与和信息公开办法(试行)》六项制度。《陕西省生态环境损害赔偿磋商办法(试行)》《陕西省生态环境损害鉴定评估办法(试行)》的颁布,标志着陕西省生态环境损害赔偿制度框架已经建成。

3. 生态环境保护修复投资力度不断加大

水污染防治专项资金积极支持黄河流域水环境质量改善,主要用于支持重点流域水污染防治、良好水体生态环境保护、生态保护和治理修复、集中式饮用水水源地环境保护以及地下水环境保护及污染修复等水污染防治工作。根据《2018年度水污染防治中央项目储备库项目清单》(环办规财函〔2018〕757号),2018年黄河流域9个省区均有项目纳入水污染防治项目储备库,共涉及水污染防治项目1048个,规划总投资约1280亿元,涉及水体类型包括重点流域、良好水体、地下水、饮用水等,主要项目类型包括点源污染源治理、面源污染治理、河流及湖泊生态环境修复、环境监管能力建设等。中央土壤污染防治专项资金支持黄河流域土壤污染状况详查、土壤污染调查评估、风险管控与修复、能力提升等重点任务落实及土壤环境风险防控。此外,中央农村环境整治专项资金支持黄河流域9省区农村生活污水垃圾治理、规模以下畜禽养殖污染防治、饮用水水源地保护等农村环境整治工作,推动《全国农村环境综合整治"十三五"规划》任务落实及农村生态环境改善。

4. 积极开展生态环境宣传教育工作

河南省构建党委领导、政府主导、企业主体、公众参与的生态环境保护大格局。坚持每月新闻发布,在各类媒体解读重大政策,通报市县区环境质量排名、月度生态补偿,强化新闻宣传,围绕环境攻坚重点任务,持续组织新闻采访,坚持树抓正反典型,曝光典型违法案件,有效传递责任压力。陕西省建成国内首个省级环保全媒体平台,陕西环保官方手机App"生态陕西"正式上线,国内首个上星环保栏目《美丽三秦》正式开播。制定《环境违法行为有奖举报实施办法》,对环境违法行为实行有奖举报,精准打击。开通环保投诉热线,建立了微信、微博公众平台,畅通公众参与渠道。各地积极开展生态文明建设示范区和"两山基地"评选、绿色文明示范单位创建等活动,开展环保设施公众开放、微信知识竞赛、电磁科普宣传、环保知识进社区等系列活动。

四、 期待通过立法解决的突出问题

1. 生态环境质量标准体系有待完善

目前,黄河流域生态环境标准体系不够健全,黄河流域缺乏统一、明确、可操作性强的水生生物、生态流量、自然岸线保有率、物种保护、自然资源科学合理开发和利用等相关标准和规范。黄河流域水污染物排放标准缺乏与水环境质量标准的协调。完整的水生态环境指标是生物完整性的基础和保障,而现行水环境质量标准仅采用化学指标开展工作,不足以保护黄河流域生态环境和生物多样性,不利于生态系统的保护。[1]

2. 生态环境监测网络未实现全覆盖

黄河流域生态环境脆弱,环境问题突出,黄河流域生态环境监测站点在空间布局上分布不均,范围和要素覆盖不全,生态质量监测尚未覆盖流域主要生态系统类型,地下水、农业面源监测能力相对薄弱,全覆盖的生态环境监测网络体系尚未建立。黄河流域生态环境调查、监测、水文、水利工程、水土保持、自然灾害等资料信息分属不同部门,虽然签订数据共享协议,但在某些数据共享具体操作层面还不够通畅。黄河流域水生态环境监测信息集成共享应用不足,缺乏黄河生态环境监测信息统一集中展示、调度指挥与决策支持平台,数据综合分析和深度挖掘应用不足,不能支撑黄河流域生态保护。

3. 生态环境风险预警和应急能力有待加强

黄河流域结构性、布局性风险显著,据不完全统计,[2]黄河干流10千米范围内分布有近9 000家突发生态环境事件风险企业,资源消耗型企业数量占比重较高,黄河流域煤化工行业(包括炼焦、氮肥制造及部分化学品制造企业等)约占全国

---

〔1〕　路瑞、马乐宽等:《黄河流域水污染防治"十四五"规划总体思考》,载《环境保护科学》2020年第46期,第21—24页。王东:《黄河流域水污染防治问题与对策》,载《民主与科学》2018年第6期,第24—25页。

〔2〕　王亚变、刘佳等:《甘肃省黄河流域环境风险现状分析及评估研究》,载《西北师范大学学报(自然科学版)》2020年第56期,第124—130页。

煤化工企业数量的 80%，主要集中在陕西南部、山西省、河南省、山东省。突发生态环境事件高发，黄河流域平均每年发生突发生态环境事件超过 100 起，涉水事件比例大，绝大部分有生产安全和交通事故次生事件。环境应急管理能力有待加强。部分省、市尚未建立环境应急管理机构，青海省未建立省级和地市级专职机构，宁夏、陕西分别仅 20%、60% 的地级市成立了专职环境应急机构。突发生态环境事件预警预判和应急能力薄弱，流域大部分涉气企业和工业园区尚未开展突发大气环境事件预警体系建设，缺乏集成监控、评估、预警以及处置的预警系统。快速预测模拟和预警响应决策能力滞后，流域重点河段区域的基层人员队伍和物资装备储备数量不足。跨区域、跨部门环境应急联动机制建设有待加强，中下游环境应急联动机制建设相对滞后，应急预案、物资装备储备以及人员队伍等缺乏有效衔接和统筹管理。

4. 生态环境保护督察和监督执法力度仍需加强

目前，黄河流域主要采取流域管理、行政区管理和河长制管理三元并存的监管模式，其中行政区管理又涉及水利、生态环境、自然资源等诸多部门，流域上、中、下游不同行政区管理部门各自为政，导致流域生态系统保护修复长期呈现"九龙治水"的碎片化管理模式。流域生态环境保护监管的协调联动机制尚未理顺，上下游、左右岸、干支流、部门间协同保护治理的机制亟待建立，黄河流域管理与沿黄 9 省区行政区域管理的责任边界仍不明确。目前，生态环境部黄河流域生态环境监督管理局主要负责流域水资源、水生态、水环境方面的生态环境监管工作，但在实际监管工作中面对地方行政干预，各项生态保护修复措施难以充分落实，开展流域生态保护监管存在体制困难。生态保护修复监管协同执法能力薄弱，国家层面各部门间开展流域联合执法的机制尚不健全，水利部门侧重流域水行政执法监督，生态环境部门侧重生态环境执法监督，自然资源部门侧重自然资源执法监督，各部门开展执法的侧重不同，缺少针对流域生态保护修复与监管的统一监督执法机制。流域各地生态保护修复监管执法能力比较薄弱，人员装备、信息化、智能化水平较低，特别是部分地区县级监管执法能力与所承担的职责不相适应，无法满足当前流域系统保护监管的需要。

5. 生态环境保护制度体系有待进一步完善

黄河流域土地、土壤、矿产、水流、森林、草原、湿地及生物资源等自然资源状况未能摸清,仍存在违法侵占黄河流域国家所有的自然资源情况。黄河流域排污总量控制制度立法依据分散,法律位阶低,对整个流域总量分配的约束性不够强。黄河流域排污单位未完全落实污染治理和排污监测主体责任,排污单位自行监测行为不够完全规范,排污单位按证排污、依证监测责任意识仍需要加强。黄河流域尚未建立系统性、整体性、全覆盖、统一的流域生态补偿机制,水源涵养功能强的地区的发展权补偿还有很大政策空间,跨省横向生态补偿还处于探索阶段,补偿范围较窄、补偿标准偏低、补偿规模偏小、补偿保障不足,缺乏规范流域生态补偿顶层设计,生态补偿主体利益协调和标准不统一问题突出。黄河流域9省区虽然建立了生态环境损害赔偿制度,但是目前关于生态环境损害责任认定与赔偿还缺乏系统、规范、统一的法律规定,在实际操作中存在较多掣肘因素。[1]黄河流域生态系统是一个有机整体,开展生态环境损害赔偿工作要充分考虑上、中、下游的差异。黄河流域各省区在环境公益诉讼制度实施方面取得了显著的成果,但由于缺乏完善的法律体系,加之实践经验的缺乏,导致案件处理的时间周期较长,环境公益诉讼制度实施的总体效率偏低,一定程度上造成破坏行为的持续,弱化了制度实施的效果。

6. 多元化环境治理投入机制尚未建立

目前,黄河流域打好污染防治攻坚战工作面临的主要困难是资金不足。生态环保资金投入压力持续加大,可用财力有限与生态环保资金需求的矛盾进一步凸显。多元化投入机制尚未形成,"谁污染、谁治理"的污染治理原则落实还不到位,政府主导、企业主体、社会和公众共同参与的多元化环境治理投入机制尚未建立。生态环境治理工作具有明显的公益性、外部性,受盈利能力低、项目风险多等影响,加之市场化投入机制、生态保护补偿机制仍不够完善,缺乏社会资本投入生态环境治理的有效政策和措施,生态产品价值实现缺乏有效途径,社会资本进行意愿不强。目前,工程建设主要以政府投入为主,投资渠道较为单一,资金投入整体不足。同时,生态环境治理工程建设的重点区域多为老、少、边、穷地区,由于自有财力不足,不同程度地存在"等、靠、要"思想。

---

〔1〕 王夏晖、朱媛媛等:《生态产品价值实现的基本模式与创新路径》,载《环境保护》2020年第48期,第14—17页。

7. 生态环境保护科技支撑水平不足

黄河流域生态保护和修复标准体系建设、新技术推广、科研成果转化等方面比较欠缺,理论研究与工程实践存在一定程度的脱节现象,关键技术和措施的系统性和长效性不足。科技服务平台和服务体系不健全,如黄河流域水环境监测共建共管实验室配套设施、人员数量、监测技术有待提升,全覆盖的生态环境监测网络体系尚未建立。黄河流域入河排污口专项检查尚未开展,违法排污问题时有发生,强化流域生态环境综合监督执法迫在眉睫。环境基础设施不到位,高寒高海拔地区处理效率低,黄河中下游涉及省区普遍存在城镇污水处理能力不足、管网不健全、雨污未分流、污水处理厂超标排放等问题。

五、 立法内容说明及立法建议

1. 立法内容说明

黄河流域生态环境监管的立法建议主要内容包括七个方面。一是建立健全黄河流域标准体系,对黄河流域生态环境保护和高质量发展奠定基础。二是建立覆盖全黄河流域的生态环境监测体系,为实现管理决策科学化、治理精准化,推动流域重点、难点问题有效解决提供支撑保障。三是完善黄河流域生态环境风险预警与应急机制,增强流域生态环境质控和应急能力。四是强化黄河流域生态环境保护督察和监督执法力度,实现对全流域生态环境保护执法"一条线"全畅通。五是完善黄河流域生态环境保护制度体系,为黄河流域开展系统保护治理提供管理手段。六是建立黄河流域投融资机制,保障多元化主体参与生态修复和保护。七是提高黄河流域宣传教育科学技术咨询能力,培养生态环境保护类专业人才,提升黄河流域生态环境治理能力的技术支撑。

2. 立法建议

（1）建立健全黄河流域标准体系

健全黄河流域生态标准,包括流域水生生物、河湖生态流量、河湖生态空间保护修复、自然岸线保有率、物种保护等相关标准和规范的制定。加强黄河流域应对气候变化标准修订,构建应对气候变化标准框架体系,完善和拓展生态环境标准体系。生态环境部严格对照国家水环境质量标准,根据黄河流域整体情况,修正流域水环境质量标准,对未做规定项目进行补充规定,对已规定项目作出更严格规定。修正标准应当征求国务院有关部门和有关省区级人民政府的意见。黄河流域各省区级人民政府可以制定严于黄河流域水环境质量标准的地方水环境质量标准,报生态环境部备案。黄河流域各省区级人民政府立足地方实际情况,充分体现各地行业排放特征,制定更加严格的地方污染物排放标准,并实行差别化的分区、分类排放管控措施,报生态环境部备案。

(2)建立覆盖全黄河流域的生态环境监测体系

生态环境部牵头组织建立沿黄流域生态环境监测网络,与黄河流域监测网络体系相衔接。以流域环境质量、生态质量和污染源监测全覆盖为根本,运用高新科技装备监测手段,系统提升生态环境监测现代化能力,提高信息化保障水平,在已经建立的相关台站和监测项目基础上,整合优化黄河流域生态环境质量监测点位。重点加强生态保护红线区域生态功能监测、流域生物多样性监测、区域生态系统状况监测;强化上游地区水资源状况与水源涵养功能监测、中游地区水环境质量状况与水土流失动态监测,加强汾渭平原大气环境质量监测,汾河等重要支流水环境质量监测,下游地区湿地生物多样性监测。构建涵盖大气、地表水、地下水、土壤、噪声、辐射、生态等要素,布局科学合理、指标系统完备、功能有机统一、运转顺畅高效、信息集成共享、天地一体化的黄河流域现代化生态环境监测网络体系,服务于流域生态环境高水平保护和流域高质量发展,为实现管理决策科学化、治理精准化,推动流域重点、难点问题有效解决提供支撑保障。推动建立黄河流域生态环境监测数据集成共享机制,规范监测指标和方法,实现相关监测信息共享。建立和实行生态环境质量公告制度,统一发布国家生态环境综合性报告和重大生态环境信息。

(3)完善黄河流域生态环境风险预警与应急机制

构建统一领导、权责一致、权威高效的应急能力体系,积极应对各类突发环境事件,严格突发环境事件风险管控,推动形成统一指挥、专常兼备、反应灵敏、上下联动、平战结合的生态环境应急管理体制。国务院生态环境主管部门会同国务院有关部门和黄河流域省级人民政府建立健全黄河流域生态环境风险预警和突发生态环境事件应急联动工作机制体系,与国家突发事件应急体系相衔接。加强对黄河流域能源化工基地、企业集中区域、主要湖库、黄河三角洲高风险溢油海域等发生的突发生态环境事件的应急管理。建立完善国家—流域—省—市应急监测预警网络,加强应急监测预警技术研究和储备,分级分区组建应急监测物资储备库和专家队伍。

(4) 强化黄河流域生态环境保护督察和监督执法力度

生态环境部细化黄河流域生态环境监督管理局职责定位,指导实施统一的流域生态环境保护监督执法,统筹上、中、下游,左右岸,强化黄河流域生态环境监管和执法,增强流域生态环境监管和行政执法的独立性、统一性、有效性、权威性。国务院生态环境部门会同有关部门完善跨区域跨部门联合执法机制,加强全流域生态环境执法能力建设,实现对全流域生态环境保护执法"一条线"全畅通。黄河流域各省区人民政府根据需要在地方性法规和政府规章中,突出生态环境保护监督执法。完善环境执法监督和网格化监管体系,推动生态环境行政综合执法改革,加强全流域环境监管执法技术支持基础能力建设。强化市县监管执法能力建设,推进环境执法重心向市县下移,加强基层执法队伍建设,强化属地环境监管执法。

(5) 完善黄河流域生态环境保护制度体系

实施黄河流域自然资源有偿使用制度。自然资源资产有偿使用制度是生态文明制度体系的一项核心制度。自然资源部要加强对黄河流域所有自然资源资产有偿使用制度改革工作的统筹指导和督促落实,建立健全黄河流域所有自然资源资产有偿使用制度,努力提升自然资源保护和合理利用水平,切实维护国家所有者权益。自然资源部组织有关部门定期对黄河流域土地、土壤、矿产、水流、森林、草原、湿地以及生物资源等自然资源状况进行专项调查,建立资源基础数据库和资源变化情况台账,并组织开展对环境资源承载能力的评价。

建立黄河流域污染物排放总量控制制度。生态环境部根据全国水环境质量改善目标和水污染防治要求,参考黄河流域各省区产业构成、污染物类型、气候地理等差异,确定黄河流域各省区级行政区重点污染物排放总量控制指标。生态环境部门制定具体办法和方案,对各省区提出污染物排放总量削减要求,并要求各省区人民政府制定污染物排放总量控制措施和方案。

探索建立黄河全流域生态补偿机制。建立黄河流域生态补偿机制管理平台,支持引导沿黄九省区建立多元化横向生态补偿机制。进一步加大重点生态功能区财政转移支付范围和力度,将鄂尔多斯高原、贺兰山—阴山山脉、阴山北部草原、鲁中山区等,具有重要生态功能的经济欠发达地区纳入财政转移支付范围,进一步优化财政转移支付分配测算方式,增加黄河源区、上游重点生态功能区财政转移支付力度。

推进黄河流域排污许可制。国务院生态环境主管部门负责全国排污许可的统一监督管理,推动落实排污许可"一证式"管理。引导排污单位建立健全按证排污、自证守法工作机制,落实排污许可管理要求。建立以排污许可证为主要依据的生态环境执法监管体系,全面开展排污许可常态化执法监管,加强自行监测、执行报告等监督管理,健全环境治理企业责任体系,提升企业治污能力和水平。鼓励企业事业单位及其他生产经营者开展排污权交易。

优化完善黄河流域生态环境损害赔偿制度。生态环境部会同最高人民法院、最高人民检察院、司法部等相关业务指导部门,推动解决九省区生态环境损害赔偿改革实施工作,优化完善生态环境损害赔偿制度。生态环境部将各地生态环境损害赔偿制度改革进展情况纳入中央环保督察范围。组织相关技术单位继续完善环境损害鉴定评估技术体系,研究编制土壤和地下水、污染物性质鉴别、替代等值分析法等方面的鉴定评估技术规范。联合司法部门进一步强化全国环境损害司法鉴定机构登记评审专家国家库建设,指导推进沿黄省份地方库建设。

建立黄河流域污染公益诉讼制度。生态环境部联合最高人民检察院指导各省区优化完善生态环境公益诉讼制度,各地根据生态环境损害具体情形,确定合理的惩罚性赔偿数额规则,并建立环境公益诉讼基金并规范赔偿金的使用。加强黄河流域协同治理的司法保障,建立鼓励和支持环境公益诉讼长效机制,加强执法的系统性专项检查。

(6) 完善生态环境保护治理资金投入机制

多层次多渠道加大生态环保投入。加大中央生态环境资金对黄河流域9省区的转移支付力度。落实地方政府生态环保投入,坚持"党政同责、一岗双责",明确地方各级人民政府是本辖区环境质量改善的责任主体。

落实企业污染治理责任。建立企业环境信用评价和违法排污黑名单制度,企业环境违法信息将记入社会诚信档案,向社会公开。建立上市公司环保信息强制性披露机制,对未尽披露义务的上市公司依法予以处罚。支持符合条件的企业积极公开发行企业债、中期票据和上市融资,拓宽企业融资渠道。

充分发挥市场机制作用,吸引社会资本投入。大力推行环保PPP与第三方治理模式。推进环境保护领域政府和社会资本合作模式,在城乡生活污水处理厂及管网建设、城乡生活垃圾处置、城市环境综合整治、水质较好湖泊保护、饮用水源地保护、污染场地修复与生态建设、环境监测、畜禽养殖污染治理、有机农业等领域引入社会资本,采取单个项目、组合项目、连片开发等多种形式,提高环境公共产品供给质量与效率。

大力发展绿色金融,提高环保项目融资能力。推进金融产品和服务创新。鼓励开发贷款周期长、融资成本低的创新金融产品,鼓励金融机构为相关项目提高授信额度、增进信用等级。

建立绩效导向的资金使用机制,提高资金使用效率。加强财政资金使用绩效评价,提高资金使用效益。提前谋划大气、水、土壤、农村环保、生态保护等领域项目,做好顶层设计,建立完善地方各级项目储备库,夯实项目实施基础。

(7) 提高公众参与和科技支撑水平

加强黄河流域生态环境保护和绿色发展的宣传教育。有关部门应完善公众参与程序,为公民、法人和非法人组织参与和监督黄河流域生态环境保护提供便利。新闻媒体应当采取多种形式开展黄河流域生态环境保护和绿色发展的宣传教育,并依法对违法行为进行舆论监督。全国各级教育行政部门、学校应当将黄河流域生态环境保护知识纳入学校教育内容,培养学生的环境保护意识。鼓励、支持单位和个人参与黄河流域生态环境保护和修复、资源合理利用、促进绿色发展的活动。

努力提升黄河流域科技创新支撑能力,实施科技创新黄河生态环境保护专项,加大对黄河流域生态环境中长期重大问题研究,聚集水安全、生态环保、水沙调控等领域开展科学实验和技术攻关。在黄河流域加快布局若干重大环境科技基础设施,建设一批国家重点实验室、产业创新中心、工程研究中心等科技创新平台,大力推进沿黄一流大学、一流学科和一流研究所建设,加大环境保护类专业人才培养和引进力度。设立黄河流域环境科技成果转化引导基金,完善环境科技投融资体系,综合运用政策、标准规范、激励机制等工具促进成果转化。

第十三章

黄河流域应对气候变化立法研究*

一、 本专题的研究意义

1. 黄河流域应对气候变化工作的必要性

（1）黄河流域属于气候敏感区

气候变化对黄河流域影响深远，将进一步加剧冰川冻土退化、水资源短缺、土地荒漠化、水土流失加剧、水旱灾害频繁、生物多样性减少等一系列生态环境问题。黄河流域大部分地区属干旱半干旱区，由西向东主要处于高原山地气候区、温带大陆性气候区和温带季风气候区，光、热、水等自然资源区域分布差异明显，是中国主要的气候敏感区之一。在全球气候变暖的大背景下，黄河流域气候发生了显著的变化，总体呈现出上游地区暖湿化、中下游地区暖干化趋势。在不同的排放情景下，未来黄河上游气温继续升高、降水增多，如果气候变暖趋势持续，黄河流域内冰川、积雪和冻土在未来几十年里可能会继续发生变化。其中，积雪的减少将使得春季融雪径流减少或消失，积雪对河川径流的调节能力将显著减弱，干旱形势加剧。

气候变暖对黄河上游地区水源涵养、生态保护修复提出挑战。现阶段在上游

＊ 本章作者:田丹宇:国家应对气候变化战略研究和国际合作中心办公室副主任、副研究员。

　　高　霁:美国环保协会北京代表处项目主管。

　　祝子睿:中国政法大学硕士研究生。

　　杨　君:美国环保协会北京代表处项目主管。

　　秦　虎:美国环保协会北京代表处高级研究总监。

暖湿化背景下,冰川、积雪融水性径流增加,使得生态得以改善;但从长期来看,冰川容量不能永远维持融水径流增加,径流峰值过后将面临水资源短缺风险,上游地区生态环境也将受到严重影响。此外,冰川、积雪消融也导致冰湖面积增大,冰湖溃决事件发生频次增加,易引发山洪、泥石流等次生灾害。未来黄河中游地区气温继续升高、强降水增加,水土流失防治任务依然艰巨。水土流失面积大,且水土流失强度高,自然条件恶劣。同时,在黄河中游气候暖干化背景下,短历时强降水却呈现增加趋势,导致山洪、泥石流、城市内涝等灾害风险增大,水土流失防治难度更大。未来黄河下游地区气温继续升高、干旱加剧,极端强降水增多。面对当前的各种生态问题以及未来生态安全风险挑战,采取应对气候变化和保护生态环境适应性措施十分迫切。

(2)黄河流域亟须低碳发展

黄河流域又被称为"能源流域",煤炭、石油、天然气和有色金属资源丰富,煤炭储量占全国一半以上,是我国重要的能源、化工、原材料和基础工业基地。整个流域地区能源结构偏重,依托一次能源开发利用为主的能源产业发展模式仍对黄河流域的生态环境带来较大压力。部分能矿资源富集区域传统能源产业密集,且近年来在承接东部地区产业转移的过程中,流域省份低碳转型仍显不够,清洁能源发展空间较大,能源转型需求迫切。黄河流域的能源结构调整对于全国能源结构优化举足轻重,黄河流域的碳排放达峰对于全国如期实现 2030 年前碳达峰、2060 年前碳中和至关重要。

2. 黄河立法加入应对气候变化内容的意义

(1)黄河流域是我国如期实现碳达峰碳中和的决胜区域

2019 年 9 月 18 日,习近平总书记在郑州发表重要讲话,将黄河流域生态保护与高质量发展提升为重大国家战略。2020 年 11 月 20 日,水利部、国家发展改革委牵头正式启动黄河保护立法起草工作。近日,全国人大常委会将黄河保护立法列入 2021 年立法规划。

2021 年 9 月 22 日,国家主席习近平在第七十五届联合国大会上提出"二氧化碳排放力争于 2030 年前达到峰值,努力争取 2060 年前实现碳中和",并在随后的联合国生物多样性峰会、巴黎和平论坛、金砖国家领导人会晤、G20 等一系列重要场合向国际社会展现了积极应对气候变化的政治定力和战略抉择。《中华人民共和国国民经济和社会发展第十四个五年规划和 2035 年远景目标纲要》也明确提出：要落实 2030 年应对气候变化国家自主贡献目标，制定 2030 年前碳排放达峰行动方案，锚定努力争取 2060 年前实现碳中和。2021 年 3 月 15 日，习近平总书记在中央财经委员会第九次会议上指出"实现碳达峰、碳中和是一场广泛而深刻的经济社会系统性变革，要把碳达峰、碳中和纳入生态文明建设整体布局，拿出抓铁有痕的劲头，如期实现 2030 年前碳达峰、2060 年前碳中和的目标"。

（2）黄河流域是我国实现高质量发展高水平保护的关键区域

黄河流域产业过重，经济提质难和环境压力并存的现状对黄河流域高质量发展提出了严峻挑战。只有从温室气体减排和环境质量改善的目标出发，充分衔接能源生产和消费革命等重大战略，才有可能破解黄河流域资源能源对社会经济发展的约束，实现绿色低碳转型和可持续发展。

应对气候变化和低碳发展将为黄河流域带来发展观念、发展模式的转变，也必将引入新的发展工具和新的发展资源。气候变化成为制约发展因素的同时，也是黄河流域转变发展方式、实现中西部地区低碳跨越发展的重要推动力和新契机。流域气候变化立法在解决社会经济发展、能源转型与空气质量问题的设计中，均有着应对气候变化的内在驱动力。

应把应对气候变化作为黄河流域制定中长期发展战略和规划的重要内容，可充分发挥地方立法的灵活性和积极性，并从气候角度突破黄河流域的社会经济发展、能源转型、大气污染防治等核心问题。在此过程中进一步树立"流域治理"的理念，丰富和完善国家治理的层次和体系构成，推进流域治理现代化；并在助力流域生态保护和高质量发展的同时，也是对于国家减缓和应对气候变化的区域创新性制度和具体措施的重要探索。

（3）黄河流域是我国实现应对气候变化总体目标的攻坚区域

黄河流域能源结构偏重、产业结构单一、经济提升难和环境压力大的现状对黄河流域高质量发展提出了严峻挑战。只有从加快能源转型、适应气候变化以及提升碳汇水平的角度出发，充分衔接能源生产和消费革命等重大战略，才有可能破解黄河流域资源能源对社会经济发展的约束，实现强化黄河流域气候韧性、促进绿色低碳转型和可持续发展的未来目标。积极应对气候变化是我国生态文明建设的重要组成部分，是保障国家生态环境安全、推进高质量发展的内在要求，也是中国深度参与全球治理、构筑人类命运共同体的大国担当。在推进黄河保护立法过程中,明确黄河流域在国家如期实现碳达峰目标和碳中和愿景过程中的重要地位,研究黄河流域应对气候变化面临的主要问题,及时把应对气候变化内容纳入到黄河保护立法中,通过法律保障黄河流域低碳转型和气候韧性提升势在必行。

二、 立法基础与立法原则

1. 应对气候变化法律体系不断完善

就国家立法层面而言,2009 年 8 月全国人大常委会《关于积极应对气候变化的决议》提出"要把加强应对气候变化的相关立法作为形成和完善中国特色社会主义法律体系的一项重要任务,纳入立法工作议程"。2015 年《中共中央国务院关于加快推进生态文明建设的意见》要求研究制定应对气候变化等方面的法律法规。2016 年《应对气候变化法》被列入了《国务院 2016 年度立法计划》中的研究项目。2018 年 5 月,中共中央印发的《社会主义核心价值观融入法治建设立法修法规划》提出,促进人与自然和谐发展,建立严格严密的生态文明法律制度。这些中央文件、全国人大决定和国务院立法研究规划的部署,均为应对气候变化立法作了铺垫。在国务院条例制定层面,生态环境部正在就《碳排放权交易管理暂行条例(草案修改稿)》公开征求意见。在部门层面,已实施《清洁发展机制管理暂行办法》《中国清洁发展机制基金管理办法》《温室气体自愿减排交易管理暂行办法》《节能低碳产品认证管理办法》《碳排放权交易管理办法(试行)》等专门部门规章。

就地方立法层面而言,青海、山西省已出台了《应对气候变化管理办法》等综合性地方法规或者规章,四川、湖北、江苏省正在稳步推进本地的综合性地方立法工作;南昌、石家庄等城市出台了《低碳发展促进条例》,上海、深圳等城市针对碳排放权交易出台了专门的地方法规。目前,上海、江苏、广东、青海、海南等地分别在 2021 年省级两会上提出力争在全国率先实现碳排放达峰,其中上海提出了明确的达峰时间表。国家电网有限公司、中国海油、中国石化等企业均启动了碳排放达峰和碳中和战略研究或方案编制,为国家立法中有关区域责任、企业责任的设计扫除了障碍。这些来自地方立法的探索与实践,以及来自地方和企业的行动,切实促进国内应对气候变化工作,不断丰富、完善了应对气候变化法律体系。

2. 进一步填补应对气候变化立法空白的必要性

党的十八大以来,我国生态文明建设取得巨大成就,相关法律体系不断完善,但应对气候变化作为我国生态文明建设的重要组成部分仍未制定专门法律,这与我国全球气候治理的贡献者、参与者、引领者角色不相匹配,给我国实现碳达峰目标、碳中和愿景带来严峻挑战。根据 IPCC 研究结论,全球已有 46 个国家(194 个国家中)制定了与气候变化直接相关的法律。美国拜登政府上台后,积极推动应对气候变化作为施政的基础性纲领,发布了一系列行政命令,被认为是在为美国推动气候立法打基础。开展气候立法是实现碳达峰目标、碳中和愿景顶层设计最核心的内容之一,推动气候立法工作既有利于我国在国际气候谈判中获得主动权和提升负责任大国形象,也有利于完善我国生态文明法律体系。

由于立法空白和制度建设不到位,我国温室气体控排制度体系建设处于初级阶段,与落实 2030 年前碳达峰目标和 2060 年前碳中和愿景相配套碳的排放总量控制、碳汇制度、适应气候变化制度等抓手亟须完善,与启动全国碳排放权交易市场相配套的配额分配、核查和清缴规则亟待建立,与履行《巴黎协定》要求相配套的排放数据核算、评价和技术规范尚未在实践中被充分应用。作为全球第一大排放国,我国在现有法律制度体系和行动路径下,为达到 2030 年前碳排放达峰目标如期完成,特别是在其后 30 年时间内实现碳中和,需要更大的努力。应对气候变化立法空白问题在近年来的《长江保护法》立法和《森林法》修订中并未引起足够关注,在 2020 年 4 月能源局公开的《能源法(征求意见稿)》中有两个专门针对应对气候变化的条款,应积极利用黄河保护法的立法机会,及时在立法中纳入应对气候变化内容,探索流域应对气候变化的制度建设经验。通过重点流域、重点领域、重点地区的立法先行先试助力碳达峰目标和碳中和愿景。

除此之外,我国从"十二五"中后期开始实施温室气体排放目标分解落实考核机制,每年开展省级碳强度下降目标考核工作。在随后的十年中,地方在应对气候变化和低碳发展的战略和政策方面均有所突破。黄河流域各省份陆续出台省级《应对气候变化办法》《控制温室气体排放规划》,开展各类低碳试点示范,并在 2021 年的政府工作报告中提出,将组织编制省级《二氧化碳排放达峰行动方案》。

3. 黄河流域应对气候变化立法应遵循的原则

(1) 减适并重、风险预防原则

巴厘路线图将减缓、适应、资金、技术誉为应对气候变化的四大支柱。而减缓和适应是国内应对气候变化两个最主要的方面,应予并重。之所以要将"减适并重"提到原则的高度,是因为通常情况下减缓气候变化更为"显性",易于为人所重视,无论是从国家气候治理层面,还是社会主体的关注度上,减缓气候变化都吸引了绝大多数的资源供给。而适应气候变化的重要性毋庸置疑,恰恰是最需要资金和技术支持的领域,需要特别强调其重要性。在黄河流域应对气候变化的立法过程中,减缓领域的制度非常厚重,而适应领域却与气象、林业、农业、海洋、环保等诸多领域存在交叉,单独适应气候变化所特有的规则并不多。黄河气候变化立法吸纳"减适并重"原则,有利于增强政府、社会和个人对适应气候变化问题的重视,引导气候资金和低碳技术向适应气候变化倾斜,合理配置资源,科学理性应对。

风险预防原则是国际环境法领域的一项基本原则。1972 年的《斯德哥尔摩人类环境宣言》第 7 项原则规定,"各国应该采取一切可能的步骤来防止海洋受到那些会对人类健康造成危害的、损害生物资源和破坏海洋生物舒适环境的或妨害对海洋进行其他合法利用的物质的污染",被认为是风险预防原则在国际环境法中的首次体现。《联合国气候变化框架公约》第三条提出的"各缔约方应当采取预防措施,预测、防止或尽量减少引起气候变化的原因,并缓解其不利影响",提出在应对气候变化领域的风险预防原则。

风险预防原则在黄河流域具有实践基础,具体表现为对流域内气候变化的风险进行评估、开展气候变化监测、建立预测预警机制等。气候变化的不利影响是缓慢积累的,可能在很多区域和领域还未呈现出显性的不利影响,一旦显现出来的灾害性后果将是巨大的,不可逆转的。针对气候变化越早进行预防,投入越小,越晚进行人为干预,所需要的经济成本越大。正是基于风险预防原则,人类必须尽早采取措施应对气候变化,防患于未然。基于以上考虑,应该将"风险预防"原则纳入黄河流域立法原则之内。

(2) 政府推动、市场引导原则

应对气候变化是一项所需投入巨大的系统工程,必须由政府制定相关目标,调动全社会力量积极应对。如果没有政府推动和引导,社会资源不会自觉地流向应对气候变化领域。同时根据"放管服"的改革要求,政府在应对气候变化领域应

该从"主导"向"管理和服务"转变,主要职能是制定本领域的管理规则,依法执行规则,为社会主体提供政府服务。本着"政府推动"原则,一方面是明确政府在应对黄河流域应对气候变化管理工作中的定位,明确政府具有管理温室气体的法定义务;另一方面有利于防止政府对应对气候变化的过度干预,损害市场主体的积极性和创新活力。

生态环境部已宣布确保 2021 年 6 月底前全国碳市场启动上线交易。目前,这项涉及私权力主体财产权转移的政策工具缺乏法律依据,且国家和省级政府部门设定碳排放配额总量和配额分配规则,组织履约和核查,开展碳交易监管缺乏法律授权,亟须通过法制建设,明确碳排放权的法律属性,明确各级政府及应对气候变化主管部门的管理职责,明确企业配额履约的法律义务及法律责任,为碳市场行政监管的开展和全国碳排放权交易市场的运行提供法制保障。本着"市场引导"原则,应在黄河流域立法过程中,及时总结固化碳排放权交易试点的制度成果,依法保障碳排放权交易主体的合法利益,调动各类主体参与开拓黄河流域碳排放权交易市场的积极性,稳定并保持社会关于碳市场的合理预期。

(3)公众参与、公平转型原则

任何环境问题的形成因素均是多方面的,要解决也必须调动各方面主体的能动性,应对气候变化问题尤甚。气候变化说到底是所有人的事情,涉及国家、企业、社会团体、个人多类权利主体的利益,也必须调动各方面的积极性才能有效应对。公众实际上是应对气候变化的真正主体,将"公众参与"这一原则提升至黄河流域立法原则的高度,有利于强调公众在应对气候变化过程中的主体地位,具有重要意义。

气候变化问题涉及历史排放和地域排放差异。在前期立法调研过程中,甘肃、新疆等欠发达地区代表提出应该将《联合国气候变化框架公约》中的"共同但有区别的责任原则"引入国内,强调在制定政策、分配减排目标和配额、设计激励政策过程中,考虑地域差异,对不同发展阶段的地区给予差别化对待。公平合理原则就是对不同地区、不同经济发展阶段排放差异的客观反映。黄河流域有着独特的地理、气候环境,因此在国家制定碳排放总量控制、进行碳排放配额初始分配过程中,就不能一刀切,必须考虑差异化的因素,本着公平合理的原则来应对气候变化。黄河流域涉及省份更要以资金支持、政策扶持的方式激发能源及相关企业加大流域内清洁能源开发力度的热情,并加快推进青海海南州、海西州、陇东地区、鄂尔多斯等新能源外送基地项目开发建设,提高河南、山东等地区清洁能源消耗容纳能力,带动流域上游的清洁能源基地开发。

（4）因地制宜、合作共赢原则

气候变化是一项具有明显地域特征的工作。第一,在减缓气候变化方面,地方开展气候立法能够根据本地区的资源禀赋、产业结构、地域特征等因素,因地制宜地确定低碳转型路径和适应气候变化的手段。由于应对气候变化立法的调整对象是相关应对气候变化活动中的诸多社会关系,黄河流域上、中、下游在社会经济发展、能源结构和生态环境质量改善等方面存在着巨大的差异,所以在黄河流域的应对气候变化立法中要保持各省级行政区自身的特色,既着眼于各省自身的客观实际又充分体现流域的特点。所以,应当以黄河流域环境特质为基础,着眼于能源优化、增加碳汇,吸收已有法律法规规章中关于流域经济的一般性原则的同时,突破《长江保护法》绿色发展章节的局限,打破政策路径依赖,实现有机衔接。

仅靠一地一隅难以达到有效应对气候变化目的,无论是国际公约还是国内立法,都应该明确国际合作问题。之所以将"合作共赢"而不是"国际合作"确定为应对气候变化的原则,是因为国际合作只代表了一种客观途径,而合作共赢是从国内立法的角度来讲,代表了一种价值追求。在黄河流域应对气候变化立法过程中重视"合作共赢"原则,有利于指导流域内各省市开展的应对气候变化国际合作,并向国际社会表明我国积极开展国际合作的大国姿态。

三、期待通过立法解决的突出问题

1. 控制黄河流域温室气体排放

黄河流域的经济增长与区域产业发展也对大气环境形成胁迫。黄河流域是我国北方重要的人口密集区和产业承载区,高密度人口的布局和高强度的开发建设使流域内空气质量问题日益突出。受人口密度、工业化水平、外商投资以及科技支出等经济社会因素的影响,黄河流域成为中国空气污染最严重的的区域之一,空气污染状况不容乐观。气候变化是造成局地空气污染的重要原因之一,其不仅能够影响大气中臭氧及其前体物的浓度,而且会使大气颗粒物的浓度增加,更有可能给室内的空气质量产生负面影响。有研究表明,气候变化会将臭氧的浓度提升到更高的高度,且未来几十年内臭氧的浓度会持续增加,这可能会增加人群暴露于有利于形成空气污染的天气条件的频率和持续时间,从而加剧大气污染对人类健康的影响。近年来,黄河流域空气质量总体趋于改善,PM2.5、PM10、SO_2、CO浓度均有不同程度的下降,但O3-8h浓度整体上升趋势明显,由88 $\mu g/m^3$增至104 $\mu g/m^3$;空气质量不达标天数未有明显减少,但首要污染物天数格局发生了变化,以O3-8h为首要污染物的持续时间明显延长,从2017年起成为黄河流域继PM2.5后又一重要污染物,其污染趋重且污染区域逐渐扩大并呈持续连片分布。

2. 提升黄河流域碳汇水平

"碳汇"一般是指通过生物固碳或物理固碳等方式将空气中二氧化碳以及其他温室气体从大气中固化的过程、活动和机制,从而将该气体在空气中的含量水平降低。其中生物固碳又是指利用绿色植被自身的光合作用,将二氧化碳吸纳进植被体内经过一系列反应转化为糖和氧气,这样使二氧化碳能够储存在植被体内或者经过微生物分解后储存在森林土壤中。它主要是指利用载体吸收并储存二氧化碳的多少,或者说是载体吸收并储存二氧化碳的能力。碳汇一般按照储存的载体不同被区分为陆地生态系统和海洋生态系统。

黄河流域自然资源丰富,有着可观的碳汇价值,但由于生态环境脆弱,如何做到碳汇价值最大化是目前亟须解决的问题。从整个黄河流域的碳汇资源情况分析来看,该地区中、下游提供了较高的生态溢出价值,尤其是黄河源区生态用地增加的碳汇效应,目前还没有得到系统研究,其碳汇价值远远被低估。其中黄河三角洲是我国三大河口三角洲之一,该区自然资源丰富,但由于其形成时间较晚,是海路交互作用形成的退海之地,加之气候干旱,地下水矿化度高,极易引起土壤盐渍化,生态系统脆弱性表现得极为典型。由于树木能够涵养水源、保持水土、调节气候、减轻污染、绿化环境。为了缓解环境恶化,维护生态平衡,在三角洲地区进行合理规划,充分利用土地,提高该地区碳汇水平是十分必要的。

3. 提高黄河流域适应气候变化能力

黄河流域大部分地区属干旱半干旱区,由西向东主要处于高原山地气候区、温带大陆性气候区和温带季风气候区,光、热、水等自然资源区域分布差异明显,是中国主要的气候敏感区之一。在当前全球气候变暖的大背景下,黄河流域的陆地气候发生了明显的变化,总体呈现出上游地区暖湿化、中下游地区暖干化趋势,并且地区气温升高、蒸发增多,需水量将进一步增加、可供水量亦将进一步减小,黄河水资源供需矛盾日益凸显。对黄河上游地区水源涵养、生态保护修复提出挑战,如何正确、快速适应气候变化,提高黄河流域气候韧性,强化黄河流域适应气候变化的能力,成为我们刻不容缓、亟待解决的燃眉之急。

黄河流域的自然生态和社会系统在气候变化背景下具有特殊的脆弱性和敏感性,适应气候变化是黄河流域应对气候变化立法的重点。气候变化背景下,气候异常和极端气候事件发生频率、强度明显增大,造成流域的干旱和洪涝灾害频发,加剧了部分地区的水资源短缺和部分地区的洪涝灾害,进而导致流域的社会经济可持续发展和人民的生命财产安全受到严重威胁和影响,从而陷入"气候异常变化—生态风险加剧—贫困现象增加"的路径。

气候变化及极端气候事件的增多,正在深刻的影响着黄河流域的能源系统,能源转型迫在眉睫、困难重重。就黄河流域的社会经济发展水平而言,减缓气候变化是一项长期、艰巨的挑战,而适应气候变化是一项现实、紧迫的任务,相关的流域协同立法工作更具有地方性和目的性,将有限的资源应用于气候变化的适应成为流域地区应对气候变化的首要问题。

四、立法路线图

1. 对地方立法成果进行与时俱进的修订

黄河流域低碳发展工作的落实情况较优,低碳发展制度的研究和创建近年来产生了丰厚成果。建议地方应对气候变化法律的起草机构应该及时跟进最新的低碳制度实施进展。本着前瞻性的立法精神大胆进行本地区的低碳制度设计探索,对本地区的气候立法成果进行及时的立法审查和立法修订,确保立法能够为地方的低碳发展提供行为指引和制度保障。

2. 注重立法的可操作性,不浪费立法资源

目前黄河流域内开展本地气候立法工作的省市还不多,仅从已经形成的地方

气候立法成果来看,很多法律制度的规定过于宽泛,不具有可操作性。由于地方立法的层级较低,适用范围较小,地方立法机构对于本地区的情况更为熟悉,因此地方气候立法应该制定更为具体的立法,而不适于制定框架性立法。例如《青海省应对气候变化办法》的内容过于简略,法律出台之后只能起到一个价值导向的作用,在操作层面几乎形同虚设。建议地方气候立法应该比国家气候立法更为详细具体,条款数量更多,也可以将低碳发展和适应气候变化分别立法。建议在国家立法的制度框架下,地方制定更具有本地可操作性的立法,不要浪费立法资源。

3. 强调不同立法层级的不同立法任务

建议黄河流域气候立法要注重与国家层面立法保持互动,全方位构建我国应对气候变化的法治体系。例如,在国家层面立法中,要重点明确国家和地方层级之间在应对气候变化管理的职责分配,厘清省、市、县各级地方政府的权责,这也是地方对于国家立法的主要诉求;而在地方立法层面,建议地方立法应更具灵活性,突出区域特色,更多因地制宜地考虑本地区适应气候变化的具体措施,这些是在国家层面的立法中难以具体涉及的。由于对低碳发展和应对气候变化的接受程度不同,在各地推进地方立法的过程中要注意协调所涉及概念内涵和外延的一致性。建议地方立法机关和政府重视地方气候立法工作,将其作为地方生态文明制度建设和低碳转型的重要抓手。

4. 将地方法制创新成果及时纳入国家立法

当一项新的政策法规被纳入国家层级立法考量之前,地方政府主导的立法可以在制度试行方面发挥重要作用。因此,地方气候立法的内容可以较为灵活,在制度创新方面进行先行先试,并且要履行好主体责任,完善流域管理体系,建立河长制、湖长制组织体系,健全跨区域管理协调机制,加强流域内水生态环境保护修复联合防治、联合执法工作。

5. 鼓励沿黄河地区开展立法先行先试

美国加州、德国北威州和巴登符腾堡州等地方层面均开展了地方层面的应对气候变化立法,有的甚至走在了中央政府的前面。我国地方气候立法还不成熟,特别是流域层面的立法都没有专门涉及应对气候变化的内容,青海和山西两省政府出台的应对气候变化办法,起到了良好的先行先试作用。其他沿黄河地区具有立法权的省市,可探索开展区域性低碳发展立法或适应气候变化立法,因地制宜规定相关法律措施,有针对性地开展黄河低碳转型和环境保护。

五、立法建议

1. 加快黄河流域能源转型

(1) 加快开发黄河流域可再生能源

加快开发黄河流域可再生能源,在重点耗能领域有计划推进可再生能源规模化应用的节能低碳技术。通过环保项目与能源项目开发的深度捆绑,提供能源项目全生命周期的环保解决方案,以清洁能源基地和生态能源开发等方式,促进生态环境修复和资源合理利用,进一步提升清洁能源在本地能源消费中的占比,加快实现碳排放达峰的目标。黄河流域涉及省份应当督促能源转型,更加资源化地看待能源转型问题,以清洁能源作为撬动点,以全方位、多领域政策落地的方式督促、落实"以水定产"方针,积极推进清洁能源基地建设,促进黄河流域上中下游能源生产和消费均衡,实现黄河流域可持续的、高质量的发展。

(2) 统筹协调黄河流域能源发展

结合黄河流域资源禀赋和生态治理需求,以应对气候变化为切入点,有效统筹黄河流域上中下游能源低碳化协同发展,更好促进黄河流域生态保护与能源产业协调发展,是推动黄河流域高质量发展的关键环节。第一,应当尽快形成水土治理、煤电超低排放、能源行业节水技术方案、能源领域污染物和固废处理等核心竞争力,促进生态环境修复和水资源合理利用;第二,在我国黄河流域主要农业分布地区积极发挥当地资源优势,大力鼓励扶持当地生物燃料研发与生产,增加森林碳汇补偿,从当地出售碳减排信用的途径获益;第三,激发区域市场行为,刺激低碳技术和产品的研发与市场交易,积极参与碳市场建设;最后,降低化石能源碳排放强度,深入推进民用、车用、工业领域燃气化。

(3) 促进黄河流域低碳生产和低碳消费转型

促进黄河流域能源产业高质量发展要始终坚持"生态能源"的核心理念,聚焦清洁能源对煤电的替代,通过扩大消费侧清洁能源需求,带动上游清洁能源基地开发。通过流域气候变化立法,旨在加强省际交流,提升科技支撑;激发区域市场行为,刺激低碳技术和产品的研发与市场交易,积极参与碳市场建设;控制煤炭消费,深入推进民用、车用、工业领域燃气化,降低能源碳排放强度。总的来说,我国应当以应对气候变化为主要切入点,加快战略布局,以绿色生态能源新理念促进企业全面提升,有效统筹黄河流域上中下游能源低碳化协同发展,促进黄河流域能源生产和消费双转型,更好地推动黄河流域环境保护与绿色能源产业协调发展,助力黄河流域生态保护和高质量的新发展。

(4)协同管理碳排放控制与能源转型

一方面,加强碳排放控制与能源领域的目标协同。应以碳排放总量控制取代能源总量控制,直接从制度层面对"高碳能源"进行控制,对"可再生能源"进行鼓励,提升优化能源结构的政策精准度,避免因控制能源消费总量而限制高耗能行业发展的问题;应尽量统筹协调能源控制目标和碳排放控制目标,通过立法统筹目标落实机制,形成目标落实合力。另一方面,加强应对气候变化与能源领域的管理制度协同。我国《能源法》和《应对气候变化法》均已有了将近十年的起草论证积累。这些既有的和正在制定中的能源领域法律制度对于应对气候变化制度内容设计和制度建设进程的影响和参考价值需要深入梳理,避免制度交叉重复,解决好制度之间的协同问题。目前,应推动气候变化尽快融入现有的国家生态环境和能源法制总体布局,形成系统的法制合力,为统筹环境领域和资源能源领域的立法修法步伐提供体制机制保障。

2. 提升黄河流域应对气候变化能力

(1)加强黄河流域极端事件应急管理

提高应急调度的意识、能力,并建立健全有效应对黄河流域气候变化,统筹构筑黄河流域各级气象、水文、环境和地质灾害观测与预报预警系统。首先,应准确识别极端事件发生、发展规律,构建起一整套科学评价指标,做好针对各类极端事件的预报工作;其次,必须制定一套合理的极端事件应急处置调度预案,为有效、快速应对极端事件提供相应行动指南;再次,要建立一套规范的管理制度,保障应急调度能够得到有效实施。

(2)完善气候响应综合协调机制

应建立跨部门、跨行业,上、中、下游协调统一的黄河流域气象、水文、生态、冻土、地质、环境观测与数值预报预警及防控一体化平台。统筹研究建设黄河流域各类气象、水文、环境和地质灾害预报预警系统,整合、补充和优化完善黄河流域水、土、气、生等监测管理网络,全方位、一体化地进行气象、水文、冻土、生态、环境以及其他各种要素的观测,增强数据资料同时同地性,提高数据资料空间、时间分辨率,构建完整的、具有支撑意义的数据库体系,为流域防洪防旱、防灾减灾提供水文、气象等方面的切实保障,更好地服务于国家应对气候变化战略布局。

除此之外,还应加强流域风险的协商合作决策,强化流域各地在防灾减灾上的协调配合能力。在识别、预防、减少、补救气候变化风险方面,以国家战略为前提和指引,获取黄河流域增强气候变化适应性工作的信息、资金、技术支持,以此提高工农业生产生活和基础设施应对干旱、洪涝、高温、冻害等极端天气的能力;合作建立流域气候变化监测与评估系统,实现流域气象灾害及其次生、衍生灾害的联合监测和预警等。气候变化适应性的提升,将成为黄河流域社会经济可持续发展的重要保证。

(3) 在应对气候变化立法中重点关注黄河流域

现有的法规政策是黄河流域应对气候变化立法的重要基础。目前,不管在国家还是地方层面,我国都缺乏专门的应对气候变化立法,现有的政策法规并不能有效应对气候变化,而大量旨在应对气候变化、促进低碳发展的相关政策也缺乏相应的法律基础,这对于实现 2030 碳达峰和 2060 碳中和目标具有很大的掣肘。

一方面,在开展应对气候变化立法过程中,应做到"三纳入":第一,气候变化立法要吸收碳市场机制,根据现有的《碳市场管理条例》统筹黄河上、中、下游的碳排放问题;第二,减缓气候变化方面,要重视退耕还林还草问题,提升黄河流域整体碳汇水平;第三,建立能源基地的矿后生态修复问题纳入生态补偿机制,并设立专门的黄河流域应对气候变化基金,促进整个黄河流域绿色低碳转型。

另一方面,还应切实做到"三个必须":第一,必须在国家总体规划的基础上和严密管理制度的保障下,始终将适应气候变化放在首位,促进黄河源生态环境与人类活动和谐有序地共存;第二,必须站在整体和全局的战略高度与角度,并以此为出发点和落脚点进行区域规划、政策法规制定,进而知道对策、措施的执行和评估;第三,必须协调均衡好自然生态和人类活动、经济效益和生态效益、社会发展和环境保护、本区域发展和中下游地区保障之间的利益关系。

3. 控制黄河流域温室气体排放

（1）碳排放统计核算制度

第二次国家信息通报有关资金、技术和能力建设需求篇章明确指出，建立和完善中国温室气体排放统计制度，有助于提高国家温室气体清单的权威性和数据透明度，促进温室气体清单编制工作的规范化、标准化和常态化。

一是建设数据报送平台。具体包括系统开发、配套硬件、网络和安全设备的招标采购。当前黄河流域应尽量进行平台资源整合，统一平台的数据表格、数据要求和数据报送流程和数据使用办法，研究碳平台和国家其他的资源平台的对接和数据共享，提高社会公众对碳数据的可得性，确保核算方法与报告格式的规范性和可比性。

二是划定黄河流域内纳管企业标准。本项工作目的是从众多企业中遴选出重点排放大户进行重点管理，也就是解决谁应该具有数据核算和报告义务的问题。在这个问题上有两种思路，各有千秋、仅供参考：一种是"名录"制，即直接公布企事业单位名单。名录制的好处是简单易懂，被纳入企业的范围明确，缺点是缺乏动态性，企业主体受经营情况影响排放量变化较大，固态的名单制度难以及时反映企业排放量变化，容易导致不公平。同时名录制度具有类似行政审批的性质，在立法中新设名录不符合当前的改革要求。另一种是"标准"制，即设定纳入企业的排放量"门槛"，标准制的好处是兼顾了动态和公平的要求，缺点是企业是否被纳入不够明确，尤其是对排放量处于门槛附近的企业，难以形成是否承担数据报告义务的长远预期。考虑到立法改革取消审批和公平性要求，建议使用"门槛"式的范围确定方式。

三是国家与地方主管机构上下联动。国家与黄河流域相关主管机关在温室气体排放核算和报送方案设计过程中应充分沟通，考虑地方行政执法的可行性。国家和地方之间，以及各地方之间应建立统一的数据报送标准，顺畅的数据共享机制，整合的数据资源管理平台。

四是健全地方主管机构和企事业单位的管理体系。在组织管理数据核查和报送过程中，实际情况是国家和省级管理机构没有精力和人力直接对口具体企业进行数据管理。在过程管理中如果是依托第三方核查机构，相关主管机关应对核查机构加强管理；如果是依据类似能源审计一样的碳审计公司，实践基础尚且薄弱；如果依托于行政机构授权委托的部门，应明确授权的标准和被授权部门的执法权力边界。

（2）建立区域总量控制及区域限批制度

总量控制制度作为中国环境管理的一项基本制度，是调结构、转方式、惠民生的重要抓手，是改善环境质量、解决区域性环境问题的重要手段。逐步建立全国总量控制制度和分解落实机制，既是中国加快推进生态文明制度体系建设的战略性任务，也是中国在"十四五"期间控制温室气体排放、实现2030年前碳排放达峰、2060年前碳中和亟须迈出的实质性一步。

推进总量控制制度立法进程，合理分配各方主体权利义务关系。黄河流域应对气候变化立法应借鉴污染物总量控制的制度经验，将实践证明较为成熟的碳排放总量控制目标制定及分解落实程序纳入法律调整范畴，通过立法明确碳排放总量控制目标及分解落实机制中各主体的权利义务关系，依法确定碳排放目标责任的追责程度、程序及依据。同时，应尽快出台关于碳排放总量控制目标及分解落实的相关法律文件，明确制定流域内各省市碳排放总量控制目标的适格主体、目标分解落实的原则和方式、目标责任的评价考核程序等具体规则。黄河流域各省（市、区）人民政府应切实承担起碳排放总量控制目标的主体责任，制定地方相关的政策法规，健全本地区的碳排放总量控制及目标分解制度。在制度推行过程中，可以从区域入手，以低碳试点、碳排放权交易试点、优化开发地区为先行先试的突破口，探索建立地区碳排放总量控制与分解落实机制，为建立全国碳排放总量控制及分解落实机制积累经验。除此之外，应在碳排放强度目标的基础上，合理确定覆盖黄河流域内各行业的碳排放总量控制目标，并作为约束性指标纳入生态文明建设目标体系和国民经济社会发展规划。

在生态环境领域，围绕着"总量控制制度"的前端是环评制度，那么其后端则是"区域限批制度"。2014年《环境保护法》的修订正式确立了"区域限批制度"。《环境保护法》第44条第2款规定"对超过国家重点污染物排放总量控制指标或者未完成国家确定的环境质量目标的地区，省级以上人民政府环境保护主管部门应当暂停审批其新增重点污染物排放总量的建设项目环境影响评价文件"。2015年修订的《大气污染防治法》在大气污染防治领域规定了以总量控制和环境保护目标责任制为基础的限批制度，规定限批机关在暂停审批同时应当约谈被限批地区人民政府主要负责人。在温室气体减排上，我们可以将温室气体总量控制制度、目标责任制度与区域限批制度相结合，使区域限批成为倒逼黄河流域各级政府实现温室气体总量控制目标的约束性制度。

（3）碳排放信息公开制度

碳排放信息公开制度是控制黄河流域温室气体排放的一大利器。一方面，应通过立法建立强制性的企业温室气体排放信息披露制度。从《生态环境部 2018 年度政府信息公开工作报告》中可以看出，应对气候变化信息公开的内容相对较虚，尚未形成气候信息公开的制度性安排，难以支撑高质量的透明度履约要求。气候变化的政务信息公开不及时不全面，涉企信息公开不主动不充分，不利于机构改革的工作衔接和新产生的能力建设需求。提升政府环境信息公开和企业环境信息披露是提升环境治理能力和治理体系的关键，也是生态环境领域制度建设的重点。在应对气候变化领域，推动建立企业温室气体排放信息披露制度，有助于动员主要排放主体的减排意识，提升减排动力，强化公众监督，助力国家高质量履行《巴黎协定》义务。在建立黄河流域企业温室气体排放信息披露制度过程中，应尽快制定相关温室气体排放信息披露管理办法，研究企业和公共机构排放信息核定标准，搭建统一的温室气体排放信息披露平台，鼓励地方探索企业温室气体排放信息披露制度经验，加大对主动披露温室气体排放信息的企业宣传，营造良好的低碳发展社会氛围。

另一方面，应建立企业温室气体排放信息披露的联合奖励机制。建立企业温室气体排放信息档案，完善企业温室气体排放的多部门信息共享和联合奖励机制。抓好生态环境部门与财政、商务、人民银行、工商、安全生产监督管理、质量技术监督、国有资产监督管理、税务、海关、能源等有关主管部门，银行、证券、保险监管机构，监察机关，有关工会组织、行业协会的沟通协调工作，完善企业温室气体排放信息共享交换。同时，推动有关部门和机构在行政许可、公共采购、评先创优、金融支持、资质等级评定等管理工作中，根据企业温室气体排放状况予以支持或限制，使其主动进行信息披露、主动节能减排、主动接受社会监督的企业处处受益，使信息造假、超标排放的企业寸步难行。

（4）自愿减排交易制度

2018 年 12 月底国家发展改革委印发《建立市场化、多元化生态保护补偿机制行动计划》提出要"建立健全以国家温室气体自愿减排交易机制为基础的碳排放权抵消机制。"此文一出，使得自 2017 年 3 月国家发展改革委暂缓受理备案申请的温室气体自愿减排机制在沉寂了近两年之后，再被掀到风口。作为一种基本沿用了国际清洁发展机制项目开发规则的国内减排机制,"自愿减排机制"如何在全国碳排放交易体系中获取合理惠益,充分发挥其多元主体参与、多种类温室气体覆盖、较灵活的方法学评价方式的特点,成为"碳排放配额管理机制"旁边"帮忙不添乱"的兄弟,实现共促国家2030峰值目标任务,值得探讨。

4. 提升黄河流域碳汇水平

(1)涵养保护天然碳汇

一方面,通过退耕还林还草工程,进一步增加黄河流域的碳储量,碳汇源的功能强度也将达到稳定状态。陆地生态系统碳库与土地利用的联系,主要表现在植被及其土壤碳在土地利用变化过程中碳汇与碳源的动态转换。随着土地利用变化,植被和土壤碳库储量积累的过程是碳汇,而植被和土壤碳储量减少的过程是碳源。因此,在黄河地区开展相应的退耕还林还草工程,就是一种通过人为干预手段恢复植被、提高碳汇水平的过程,对于保护和改善黄河流域的生态环境具有重要的前瞻性意义。

另一方面,增加黄河流域的碳汇水平,应当重视加强农作物对气候变化和生态环境的生理生态适应性研究。首先,充分利用气候变化赋予作物健康生长带来的各种有利条件和积极因素,发挥草类植物营养体生产应对气候变化生态位宽的优势,在黄河上游地区开展以草类植物为主的生态环境整理,进行相适应的作物栽培技术和动植物种等方面的研究;其次,改变作物耕作制度和种植方式或管理制度,优化农业和草业区域布局,结合国家"粮改饲"政策,改变农区传统单一作物耕作制度和种植方式,引草入田;最后,采用多元种植管理体系,分摊气候变化给作物单一种植模式带来的影响,减少规模化养殖场的饲养密度,调整畜牧业结构、发展节粮型的草食家畜。[1]

提高黄河流域碳汇能力水平,还应基于碳中和愿景,努力提升黄河流域的碳汇水平,调整黄河流域坡耕地和生态用地,以退耕还林还草方针为基石,优化黄河流域农业、草业以及林业布局,加强流域水源涵养能力。通过有效遏制水土流失和改善区域小气候等增强流域生态系统稳定性,涉及丘陵坡耕地的削减及林草、

---

〔1〕 胡建忠:《黄河上游退耕地人工林的碳储量研究》,载《北京林业大学学报》2005年第6期,第1—8页。

湿地、水域等生态防护型用地的扩张。推动碳捕集、利用和封存试验示范,加强负排放技术的科学技术研究。深入研究流域生态补偿机制,将其发展为区域性生态屏障保护建设和高质量发展的重要保障。

(2) 努力发展人工碳汇

发展碳捕集利用封存等负排放技术。CCUS 技术是黄河流域能源系统韧性化和弹性化进程中不可或缺的关键技术之一。无论是韧性还是弹性,多元化和低碳化的能源供应结构都需要传统化石能源在逐步减少的进程中实现低碳化。作为长期主导黄河流域能源体系的煤炭,还有多个工业领域不可替代的油气资源,其脱碳过程都需要碳捕集、利用、封存技术的配合才能够实现。另外,CCUS 在一定程度上可以弥补传统减排手段可能存在的诸多局限,如提高能效的潜力有限、可再生能源发电不稳定、天然气供应不足等传统减排手段缺点。

为达到黄河流域能源转型的目的,应做到以下两点:一是细化 CCUS 的支持政策体系,加速推动 CCUS 投融资,将其纳入产业和技术发展目录,打通金融融资渠道,提供优先授信和优惠贷款,探索碳市场机制支持 CCUS 发展的政策。二是稳定持续的科技创新政策支持,特别是先进技术的研发示范和具备负排放效益的 CCUS,探索 CCUS 与可再生能源和储能系统集成可行性与发展潜力,构建低碳多元功能体系。[1]

(3) 跨区域生态补偿制度

政府还应组织、协调发挥相关领域科研工作研究力量,深入研究探索建立黄河流域生态补偿机制,使其真正成为区域生态屏障保护建设和高质量发展的保障。就目前而言,推进完善黄河流域生态补偿机制建设已经具备了一定基础。第一,三江源区生态补偿对黄河源头保护与治理已经卓有成效;第二,沿黄九省区重点生态功能区财政转移支付比例逐年提高;第三,陕甘两省跨省流域上下游横向生态补偿先行探索工作进展顺利;第四,四川、陕西、宁夏、河南、山东、陕西六省区正稳步推进实施省内和跨省流域生态补偿制度。

但是从总体而言,黄河流域的生态补偿机制还处于探索阶段,补偿范围相对较窄、补偿标准相对偏低、补偿方式以政府主导为主、补偿实施配套政策支持力度

---

[1] 张九天、张璐:《面向碳中和目标的碳捕集、利用与封存发展初步探讨》,载《热力发电》2021 年第 1 期,第 1—6 页。

不足,缺乏区域尺度协同。应当在后续各项工作中,以共同抓好生态环境保护、协同推进治理工作为基础和主线,坚持成本共担、效益共享、合作共治的原则,着力解决黄河流域生态环境问题,形成长效动力机制,构建政府主导、区域联动、部门协作、企业履责、公众参与的多元化、市场化、可持续的绿色生态补偿政策机制。[1]

5. 宣传、教育、培训、公众参与

应当更加重视环境与气候变化领域的教育、宣传和公众参与。贯彻落实科学发展观、建设和谐社会和坚持走可持续发展道路等先进理念,不断引导全社会提高应对气候变化意识,树立人与自然和谐发展思想。黄河流域各级政府应就全球气候变化和加强应对气候变化能力建设组织集体学习,强调大力提高全社会参与应对气候变化的意识和能力,营造全民应对气候变化的良好环境;并将建设资源节约型和环境友好型社会作为学校教育和新闻宣传的重要内容,利用各种手段普及气候变化方面的相关知识,提高全社会的全球环境意识。

同时,政府应支持出版大量与气候变化相关的出版物、影视和音像作品,建立相关资料信息库,利用大众传媒进行气候变化方面的知识普及,举办相关气候研讨论坛。组织开展"节能减排全民行动",包括家庭社区行动、青少年行动、企业行动、学校行动、军营行动、政府机构行动、科技行动、科普行动、媒体行动等九个专项行动,形成政府推动、企业实施、全社会共同参与的节能减排的工作机制。通过创建"节约型政府机构"等行动,发挥政府机构和政府工作人员节能导向作用。实施企业节能减排宣传教育活动,发动职工参与企业节能减排管理。通过重塑家庭生活消费新模式,搭建节能减排社区平台,积极鼓励公民及社会团体自愿参与植树造林,采取全民限制和有偿使用塑料袋等活动,增强公民的节能减排意识。积极开展以节能减排为内容的学校主题教育和社会实践活动,培养学生树立节能环保意识。

除此之外,应当进一步加强应对气候变化相关的教育和培训。在基础教育、高等教育、成人教育中纳入气候变化的内容,重点引导青少年树立应对气候变化

---

[1] 董战峰、郝春旭等:《黄河流域生态补偿机制建设的思路与重点》,载《生态经济》2020年第2期,第196—201页。

意识,积极参与气候变化的相关活动;举办针对政府部门、企业界、咨询机构和科研人员以及社区的气候变化培训和研讨班等,提高其对应对气候变化重要性和紧迫性的认识,促使其积极承担社会责任。

六、 未来愿景

黄河流域生态保护和高质量发展,同京津冀协同发展、长江经济带发展、粤港澳大湾区建设、长三角一体化发展一样,是重大国家战略。黄河流域内各级政府应设立专门的黄河流域应对气候变化机构,会同有关部门组织编制规划纲要,按照相关程序报党中央批准后实施统筹协调负责流域的应对气候变化的相关事务。有关部门和黄河流域地方各级人民政府依照本法规定,推进黄河流域能源转型和应对气候变化工作。应科学认识气候变化对黄河流域的各项挑战,采取更为科学的适应战略;进一步加强对各项资源的管理和高效开发利用,锻炼提高资源综合调控和管理能力,努力把全球气候变暖产生的负面影响降到最低,并充分利用和发挥气候变化的正面效应。

流域内各级政府在制定中长期战略规划的过程中要切合实际,遵照黄河流域应对气候变化的相关办法,纳入减缓和适应气候变化的相关内容。开展一系列关于适应当前气候变化的多方面研究。气候变化对黄河资源管理影响极为广泛,必须以保护和维持黄河健康生命为主线,不断探索各种科技合作与创新管理模式,采取多部门联合协作,信息资源共享,协同行动,共同应对气候变化带来的环境安全挑战;积极开展国内外交流与合作,充分吸收国际先进技术和经验,不断提高我国抗旱减灾科技水平。要坚持绿水青山就是金山银山的理念,坚持生态优先、绿色发展、以水而定、量水而行,因地制宜、分类施策,上下游、干支流、左右岸统筹谋划,共同抓好大保护,协同推进大治理,着力加强生态保护治理、保障黄河长治久安、促进全流域高质量发展、改善人民群众生活、保护传承弘扬黄河文化,让黄河成为造福人民的幸福河。

参考文献

[1] 卞正富、于昊辰:《黄河流域煤炭资源开发战略研判与生态修复策略思考》,载《煤炭学报》2021 年 4 月刊,第 1—12 页。

[2] Cari Goetcheus, Nora J.Mitchell, Brenda Barrett: *Evolving Values and How They Have Shaped the United States National Park System*. Built Heritage，2018 (2):27—38.

[3] 柴洁:《国内外入河排污口管理研究进展》,载《长江科学院院报》2014 年第 8 期,第 35—40 页。

[4] 陈维肖、段学军等:《大河流域岸线生态保护与治理国际经验借鉴——以莱茵河为例》,载《长江流域资源与环境》2019 年第 11 期,第 2786—2792 页。

[5] 陈晓红、蔡思佳、汪阳洁:《我国生态环境监管体系的制度变迁逻辑与启示》,载《管理世界》2020 年第 36 期,第 160—172 页。

[6] 陈小江:《全面实施黄河流域综合规划谋求黄河长治久安和流域可持续发展》,载《人民黄河》2013 年第 10 期,第 1—4 页。

[7] 崔琰:《库布齐沙漠土地荒漠化动态变化与旅游开发研究》,中国科学院研究生院(教育部水土保持与生态环境研究中心)博士论文,2010 年。

[8] 崔永正、刘涛:《黄河流域农业用水效率测度及其节水潜力分析》,载《节水灌溉》2021 年第 01 期,第 100—103 页。

[9] 董战峰、郝春旭等:《黄河流域生态补偿机制建设的思路与重点》,载《生态经济》2020 年第 2 期,第 196—201 页。

[10] 董战峰、邱秋等:《〈黄河保护法〉立法思路与框架研究》,载《生态经济》2020 年第 7 期,第 22—28 页。

[11] 董战峰、璩爱玉等:《高质量发展战略下黄河下游生态环境保护》,载《科技导报》2020 年第 14 期,第 109—115 页。

［12］杜际增、王根绪等:《近45年长江黄河源区高寒草地退化特征及成因分析》,载《草业学报》2015年第6期,第5—15页。

［13］Feng X.M.，Fu B.J.，Lu N.，et al: *How ecological restoration alters ecosystem services: an analysis of carbon sequestration in China's Loess Plateau*，Scientific Reports，2013(3):2846.

［14］郜国明、田世民等:《黄河流域生态保护问题与对策探讨》,载《人民黄河》2020年第9期,第112—116页。

［15］龚珺夫、李占斌等:《延河流域径流过程对气候变化及人类活动的响应》,载《中国水土保持科学》2016年第5期,第65—69页。

［16］谷建全、周立等:《做好黄河文化保护传承弘扬这篇大文章》,载《河南日报》2019年10月28日,第12版。

［17］顾军:《文化遗产报告世界文化遗产保护运动的理论与实践》,社会科学文献出版社2005年版。

［18］*Guidelines for Applying Protected Area Management Categories*. IUCN，2013.

［19］郭付友、佟连军等:《黄河流域生态经济走廊绿色发展时空分异特征与影响因素识别》,载《地理学报》2021年第76期,第726—739页。

［20］国合华夏城市规划研究院、黄河流域战略研究院:《黄河流域战略编制与生态发展案例》,中国金融出版社2020年版。

［21］郭亚芬:《黄河流域韩城段生态保护和高质量发展浅析》,载《陕西水利》2020年第12期,第149—150页。

［22］何菊红:《2000—2014年若尔盖湿地变化监测及驱动因子分析》,成都理工大学硕士论文,2016年。

［23］何文盛、岳晓:《黄河流域高质量发展中的跨区域政府协同治理》,载《水利发展研究》2021年第21期,第15—19页。

［24］胡春宏、张晓明:《关于黄土高原水土流失治理格局调整的建议》,载《中国水利》2019年第23期,第5—7页。

［25］胡建忠:《黄河上游退耕地人工林的碳储量研究》,载《北京林业大学学报》2005年第6期,第1—8页。

［26］胡亮、朱海滨:《日本文化遗产活用策略》,载《东北亚学刊》2021年第1

期,第 110—119 页。

[27] 胡鹏程:《法国文化遗产保护管理利用管窥——以魔鬼桥遗产点为例》,载《文博学刊》2019 年第 1 期,第 117—124 页。

[28] 姜长云、盛朝迅等:《黄河流域产业转型升级与绿色发展研究》,载《学术界》2019 年第 11 期,第 68—82 页。

[29] 靳怀堶:《漫谈水文化内涵》,载《中国水利》2016 年第 11 期,第 60—64 页。

[30] 巨文慧、孙宏亮等:《关于流域生态补偿中央财政资金分配的思考》,载《环境与可持续发展》2020 年第 45 期,第 170—173 页。

[31] 李国明、刘江、李胜等:《若尔盖湿地近 25 年湿地变化及分形特征分析》,载《测绘与空间地理信息》2017 年第 7 期,第 34—36 页。

[32] 李江苏、孙威等:《黄河流域三生空间的演变与区域差异——基于资源型与非资源型城市的对比》,载《资源科学》2020 年第 42 期,第 2285—2299 页。

[33] 李景豹:《论黄河流域生态环境的司法协同治理》,载《青海社会科学》2020 年第 6 期,第 94—103 页。

[34] 李景宗、刘立斌:《近期黄河潼关以上地区淤地坝拦沙量初步分析》,载《人民黄河》2018 年第 1 期,第 1—6 页。

[35] 李立新:《深刻理解黄河文化的内涵与特征》,载《中国社会科学报》2020 年 9 月 21 日,第 4 版。

[36] 李山羊、郭华明、黄诗峰等:《1973—2014 年河套平原湿地变化研究》,载《资源科学》2016 年第 1 期,第 19—29 页。

[37] 李淑贞、张立等:《人民治理黄河 70 年水资源保护进展》,载《人民黄河》2016 年第 12 期,第 35—38 页。

[38] 李烨、余猛:《国外流域地区开发与治理经验借鉴》,载《中国土地》2020 年第 4 期,第 50—52 页。

[39] 李颖、陈林生:《美国田纳西河流域的开发对我国区域政策的启示》,载《四川大学学报(哲学社会科学版)》2003 年第 5 期,第 27—29 页。

[40] 栗战书:《在长江保护法实施座谈会上的讲话》,载《中国人大》2021 年第 3 期,第 8—10 页。

[41] 李宗善、杨磊等:《黄土高原水土流失治理现状、问题及对策》,载《生态学

报》2019 年第 20 期,第 7398—7409 页。

[42] 连煜、张建军、王新功:《黄河三角洲生态修复与栖息地保护》,载《环境影响评价》2015 年第 3 期,第 6—8 页。

[43] 林秉南、张仁等:《对黄河下游治理的管见》,载《中国水利》2000 年第 9 期,第 7—9 页。

[44] 刘国彬、上官周平、姚文艺等:《黄土高原生态工程的生态成效》,载《中国科学院院刊》2017 年第 1 期,第 11—19 页。

[45] 刘天可:《河南省黄河流域生态保护红线划定研究》,华北水利水电大学硕士论文,2020 年。

[46] 刘小蓓:《公众参与遗产保护的激励机制研究》,暨南大学出版社 2017 年版。

[47] 刘雅丽、贾莲莲等:《新时代黄土高原地区淤地坝规划思路与布局》,载《中国水土保持》2020 年第 10 期,第 23—27 页。

[48] 刘月:《乌兰布和沙漠近 40 年来土地利用动态变化研究》,内蒙古师范大学硕士论文,2013 年。

[49] 陆大道、孙东琪:《黄河流域的综合治理与可持续发展》,载《地理学报》2019 年第 12 期,第 2431—2436 页。

[50] 路瑞、马乐宽等:《黄河流域水污染防治"十四五"规划总体思考》,载《环境保护科学》2020 年第 1 期,第 21—24 页。

[51] 栾丰实:《大汶口文化:黄河下游考古的重要收获》,载《人民日报》2021 年 3 月 20 日,第 5 版。

[52] 罗彬、林佳丽等:《关于进一步完善黄河流域生态环境保护政策的思考》,载《决策咨询》2020 年第 3 期,第 11—13 页。

[53] 马乐宽、谢阳村等:《重点流域水生态环境保护"十四五"规划编制思路与重点》,载《中国环境管理》2020 年第 12 期,第 40—44 页。

[54] 马丽、田华征、康蕾:《黄河流域矿产资源开发的生态环境影响与空间管控路径》,载《资源科学》2020 年第 42 期,第 137—149 页。

[55] 马天啸、宋现锋等:《2000—2010 年黄河源区植被覆盖率时刻变化及其影响因素》,载《干旱区研究》2016 年第 6 期,第 1217—1225 页。

[56] Naiman R.J., Fetherston K, Mckay S, et al. *River ecology and management:*

lessons from the Pacific Coastal Ecoregion. Journal of the North American Benthological Society，2000，16(2)：313—314．

［57］牛建强：《抓住保护、传承和弘扬黄河文化新的历史机遇》，载《人民黄河》2019 年第 10 期，第 156 页。

［58］牛建强、姬明明：《源远流长：黄河文化概说》，载《黄河报》2017 年 7 月 11 日，第 4 版。

［59］Nobel，John H. *National Parks for a New Generation*. The Conservation Foundation. 1985.

［60］裴燕如、孙炎浩等：《黄河流域典型矿区生态空间网络优化研究——以鄂榆地区为例》，载《煤炭学报》2021 年 4 月刊，第 1—20 页。

［61］彭峰：《法国文化遗产法的历史与现实：兼论对中国的借鉴意义》，载《中国政法大学学报》2016 年第 1 期，第 5—12 页。

［62］彭红、郑艳爽等：《黄河沿——唐乃亥河段水沙变化特点分析》，载《人民黄河》2013 年第 4 期，第 14—15 页。

［63］彭智敏：《世界大河流域生态环境保护立法及启示》，《政策》2016 年第 5 期，第 61—62 页。

［64］Phillippe，Ch.-A. *Guillot*. *Droit du patrimoine Culturel et naturel*. Paris：ellipse. 2006.

［65］钱宁：《黄河中游粗泥沙来源区及其对黄河下游淤积的影响》，国家自然科学二等奖，1982 年。

［66］钱意颖、叶青超、周文浩（主编）：《黄河干流水沙变化与河床演变》，中国建材工业出版社 1993 年版。

［67］钱云平、林银平等：《黄河河源区水资源变化分析》，载《水利水电技术》2004 年第 5 期，第 8—10 页。

［68］秦东旭、吴耕华等：《不同类型河岸缓冲带水质净化效果研究》，载《水土保持应用技术》2017 年第 4 期，第 1—3 页。

［69］任保平、张倩：《黄河流域高质量发展的战略设计及其支撑体系构建》，载《改革》2019 年第 10 期，第 26—34 页。

［70］单霁翔：《大型线性文化遗产保护初论：突破与压力》，载《南方文物》2006 年第 3 期，第 2—5 页。

［71］邵全琴、樊江文等：《三江源生态保护和建设一期工程生态成效评估》，载《地理学报》2016 年第 1 期，第 3—20 页。

［72］沈开：《〈黄河法〉应解决的几个重大问题》，载《中国环境报》2020 年 7 月 10 日，第 6 版。

［73］沈开举：《〈黄河法〉应解决的几个重大问题》，载《中国环境报》2020 年 7 月 10 日，第 6 版。

［74］水利部黄河水利委员会：《黄河流域综合规划（2012—2030）》，黄河水利出版社 2013 年版。

［75］苏贺、康卫东等：《1954—2009 年窟野河流域降水与径流变化趋势分析》，载《地下水》2013 年第 6 期，第 20—23 页。

［76］孙兆峰、王双银等：《秃尾河流域径流衰减驱动力因子分析》，载《自然资源学报》2017 年第 2 期，第 136—146 页。

［77］Syvitski, JPM, CJ Vorosmarty, AJ Kettner, P. Green. *Impact of Humans on the Flux of Terrestrial Sediment to the Global coastal oceans*. Science，2005（5720）：376—380.

［78］谈国良、万军：《美国田纳西河的流域管理》，载《中国水利》2002 年第 10 期，第 157—159 页。

［79］谭辉、张俊洁等：《美国田纳西河流域环境保护特点分析》，载《水利建设与管理》2016 年第 7 期，第 58—60 页。

［80］田卫民：《省域居民收入基尼系数测算及其变动趋势分析》，载《经济科学》2012 年第 2 期。

［81］UNESCO：*List for Intangible Heritage*，https://ich.unesco.org/en/lists.

［82］王东：《黄河流域水污染防治问题与对策》，载《民主与科学》2018 年第 6 期，第 24—25 页。

［83］王浩、何凡等：《黄河流域水治理准则、路径与方略》，载《水利发展研究》2020 年第 20 期，第 5—9 页。

［84］王华玲、赵建伟等：《不同植被缓冲带对坡耕地地表径流中氮磷的拦截效果》，载《农业环境科学学报》2010 年第 29 期，第 1730—1736 页。

［85］王卉彤、刘传明等：《中国城市战略性新兴产业发展质量测度及时空特征分析》，载《城市发展研究》2019 年第 12 期，第 130—136 页。

[86] 王金南:《黄河流域生态保护和高质量发展战略思考》,载《环境保护》2020年第Z1期,第18—21页。

[87] 王俊枝、薛志忠、张弛等:《内蒙古河套平原耕地盐碱化时空演变及其对产能的影响》,载《地理科学》2019年第5期,第827—835页。

[88] 王瑞玲、连煜等:《黄河流域水生态保护与修复总体框架研究》,载《人民黄河》2013年第35期,第107—110页。

[89] 王思远、王光谦等:《黄河流域生态环境综合评价及其演变》,载《山地学报(第22卷)》2004年第2期,第133—139页。

[90] 王随继、闫云霞等:《皇甫川流域降水和人类活动对径流量变化的贡献率分析:累积量斜率变化率比较方法的提出及应用》,载《地理学报》2012年第3期,第388—397页。

[91] 王文浩:《甘南黄河重要水源补给生态功能区湿地保护与修复思路》,载《生态经济(学术版)》2011年第1期,第387—389页。

[92] 王夏晖:《协同推进黄河生态保护治理与全流域高质量发展》,载《中国生态文明》2019年第6期,第70—72页。

[93] 王夏晖、朱媛媛等:《生态产品价值实现的基本模式与创新路径》,载《环境保护》2020年第48期,第14—17页。

[94] 王亚变、刘佳等:《甘肃省黄河流域环境风险现状分析及评估研究》,载《西北师范大学学报(自然科学版)》2020年第56期,第124—130页。

[95] 王亚华、毛恩慧等:《论黄河治理战略的历史变迁》,载《环境保护》2020年第Z1期,第28—32页。

[96] 王雅竹、段学军:《生态红线划定方法及其在长江岸线中的应用》,载《长江流域资源与环境》2019年第28期,第2681—2690页。

[97] 王云霞:《文化遗产法学:框架与使命》,中国环境出版社2013年版。

[98] 王志芳、孙鹏:《遗产廊道——一种较新的遗产保护方法》,载《中国园林》2001年第5期,第86—89页。

[99] 文军:《应科学利用和保护黄河源区水资源》,载《中国科学报》2016年9月15日,第4版。

[100] 文宇立、马乐宽等:《河湖生态缓冲带政策框架设计研究》,载《人民长江》2019年第50期,第18—23页。

[101] 文宇立、谢阳村等:《构建适应新国土空间规划的流域空间管控体系》,载《中国环境管理》2020 年第 12 期,第 58—64 页。

[102] Working Group II to the Fourth Assessment Report of the Intergovernmental Panel on Climate Change. IPCC. Cambridge, UK; New York, USA. 2007.

[103] 吴浓娣、刘定湘:《〈黄河法〉的功能定位及立法关键》,载《人民黄河》2020 年第 8 期,第 1—4 页。

[104] 吴舜泽、王东等:《向水污染宣战的行动纲领——〈水污染防治行动计划〉解读》,载《环境保护》2015 年第 43 期,第 14—18 页。

[105] 习近平:《在黄河流域生态保护和高质量发展座谈会上的讲话》,载《求是》2019 年第 20 期,第 4—11 页。

[106] 徐建华:《黄河中游多沙粗沙区区域界定及产沙输沙规律研究》,黄河水利出版社 2000 年版。

[107] 徐建华、林银平等:《黄河中游粗泥沙集中来源区界定研究》,黄河水利出版社 2006 年版。

[108] 许开鹏、迟妍妍等:《环境功能区划进展与展望》,载《环境保护》2017 年第 1 期,第 53—57 页。

[109] 徐新良、刘纪远等:《中国多时期土地利用土地覆被遥感监测数据集(CNLUCC)》,中国科学院资源环境科学数据中心数据注册与出版系统。http://www.resdc.cn/DOI, 2018.DOI:10.12078/2018070201.

[110] 徐新良、王靓等:《三江源生态工程实施以来草地恢复态势及现状分析》,载《地球信息科学学报》2017 年第 1 期,第 50—58 页。

[111] 徐勇、王传胜:《黄河流域生态保护和高质量发展:框架、路径与对策》,载《中国科学院院刊》2020 年第 7 期,第 875—883 页。

[112] 薛澜、杨越等:《黄河流域生态保护和高质量发展战略立法的策略》,载《中国人口·资源与环境》2020 年第 30 期,第 1—7 页。

[113] 薛兆武、陈泗:《加强流域国土空间管控,构建高质量生态保护体系》,载《资源导刊》2020 年第 3 期,第 15—16 页。

[114] 杨伦、闵庆文等:《农业文化遗产视角下的黄河流域生态保护与高质量发展》,载《环境生态学》2020 年第 8 期,第 1—8 页。

[115] 杨锐:《美国国家公园体系的发展历程及其经验教训》,载《中国园林》

2001 年第 1 期,第 62—64 页。

[116] 杨越、李瑶、陈玲:《讲好"黄河故事":黄河文化保护的创新思路》,载《中国人口·资源与环境》2020 年第 12 期,第 8—16 页。

[117] 姚文广:《黄河法立法必要性研究》,载《人民黄河》2020 年第 9 期,第 1—5 页。

[118] 叶秋华、孔德超:《论法国文化遗产的法律保护及其对中国的借鉴意义》,载《中国人民大学学报》2011 年第 25 期,第 10—19 页。

[119] 叶涛:《作为传统信仰文化载体的祇园祭——日本京都祇园祭考察札记》,载《民俗研究》2018 年,第 148—153 页。

[120] 于法稳、方兰:《黄河流域生态保护和高质量发展的若干问题》,载《中国软科学》2020 年第 6 期,第 85—95 页。

[121] 张爱静、董哲仁等:《黄河调水调沙期河口湿地景观格局演变》,载《人民黄河》2013 年第 7 期,第 69—72 页。

[122] 张海欧:《毛乌素沙地综合整治现状分析及新思路》,载《农学学报》2018 年第 5 期,第 55—59 页。

[123] 张红武:《黄河流域保护和发展存在的问题与对策》,载《人民黄河》2020 年第 3 期,第 1—10 页。

[124] 张建伟、王艳玲、包万平:《制定〈黄河法〉的若干法律问题研究》,中国法学会环境资源法学研究会论文,2008 年。

[125] 张金良:《黄河下游滩区再造与生态治理》,载《人民黄河》2017 年第 6 期,第 24—27 页。

[126] 张九天、张璐:《面向碳中和目标的碳捕集、利用与封存发展初步探讨》,载《热力发电》2021 年第 1 期,第 1—6 页。

[127] 张曼、刘凤霞等:《统筹推动黄河下游防洪安全与滩区发展》,载《人口资源与环境》,2021(评审中)。

[128] 张哲飞:《黄河流域生态保护和高质量发展立法构想》,载《民主与法制时报》2021 年 1 月 14 日,第 6 版。

[129] 赵锋、杨涛:《黄河流域生态环境与经济协调发展的时空演化分析》,载《石河子大学学报(哲学社会科学版)》2021 年第 35 期,第 63—70 页。

[130] 赵剑波、史丹等:《高质量发展的内涵研究》,载《经济与管理研究》2019

年第 11 期,第 15—31 页。

[131] 赵世磊:《1973—2009 年腾格里沙漠南部沙漠收缩/扩张变化及其原因》,兰州大学硕士论文,2015 年。

[132] 赵一玮、李冬等:《高质量发展要求下黄河中上游煤化工产业环境管理建议》,载《中国环境管理》2020 年第 12 期,第 52—57 页。

[133] 赵勇、何凡等:《全域视角下黄河断流再审视与现状缺水识别》,载《人民黄河》2020 年第 4 期,第 42—46 页。

[134] 郑曙光:《黄河流域生态保护和高质量发展立法实践问题探究——以河南省为视角》,载《山西省政法管理干部学院学报》2020 年第 33 期,第 27—29 页。

[135] 郑永红:《〈黄河法〉中的规划制度研究》,载《华北水利水电大学学报(社会科学版)》2020 年第 4 期,第 59—63 页。

[136] 中国气象局办公室:《气候变化对黄河流域生态环境影响》,载《气象专报》2019 年第 736 期。

[137] 周宏春、江晓军:《习近平生态文明思想的主要来源、组成部分与实践指引》,载《中国人口·资源与环境》2019 年第 1 期,第 1—10 页。

[138] 周建军:《黄河泥沙问题与长远安全对策》,载《民主与科学》2018 年第 6 期,第 13—16 页。

[139] 周建军、林秉南:《关于黄河治理的一些看法》,载《科技导报》2003 年第 6 期,第 3—8 页。

[140] Zhou J. J., M. Zhang. *Coarse sediment and lower Yellow River silitation*. Journal of Hydro—environment Research, 2012(6):267—273.

[141] 周园园、师长兴等:《无定河流域 1956—2009 年径流量变化及其影响因素》,载《自然资源学报》2012 年第 5 期,第 856—865 页。

[142] 左其亭:《黄河流域生态保护和高质量发展研究框架》,载《人民黄河》2019 年第 11 期,第 1—6 页。

[143] 左其亭:《推动黄河流域生态保护和高质量发展和谐并举》,载《河南日报》2019 年 11 月 22 日,第 6 版。

后　记

　　清华大学产业发展与环境治理研究中心（CIDEG）与生态环境部环境规划研究院联合牵头成立"黄河保护与高质量发展立法策略研究"课题，致力于服务重大国家战略，解决黄河流域经济社会发展需求与生态资源环境承载能力间的矛盾，回应党中央、国务院关于加快推进黄河保护立法工作的重大关切。课题组研究成果较为丰富，在《中国人口·资源与环境》期刊的大力支持下，设立黄河专栏，对部分高质量的成果进行系列发表，并通过期刊官方公众号和 CIDEG 公众号持续推广传播，得到各界广泛关注和好评，相关资政建议也以政策专报的形式提交至有关部门，得到了有关部门的高度认可和重视，并继续委托我们对《黄河保护法》的立法过程展开研究。

　　在本书写作过程中，黄河保护立法的相关工作也得到了快速推进。2021 年 4 月 13 日，中共中央政治局常委、全国人大常委会委员长栗战书在陕西西安主持召开黄河保护立法座谈会，并就黄河保护立法的主要内容和要点作出重要指示，再次明确了制定一部保护黄河的良法、促进发展的善法、造福人民的好法的目标。同时，4 月 19 日，水利部发布关于公开征求《黄河保护立法草案（征求意见稿）》意见的公告，对立法目的、适用范围、基本原则、管理体制机制、基本制度措施征求意见。

　　本书的结集出版是为了能够更全面细致地将研究过程进行展示，为黄河保护立法提供更丰富的决策依据。我们也希望这本书能够引起社会各界人士更广泛的讨论和思考，共同推进黄河保护立法工作，为黄河流域保护和高质量发展带来更多的治理思路，共同为"母亲河"的永续发展尽一份绵薄之力！

图书在版编目(CIP)数据

黄河流域保护与高质量发展立法策略研究/薛澜，
王夏晖,张建宇主编.—上海:上海人民出版社,2021
(产业发展与环境治理研究论丛)
ISBN 978-7-208-17100-8

Ⅰ.①黄… Ⅱ.①薛… ②王… ③张… Ⅲ.①黄河流
域-环境保护法-研究 Ⅳ.①D922.682.4

中国版本图书馆 CIP 数据核字(2021)第 085585 号

责任编辑 王笑潇
封面设计 陈 楠

产业发展与环境治理研究论丛
黄河流域保护与高质量发展立法策略研究
薛 澜 王夏晖 张建宇 主编

出 版 上海人民出版社
　　　　 (200001 上海福建中路 193 号)
发 行 上海人民出版社发行中心
印 刷 常熟市新骅印刷有限公司
开 本 720×1000 1/16
印 张 18.5
插 页 2
字 数 290,000
版 次 2021 年 8 月第 1 版
印 次 2021 年 8 月第 1 次印刷
ISBN 978-7-208-17100-8/X·6
定 价 78.00 元